馬德　呂義　主編

敦煌草書寫本識粹

大乘起信論廣釋（卷三、卷四節抄）㈠

段鵬　編著

社會科學文獻出版社
SOCIAL SCIENCES ACADEMIC PRESS (CHINA)

總序

一九〇〇年，地處中國西北戈壁深山的敦煌莫高窟，封閉千年的藏經洞開啓，出土了數以萬計的敦煌寫本文獻。其中僅漢文文書就有近六萬件，而草書寫本則有四百多件二百餘種。同其他敦煌遺書一樣，由於歷史原因，這些草書寫本分散收藏於中國國家圖書館、英國國家圖書館、法國國家圖書館、故宫博物院、上海博物館、南京博物院、天津博物館、敦煌市博物館、日本書道博物館等院館。因此，同其他書體的敦煌寫本一樣，敦煌草書寫本也是一百二十年來世界範圍内的研究對象。

（一）

文字是對所有自然現象、社會發展的記載，是對人們之間語言交流的記録，人們在不同的環境和場合就使用不同的書體。敦煌寫本分寫經與文書兩大類，寫經基本爲楷書，文書多爲行書，而草書寫本多爲佛教經論的詮釋類文獻。

敦煌草書寫本大多屬於聽講記録和隨筆，係古代高僧對佛教經典的詮釋和注解，也有一部分抄寫本和佛典摘要類的學習筆記；寫卷所採用的書體基本爲今草，也有一些保存有濃厚的章草遺韻。

敦煌草書寫本雖然數量有限，但具有不凡的價值和意義。

首先是文獻學意義。敦煌草書寫本是佛教典籍中的寶貴資料，書寫於一千多年前的唐代，大多爲聽講筆記的孤本，僅存一份，無複本，也無傳世文獻相印證，均爲稀世珍品、連城罕物，具有極高的收藏價值、文物價值、研究價值。而一部分雖然有傳世本可鑒，但作爲最早的手抄本，保存了文獻的原始形態，對傳世本錯訛的校正作用顯而易見；更有一部分經過校勘和標注的草書寫本，成爲後世其他抄寫本的底本和範本。所以，敦煌草書寫本作爲最原始的第一手資料可發揮重要的校勘作用；同時作爲古代寫本，保存了諸多引人注目的古代異文，提供了豐富的文獻學和文化史等學科領域的重要信息。

其次是佛教史意義。作爲社會最基層的佛教宣傳活動的內容記録，以通俗的形式向全社會進行佛教的普及宣傳，深入社會，反映了中國大乘佛教的「入世」特色，是研究佛教的具體信仰形態的第一手資料。通過對敦煌草書寫本文獻的整理研究，可以窺視當時社會第一綫的佛教信仰形態，進而對古代敦煌以及中國佛教進行全方位的瞭解。

再次是社會史意義。多數草書寫本是對社會最基層的佛教宣傳活動的內容記録，所講內容緊貼社會生活，運用民間方言，結合風土民情，特别是大量利用中國歷史上的神話傳説和歷史故事來詮釋佛教義理，展現出宣講者淵博的學識和對中國傳統文化的認知。同時向世人展示佛教在社會發展進步中的歷史意義，進一步發揮佛教在維護社會穩定、促進社會發展方面的積極作用，也爲佛教在當今社會的傳播和發展提供歷史借鑒。另外有少數非佛典寫本，其社會意義則更加明顯。

最後是語言學的意義。隨聽隨記的草書寫本來源於活生生的佛教生活，內容大多爲對佛經的注解和釋義，將佛教經典中深奥的哲學理念以大衆化的語言進行演繹。作爲聽講記録文稿，書面語言與口頭語言混用，官方術語與民間方言共存；既有佛教術語，又有流行口語……是没有經過任何加工和處理的原始語言，保存了許多生動、自然的口語形態，展示了一般書面文獻所不具備的語言特色。

當然還有很重要的兩點，就是草書作品在文字學和書法史上的意義。其一，敦煌草書寫本使用了大量的異體字和俗體字，這些文字對考訂相關漢字的形體演變，建立文字譜系，具有重要的價值，爲文字學研究提供了豐富的原始資料。其二，草書作爲漢字的書寫體之一，簡化了漢字的寫法，是書寫進化的體現。敦煌寫本使用草書文字，結構合理，運筆流暢，書寫規範，書體標準，傳承有序；其中許多草書寫卷，堪稱中華書法寶庫中的頂級精品，許多字形不見於現今中外草書字典。這些書寫於千年之前的草書字，爲我們提供了大量的古代草書樣本，所展示的標準的草書文獻，對漢字草書的書寫和傳承有正軌和規範的作用，給各類專業人員提供完整準確的研習資料，爲深入研究和正確認識草書字體與書寫方法，解決當今書法界的很多争議，正本清源，提供了具體材料，從而有助於傳承中華民族優秀傳統文化。同時，一些合體字，如「𦬇」（菩薩）、「𦬊」（菩提）、「卅」、「卌」或「夾」（涅槃）等，個別的符代字如「煩々」（煩惱）等，可以看作速記符號的前身。

總之，敦煌草書寫本無論是在佛教文獻的整理研究領域，還是對書法藝術的學習研究，對中華民族優秀傳統文化的傳承和創新都具有深遠的歷史意義和重大的現實意義，因此亟須挖掘、整理和研究。

（二）

遺憾的是，敦煌遺書出土歷兩個甲子以來，在國内，無論是學界還是教界，大多數研究者專注於書寫較爲工整的楷書文獻，對於字迹較難辨認但内容更具文獻價值和社會意義的草書寫本則重視不够。以往的有關成果基本上散見於敦煌文獻圖録和各類書法集，多限於影印圖片，釋文極爲少見，研究則更少。這使草書寫本不但無法展現其内容和文獻的價值意義，對大多數的佛教文獻研究者來講仍然屬於「天書」；而且因爲没有釋文，不僅無法就敦煌草書佛典進行系統整理和研究，即使是在文字識别和書寫方面也造成許多誤導——作爲書法史文獻也未能得到正確的認識和運用。相反，曾有日本學者對部分敦煌草書佛典做過釋文，雖然每見訛誤，但收入近代大藏經而廣爲流傳。此景頗令國人汗顔。

敦煌文獻是我們的老祖宗留下來的文化瑰寶，中國學者理應在這方面做出自己的貢獻。三十多年前，不少中國學人因爲受「敦煌在中國，敦煌學在外國」的刺激走上敦煌研究之路。今天，中國的敦煌學已經走在世界前列，但是我們不得不承認，還有一些領域，學術界關注得仍然不够，比如説對敦煌草書文獻的整理研究。這對於中國學界和佛教界來説無疑具有强烈的刺激與激勵作用。因此，敦煌草書寫本的整理研究不僅可以填補國内的空白，而且在一定程度上仍然具有「誓雪國耻」的學術和社會背景。

爲此，在敦煌藏經洞文獻面世一百二十年之際，我們組織「敦煌草書寫本整理研究」項目組，計劃用八年左右的時間，對敦煌莫高窟藏經洞出土的四百多件二百餘種草書寫本進行全面系統的整理研究，内容包括對目前已知草書寫本的釋録、校注和内容、背景、草書文字等各方面的研究，以及相應的人才培養。這是一項龐大而繁雜的系統工程。「敦煌草書寫本識粹」即是這一項目的主要階段性成果。

（三）

「敦煌草書寫本識粹」從敦煌莫高窟藏經洞出土的四百多件二百餘種草書寫本中選取具有重要歷史文獻價值的八十種，分四輯編輯爲系列叢書八十册，每册按照統一的體例編寫，即分爲原卷原色圖版、釋讀與校勘和研究綜述三大部分。

寫本文獻編號與經名或文書名。編號爲目前國際通用的收藏單位流水號（因竪式排版，收藏單位略稱及序號均用漢字標識），如北敦爲中國國家圖書館藏品，斯爲英國國家圖書館藏品，伯爲法國國家圖書館藏品，故博爲故宫博物院藏品，上博爲上海博物館藏品，津博爲天津博物館（原天津市藝術博物館併入）藏品，南博爲南京博物院藏品等；卷名原有者襲之，缺者依内容擬定。對部分寫本中卷首與卷尾題名不同者，或根據主要内容擬定主題卷名，或據全部内容擬定綜述性卷名。

釋文和校注。竪式排版，採用敦煌草書寫本原件圖版與釋文、校注左右兩面對照的形式：展开後右面爲圖版頁，左面按原文分行竪排釋文，加以標點、斷句，並在相應位置排列校注文字。釋文按總行數順序標注。在校注中，爲保持文獻的完整性和便於專業研究，對部分在傳世大藏經中有相應文本者，或寫本爲原經文縮略或摘要本者，根據需要附上經文原文或提供信息鏈接；同時在寫本與傳世本的異文對照、對比方面，進行必要的注釋和説明，求正糾誤，去僞存真。因草書寫本多爲聽講隨記，故其中口語、方言使用較多，校注中儘量加以説明，包括對使用背景與社會風俗的解釋。另外，有一些草書寫本有兩個以上的寫卷（包括一定數量的殘片），還有的除草書外另有行書或楷書寫卷，在校釋中以選定的草書寫卷爲底本，以其他各卷互校互證。

研究綜述。對每卷做概括性的現狀描述，包括收藏單位、編號、保存現狀（首尾全、首全尾缺、尾缺、尾殘等）、寫本内容、時代、作者、抄寫者、流傳情況、現存情況等。在此基礎上，分内容分析、相關的歷史背景、獨特的文獻價值意義、書寫規律及其演變、書寫特色及其意義等問題，以歷史文獻和古籍整理爲主，綜合運用文字學、佛教學、歷史學、書法學等各種研究方法，對精選的敦煌草書寫本進行全面、深入、系統的研究，爲古籍文獻和佛教研究者提供翔實可靠的資料。另外，通過對草書文字的準確識讀，進一步對其中包含的佛教信仰、民俗風情、方言術語及其所反映的社會歷史背景等進行深入的闡述。

與草書寫本的整理研究同時，全面搜集和梳理所有敦煌寫本中的草書文字，編輯出版敦煌草書寫本字典，提供標準草書文字字形及書體，分析各自在敦煌草書寫本中的文字和文獻意義，藉此深入認識漢字的精髓，在中國傳統草書書法方面做到正本清源，又爲草書文字的學習和書寫提供準確、規範的樣本，傳承中華優秀傳統文化。在此基礎上，待條件成熟時，編輯「敦煌寫卷行草字典合輯」，也將作爲本項目的階段性成果列入出版計劃。

「敦煌草書寫本識粹」第一輯有幸得到二〇一八年國家出版基金的資助；蘭州大學敦煌學研究所將「敦煌草書文獻整理研究」列爲所内研究項目，並争取到學校和歷史文化學院相關研究項目經費的支持；部分工作列入馬德主持的國家社會科學基金重大項目「敦煌遺書數據庫建設」，並得到了適當資助，保證整理、研究和編纂工作的順利進行。

希望「敦煌草書寫本識粹」的出版，能够填補國内敦煌草書文獻研究的空白，開拓敦煌文獻與敦煌佛教研究的新領域，豐富對佛教古籍、中國佛教史、中國古代社會的研究。

由於編者水平有限，錯誤之處在所難免。我們殷切期望各位專家和廣大讀者的批評指正。同時，我們也將積極準備下一步整理研究敦煌草書文獻的工作，培養和壯大研究團隊，取得更多更好的成果。

是爲序。

馬德　呂義

二〇二一年六月

釋校凡例

一、本册所釋校敦煌唐草書寫本《大乘起信論廣釋》，卷三以英藏斯二三六七爲底本，以《大正藏》第八十五册録文校對；卷四以法藏伯二一四一背爲底本，以斯二七二一背《大正藏》第八十五册録文（統稱爲甲本）校對。

二、釋録時，對於筆畫清晰可辨，有可嚴格對應的楷化異體字者（與通用字構件不同），使用對應的楷化異體字；不能嚴格對應的（含筆畫增減、筆順不同等），一般採用《漢語大字典》釐定的通用規範繁體字。凡爲歷代字書所收有淵源的異體字（含古字，如仏、礼、𥝢等，俗字，如㝵等）、假借字，一般照録。凡唐代官方認可並見於正楷寫卷及碑刻而與今簡化字相同者，有的即係古代的正字（如万、无、与等），爲反映寫卷原貌，均原樣録出。

三、録文一律使用校正後的文字和文本，並對原卷仍存的錯訛衍脱等情況進行校勘，在校記中加以説明；對於寫卷不清晰，但能明確字數者，一字標以一「□」。釋校時不用引號。

四、對於寫卷中所用的佛教特殊用字，如上下疊用之合體字「𦬇」（菩薩）、「𦬀」（菩提）、「卌」、「卌」或「夬」（涅槃），「提」（菩提）、菙（薩埵）、蔢（薩婆）等，或符代字如「煩々」（煩惱）等，均以正字釋出。

五、對於與《大正藏》本有出入的文字，採用脚注的形式標出。但異體字不視爲異文，《大正藏》未釋、漏釋的均注明「無」。對於原卷倒寫、文字删除等亦儘可能以脚注的形式標出，以體現草書寫本原貌。

目録

《大乘起信論廣釋》卷三（斯二一三六七）釋校

大乘起信論廣釋卷第三　京西明道場沙門曇曠撰

論：又以覺心至非究竟覺　釋曰：下廣二覺，於中有二。

二：先明始覺，後顯本覺。前中文三：初標因果滿究竟

覺淺深義，四相釋本覺；後顯始覺不異本覺。此

明也。言心源者，即是三細本覺者，以為緣心源業相細

言為諸法源，現識妄心為諸境源者，二重二釋，後一

唯據業相，以覺業者諸業三細者，妄動極微細故，覺

本覺心本是不動，是不動覺業識心本來是生也。

是不動覺此源者名究竟覺，若得了始如覺覺極圓

同於本覺，是滿覺故，非前不覺未至此源，非究竟之覺

大乘起信論廣釋弓弟三　京西明道場沙門曇曠撰

論：又以覺心至非究竟覺。釋曰：下廣二覺，於中有二，先明始覺，後顯本覺。前中又三，初[一]揔摽[二]因果滿非滿覺，次廣寄四相釋成其義，後顯始覺不異本覺[三]，此初也。言心源者，有其三義，本覺真如爲染心源。業相細念爲諸染[四]源，現[五]識妄心爲諸境源。前二通二釋，後一唯持業。今所覺者，依前二説，真妄動静極微細故。覺本覺心，本无所動。今[六]所静[七]，覺業識心本來无生今无所滅。覺此源者，名究竟覺，即仏果位。始覺道圓，同於本覺，是滿覺故。縱有所覺，未至此源，非究竟覺，

校注

【一】「初」，《大正藏》本無。【二】「摽」，《大正藏》本作「標」。此字下不具注。【三】「本覺」，《大正藏》本無。【四】其下《大正藏》本有「心」字。【五】「現」，《大正藏》本作「曠」。【六】其下原有「无」字，已塗去。【七】其下《大正藏》本有「現業」。

至等法位始來同本乃極覺故　從此以下明是不覺
故　釋曰以前四相釋始覺義於中有二初正顯四位
顯是四相後引經釋始心源至文初顯四相各分為四
此初覺相也此以下句中同覺不覺以來四相為釋
至以乘等三位來至心源釋乃究竟覺以來從一位覺
至心源釋究竟覺、夜生所四相至以後依以釋文
顯相於四相以釋其於多從之離其、叙四位此中有
以行位四相各依動念翁所為從心隨妄動名生、已
達住名住、已衰變名異、已異還謝名滅於生已至
滅、已從生相擇四相名為生滅是故但名生滅等耳

即前諸位，始末同本非極覺故。論：此義云何至是不覺故。釋曰：下寄四相，釋成其義，於中有二，初正寄四位顯其四相，後引經釋成心源无念。初顯四相，即分爲四，此初覺相也。此義云何者，問覺不覺義。下乑四相而釋其義，乑前三位未至心源。釋非究竟覺[一]，乑後一位覺至心源。釋究竟覺，今應先明四相之義，然後依義釋文顯相。然四相義釋者煩多，論意難知。今叙四説，此中有義，所説四相，即依動念刹那而説。心隨妄動名生，生已逕停名住，住已衰變名異，異已遷謝名滅，然生已至滅，滅已復生。揔攝四相名爲生滅，是故但名生滅門耳。

校注

【一】「覺」，《大正藏》本無。

覺此四相各有四儀進次覺四相也各隨凡夫諸覺
知末為如此後至理示菩為之遂謂名等相者即凡
者言有異不等覺等相已所不等有異住術相爲
雖亦離異凡夫位隨覺等、相、所生在重住位隨覺
生、相、雜麁所起覺有因本初若文既自隨生已示滅、
已後生既覺滅相不滅有不生、生有不滅即有位雜生
滅異住異等相為難亦爾故此四隨理微不等故四
相生、種淨後弁因由無明息早才性根業轉現三種
生相、心、生業蔡能後有業轉現心名生相隨此
一心為生所生爲心起是處、所相覺彼是有生相初念還

覺此四相故有四位，迸次覺四相也。故說凡夫能覺知等，有義，此說其理不成，若念遷謝名滅相者，即凡夫念應永不滅，覺滅相已則不滅故。異住等相爲難亦然。若凡夫位雖覺滅相，滅相仍在，應至仏位雖覺生相，生相猶存。所起覺智[一]何成利益。又既自說生已至滅，滅已復生。既覺滅相不滅故不生，不生故不滅，即應凡[二]位離生滅念，住異等相爲難亦尔。故此所說理必不成，故四相者應依識弁，謂由无明違平等性起，業轉現三種生相，相心令生成黎耶識。故業轉現皆名生相。雖此一心爲生，所生而亦非是我、我所相。无明与前生相和合。迷

校注

【一】「智」，《大正藏》本作「相」。【二】其下《大正藏》本有「夫」字。

何生心已緣、何復能發起麁緣麁見麁惛緣起四種住
相、相者生心念念住依起緣、所內所為住相所相心本來七
識能相四惑為為住相已明之後住相和合不覺所計
緣、何空復能發起六種異相謂貪嗔癡慢疑見
相者住心令至異位外向攀緣集六異識於六境之久
為異相已明復之異相和合不覺外塵惡明性離由
生發起七支惡業能發異心墮於惡趣故復七支名為
滅相能相四相所至之位次第可相皆為心所由無明
明乖平等本性之所起故所相之心所至之位從緣境遷
相為為心心由從本心清淨根源之所起故皆依心起名何

所生心无我。我所復能發起我癡、我見、我慢、我愛四種住相。相前生心，今至住位起我我所，内緣而住。即所相心成弟七識能相。四惑而爲住相，无明与彼住相和合。不覺所計我、我所空。復能發起六種異相，謂：貪、嗔、癡、慢、疑、惡見。相前住心今至異位。外向攀緣成六異識，故六煩惱名爲異相，无明復与異相和合。不覺外尘違順性離，由是發起七支惡業，能滅異心墮於惡趣。故彼七支名爲滅相。能相四相所至之位，取境別相皆爲心所，由本无明違平等性之所起故。所相之心，所至之位，取境通相而爲心王。由從本心諸法摠源之所起故，皆依心起名俱

校注

時名麁細故覺時知有名為此經理之果離前名離
相所相法者是小乘宗此大乘故大乘四相但是滅位
於起及為三細諸故此中四相隨經生妄因緣所起也
依經故若由无明起業識現相心生化業識等者此業
識現等種及二能相所相二義異故心義不化業識等
者如何能來衆緣生相乃三分心不生淺故又如前
三者能相四相所盡之後者為心所業識現三地心所故又云
業等皆生相者三細唯在八地所以如何唯經所業相所
在八九地九所轉現經是生相唯在所故細中之麁在
九轉現經是菩薩所說故細中之細在於三種許是生

時有，有麁細故，覺時差別。有義，此說理亦未然，別有能相所相法者，是小乘宗非大乘故。大乘四相但是假立，於起有爲无功能[一]故。此中四相雖說虛妄，因緣所起非假說故。若由无明起業轉現相，心令作業轉等者，即業轉現皆應有二能相，所相[二]二義異故。心若不作業轉等者，如何能成黎耶生相？无三分心不成識故，又如何言能相。四相所至之位皆爲心所，業轉現三非心所故。又若業等皆生相者，三細唯應仏地所斷。如何唯說斷業相耶？應八九地非斷轉現說，是生相唯仏斷故。細中之麁應非轉現說，是菩薩所知境故。細中之細應皆三種許，是生

校注

【一】「能」，《大正藏》本作「德」。【二】「所相」，《大正藏》本無。

相似行者故又業初起而名為生轉現後起亦生相攝
此由本識攝及是不相應今轉現亦生相攝轉現
此是初生也故等從業識此是已生故並轉現亦生
相者即我麁等此是已住故兼四惑為住相所依故
分別此云何爾彼異執等為雜亦能等我麁等為住
相者末那唯應四惑相應唯說四惑為住相故便意
於阿真末似起現阿依分能覺住相依分唯應能所
末那相不取緣現色能見亦應不取此四惑故便意於
阿依分等雜亦緣亦同四緣現此行雖此我麁等故住
相此經四隨惑等貪等六名異相者計名執取令於

相仏所知故。又業初起可名爲生，轉現復起寧生相攝。非由本識攝，及是不相應，則令轉現皆生相攝，轉現非是初生心[一]故。若說業識非是已生故，兼轉現皆生相者，則我癡等非是已住故，兼四惑爲住相耶？彼既不然，此云何尔，彼異滅等爲難亦然。若我癡等爲住相者，末那唯應四惑相應，唯許四惑爲住相故，便違論說恚等俱起。既說法身能覺住相，法身唯應能斷末那，即不斷染現色。能見皆應不斷，非四惑故，便違論說法身菩薩離六染。中間四染，既此所離非我癡等故[二]。彼住相非位[三]謂四[四]惑，若貪等六名異相者，計名執取何所

校注

【一】「心」，原作「之」，校改作「心」。【二】「故」，《大正藏》本無。【三】「位」，《大正藏》本無。【四】「謂四」，原作「四謂」，有倒乙符。

執於九於貪等能執彼二執惑引起趣求苦故為所
貪等名雜業故名此二煩二苦不所使業作依執故名
煩二系縛能縛雲雲雜故文名之後唯貪等作依六處
故起之後故使業作依網等作起故由業故九依
貪等為七支惡道業故由故未來覺時受起惡業名
苦惡報以未覺時受後七支諸惡惡故生人天之中
雜業故雜七支惡生人天故差惡二報中受業熟果
惡報業得名業報故由業故此七支惡熟此行依示
為理由此四故九因等依之以二門略辨差為一趣明之二

攝耶？非於貪等能攝彼二執惑，行相極差別故。若斷貪等名離異相，即此二染二乘不斷，便違論說，執相應染二乘解脫究竟離故。又應意識唯貪等，俱說六異相起意識故，便違論說觸等俱起。故知異相非謂貪等。若七支惡是滅相者，即未覺時常起惡業，永世惡趣，以未覺時有彼七支諸過惡故。生人天者應離滅相，離七支惡生人天故。善惡二趣皆有異熟，豈惡趣業獨名滅相，故知滅相非七支惡，既此所說不應正理。由此四相非同前說，今以二門略弁其義，一揔明，二

校注

所從初相明者心性本來離生等相為無無明動心令
化生住異滅及名起四相四相為轉相心現由無明故
心之動遂成流注不同為先後際異先際二流
名為生相後際究竟名為滅相以彼中際名住異相
二約明者義位分相已起相亦有二六相生一住異
二義一生起一去已初業相後由無明動彼靜心令此
寂滅動念之位動念初起名為生相從佛地說
微細念細之中細是佛境界故言唯業是生相如
住相四者謂次四相亦謂轉現智相續相二本後麁
分之至位是法執所住之境後二多後細分之位是法

七〇 別說。初摠明者，心性本來離生滅念，而有无明動心令
七一 作生住異滅，故名四[一]相。无別四相而能相心，既由无明鼓
七二 心令動遂有微恙不同，而先後際異。先際㝡微[二]，
七三 名爲生相。後際㝡麁，名爲滅相。即彼中際，名住異相。
七四 二別明者，對位分相，即非相中前之八相，生一住四，異
七五 二滅一。生相一者即初業相，謂由无明動彼静心至此
七六 㝡微動念之位。動念初起名爲生相，論説仏地斷
七七 微細念，細中之[三]細，是仏境界。故知唯業是生相也。
七八 住相四者，謂次四相，所謂轉、現、智相、續相。前二本識，麁
七九 分之[四]位，是法我執所住之境。後二事識，細分之位，是法

校注

【一】「四」，《大正藏》本無。【二】「㝡微」，《大正藏》本無。【三】「中之」，原作「之中」，有倒乙符。【四】「之」，原作「王」，校改作「之」。

爲執能住之心无明之前生相、和合轉波靜心乃至
此位行相微細，但是能所法執空住未亡矣，故云從
從法身菩薩覺於念住，住麁中之細，細中之麁，菩薩境界
此四相總名住相。異相二者，謂以二相，即是執取計名
字相。无明之前住相、和合轉波靜心，至此分滅之麁分之
位行相精細之麁，從於異相起之下異起異執者從
從初發意菩薩覺於念異，捨麁分別，麁中之麁，凡夫境
界。此麁中之麁，現是之滅之謂，攝此二相。異之此二相總名
爲異。滅相一者，謂起業相，謂由无明轉波靜心至此後

我執能住之心。无明与前生相和合轉彼静心，乃至此位，行相猶細，但是能所[一]法執宏住未別異故。故下論說，法身菩薩覺於念住，麁中之細，細中之麁菩薩境故[二]，故[三]此四相揔名住相。異相二者，謂次二相即是執取計名字相。无明与前住相和合，轉彼静心至此事識麁分之位，行相稍麁，依於異根別取[四]異境起異執故。故下論說，新發意菩薩覺於念異捨麁分別，麁中之麁凡夫境界，此麁中麁既是意識，意識即攝此二相故。故此二相揔名爲異。滅相一者，即起業相，即由无明轉彼静心，至此後

校注

【一】「所」，原作「別」，校改作「所」。【二】「故」，原作「界」，朱筆校改作「故」。【三】「故故」，《大正藏》本作「界界」。【四】「別取」，《大正藏》本作「取別」。

除因安之依然令靜心隨其分量如隨使人作生為才
故亦依經名種種業〔依業〕又說不自在故以此九相皆受而
名或異九相或前或後或言之後或為説或名二為或并
三所細故六麤依經為四相故此四相即指九相依經所指
分麤等也及如此依六來和理現依四相十地現相不和
種業覺之識相現靜心覺現識故四相分不擇業
者無不行起之處相故現生異識是所現行住相
者現四相在生異識安者及現行後現不現此云所滅
住異識等不異住依在等及所異執業所生現住
異都身故後現不爾此云命現身許等總後生離流

際周盡之位，能令静心隱於六道，如隱伎人作牛馬等。故下論説，造種種業，依業受果不自在故，以此九相數處得名，或開九相，或本事識，或[一]意意識，或六染，或名二㝵，或弁麁細，故今細位説爲四相。故此四相[二]即指九[三]染，非謂别指，我癡等也。有義，此説亦未應理，既説四相皆非能相，不應起業，是其滅相能隱静心，是能滅故。四相何不攝，業繫苦亦名所起之妄相故，既生異滅，无别能所。寧住相者[四]，能[五]四耶？應生異滅，皆有能所，彼既不然，此云何尔？或住異滅皆名異住，隨應皆有别異，執著能成能住異趣身故。彼既不尔，此云何然？若許皆通，便成雜亂，

校注

【一】「或」，《大正藏》本無。【二】「故此四相」，《大正藏》本無。【三】「九」，原作「非」，校改作「九」。【四】「者」，《大正藏》本作「有」。【五】其下《大正藏》本有「所」字。

故此四相不應無也異以依法亡覺異相亡覺住相
以應無者分不空三意覺盡未法部依法未有二相
不云住異故不為除不云心相生住異滅至此為勝故
不為除因形地相等滅生未得覺亡者等此九相生
起信是表云謂我等依心起覺滅自性九因不現
有之以來無九四位分覺四相不同初後不應為難又云四
相從時未者因不極至始覺四位因形始覺盡四位相
而釋經中四種釋然九因安無覺明四相部依但云如
先去已而去始覺不可得以於一心有後同時生不相應覺

故此四相不應立也。若以論説，念无異相，念无住相，必應立者，何不具言念无滅等？况新論説中間二相不言住異，故不爲證。下言心相生住異滅，与[一]此義殊，故不爲證。謂顯九[二]相皆有生等，得无念者，知此九相生起停逕[三]，衰變謝滅，皆依心起，无有自性，非謂别配前之八相。亦非四位别覺，四相不同，初師不應爲難。又言四相俱時等者，謂即指其始覺四位，謂顯始覺有四位相，而釋經中四種禪義，非謂安立无明四相。新論但言如是知已，則知始覺不可得，以於一心前後同時皆不相應，无

校注

【一】「与」，《大正藏》本作「者」。【二】「九」，原作「非」，校改作「九」。【三】「停逕」，《大正藏》本作「逕停」。

自性故，但由無明起微細念，起此念者，生住異滅爲法
從上來示覺者，念之起滅爲變，於因已以本覺內外
熏力，覺心源時，除四位相，令歸至無明。四相差因
得隨二種相，染分意十人故，隨無明生一住四異三滅一
生一住四，如前釋。異相三者，兼起業相，起業差別者，未有
異業故，由是異業令招苦故，是三麁中麁之三，淺轉故
次三異者，行相麁故。滅相一者，名業繫苦，報心障爲報
生相故，此是無明行起相故，是最微細隱際深之故，言
此方等深轉者故，此釋隨緣有三種，相爲初重雜之來說
前後不起者，并爲通之，於此四相唯一夢心因根本

一〇八 自性故。謂由无明起麄細念，念起皆有生住異滅，而諸

一〇九 凡夫都不覺知念之起滅，而受輪迴。今以本覺内外

一一〇 熏力覺念淺深，有四位相，何要強立无明四相？若謂

一一一 障謂二義相成匆違古人，故須立者。生一住四、異三滅一。

一一二 生一住四，義如前釋。異相三者，兼起業相，起善惡等別

一一三 異業故，由其異業令趣別故。是麄中麄，意識攝故，

一一四 皆三賢等所知境故。滅相一者，即業繫苦，静心隱爲趣

一一五 生相故。此是无明所起相故，是寂後際終盡處故，至

一一六 此方成流轉苦故。此釋雖勝弟三師義，而於至難亦未能

一一七 淨。後有智者弁而通之，然此四相唯一夢心，皆因根本

校注

无明之力起故發令无明住地最力彌大以能无明能
生諸法正謂此也謂復如是從微至著并四諸緣能至
始覺云三者依義細麁唯一心故從四相行時而起
未達心源隨順而除覺如（先）從分達心源者一念四相俱時
而有也故雖云并有始覺而不有始法以如本始覺俱有依
此如依始覺生相始覺異相豈因無明不覺之力起生相
本種夢三動至心源轉至異相流轉生死備受諸苦
今由本覺內熏為因善友中熏為力外緣能用熏習
一熏故善心漸去如翔性之力損漸無明迷妄之相漸向

无明之力。是故經云：无明住地其力最大。論説无明能生染法，正謂此也。雖復如是，從微至著，弁四階降，然其始終意无前後，麁細鎔融唯一心故，故説四相俱時而有。若未達心源，隨行淺深覺有先[一]後。若達心源者，一念四相俱時而知。是故經云：菩薩知終而不知始，諸仏如來始終俱知。依此義説，始謂生相，終謂滅相，既因无明不覺之力起生相等，種種夢念動惡心源轉至滅相，流轉生死備受諸苦。

今由本覺内熏爲因善故，聞熏而爲外緣，體用融通同一熏故。益彼真如解性之力，損彼无明迷闇之相，漸向

校注

【一】「先」，《大正藏》本作「前」。

心源妙覺然本始覺生本起於於本根覺了心源本覺之行相
亦是行靜乎寸住一如來之本妙覺二者正覺雖行
經夢渡向岸之言方此喻爲經之上并四者之釋經文究
者三義不應正理是故釋文但依正義若此中一覺者正
中共有四義一始覺人二行覺者三覺初覺四覺分齊心
三覺者是義也始如凡夫人者是始覺人在十住初十信
位中亦是位者前未覺念之來雖分別故名凡夫覺者
之起惡者明行覺者謂此位中心如輕毛隨風東西飄轉
進退者念念不覺者多起煩惱未來趣爲生惑業故也
行起心是惡也於正後念念不起者并覺初發究覺者

心源，始覺滅相，終覺生相，朗然大[一]悟。覺了心源本无所動，今无所靜平等，平等住一如床，无本始覺二相之異，即經所説夢渡河喻，意在於此。私而説之，上弁四相，下釋論文。既前三義不應正理，是故釋文但依正義，即此弟一覺相之中曲下四義，一能覺人，二所覺相，三覺利益，四覺分齊。下三覺相其義亦然。如凡夫人者，是能覺人。在十千劫十信位中，以是位前都未覺念，未離分別，故名凡夫。覺知前念起惡者，明所覺相，謂此位中，心如輕毛隨風東西，數有進退，前念不覺於身，起彼常樂等揔而生惑著，即知所起心是惡也。能止後念令不起者，弁覺利益，既覺前

校注

【一】「大」，原作「方」，朱筆校改作「大」。

是以不了起波是心處末而生起雖從來矣
不生滅業對猶如心也隨後不覺乃是不覺者依覺而言
覺是故心隨後不覺為不覺者異從是生妄生起雖
不是不覺故雖依云依有是為立示依起雖於有家
亦為此依始三順法此不順於四相為細或此位中未達
室理不達一心本是動念見而行起念見等有念示
覺起始之文從起教以為名故持識覺之是是依後名
覺不覺之是所是不覺故雖依而惡之行以釋七為雖
云斷次攝始是相識之不惡之釋此釋精為二從意同
故於依云有之不覺起於於從之制伏之不更生此隨

惡，後即於身，起彼无常无我等相，而生猒離欣樂涅槃，不生惑著顛倒心也。雖復名覺，即是不覺者，結覺分齊，覺惡能止，雖復名覺，而不覺知𥝢體是真妄生猒離，即是不覺。故經説云：説身无常而亦不説猒離於身，我今爲汝説勝三脩法。此即順於四相義解。或此位中未達空理，不知一心本无動念，見有所起念念差別，前念不覺起煩惱，念後起猒心而欲除滅，覺念是惡，隨復名覺，不覺念无則是不覺。故經説：爲愚夫所以行禪。七弓經云：漸次增勝，无想滅定，名愚夫禪。此釋稍好，二論會同。故新論云：前念不覺起於煩惱，後念制伏，令不更生，此雖

校注

不覺名是不覺 論如二乘至名相似覺 釋曰此中

二覺者如二乘觀智者是能覺人初發意菩薩是三賢位

十解初心名發心住梁初為者法云初發意得人空同二乘

能覺於念異者此明所覺相如前所說三種異相從

如靜心覺明眠起此三乘人所言無乘從異覺異相

是無名覺於念異念無異相以捨麤分別者是

覺於異覺此以異相名為是言淺起念念行自他異執隨

多慧強分別心念無麤分別執著相也名相似覺者是業

分別引陸捨如是麤分別執為將來得法空理是故但

一四七 名覺，即是不覺。論：如二乘至名相似覺。釋曰：此弟
一四八 二覺相也。二乘觀智等是能覺人，新發意菩薩是三賢位，
一四九 十解初心名發心住，乑初[一]等復云初發意。得人空門同二乘
一五〇 說。覺於念異等者，明所覺相，如前所說三種異夢從
一五一 本静心，无明眠起，此三乘人共智无我，從異夢覺異相
一五二 永无名。覺於念異，念无異相，已捨麁分別等者，是
一五三 覺利益。既此異相，即是意識起我。我所自他異，執隨
一五四 事攀緣分別六尘，名麁分別執著相也。名相似覺者，是覺
一五五 分齊，雖捨如是麁分別執，而猶未得法空真理，是故但

校注

【一】「初」，原作「而」，校改作「初」。《大正藏》本作「而」。

不知以覺可成此位中得念空去如來後去如本之相
言异念之明念住相不異由此位能據棄分別為果能去
念住之念執去覺故名不以覺故難得為觀察故釋
得去自於未人之念已於法念隨順觀察之觀察故
釋前釋順去也那依文但釋七著當依慢當故那依
云覺念念之相能知不異據棄分別
論如法身菩薩等名
隨分覺
釋曰此第三覺相也法身菩薩是能覺人初地
能證無二以去如那自法身無邊二位乃至十地未同證
得是故此名法身菩薩覺於念住才去是以覺相四種
住夢之時眠起覺得法空去之相去得住夢覺住

一五六 名相似覺耳。或此位中得我空[一]如，知彼真如本无相

一五七 念，与[二]无明念體相別異，由此但能捨麁分別，而未能知

一五八 念即无念。非真覺故，名相似覺。故經說爲觀察義禪，

一五九 謂知自共相人无我，已於法无我，隨順觀察，名觀察[三]義

一六〇 禪。前釋順真違新論文，後釋七善[四]兩論快會。故新論

一六一 云：覺念无念，體相別異，捨麁分別。論：如法身至名

一六二 隨分覺。釋曰：此弟三覺相也。法身菩薩是能覺人，初地

一六三 能證遍行真如，顯自法身遍滿之位，乃至十地，悉同證

一六四 得，是故皆名法身菩薩。覺於念住等者，是所覺相，四種

一六五 住夢无明眠起，既得法空真无相智，從住夢覺，住

校注

【一】其下原有「真」字，朱筆塗去。【二】「与」，原作「其」，朱筆校改作「与」。【三】「名觀察」，《大正藏》本無。【四】「七善」，《大正藏》本作「甚差」。

相名爲覺心之住念之住相住相已離分別二乘之念求
者是覺於住念此住離住執麁念名爲分別二乘之
相也菩薩等人亦乘執從之分別麁念後生相細念故
言二乘之心於一法執漸除二三不隨分覺者是覺分齊
謂得以其覺之分齊覺爲於未離微細分別尚從眠於
生相之夢覺也未圓故不隨分或此位中得出障
者言覺念相生之業識雖不覺心之住念之住相由
此復就様中不同不離不同二乘之相也於離行從所生
如[illegible]故攝以言得彼分別覺之處故二覺平等智之異如
文

相永无名。覺[一]念住念无住相，已離分別麁念等者，是覺利益，即此所離法執夢念名爲分別麁念相也。異前人我麁執但云分別，異後生相細念故云麁念，於一法執義説二言。名隨分覺者，是分齊，雖得如是无分別覺，而猶未離微細分別，尚復眠於生相之夢，覺道未圓，故名隨分。或此位中得真證智，念无念相皆悉捨離，名覺念住、念无住相，由此便能捨中分別，名離分別麁念相也，即經所説緣真如禪。故《楞伽》云：謂若分別无我有二，是虚妄念，若如

校注

【一】其下《大正藏》本有「於」字。

意者決定示起名相者釋所未盡故於後釋文
所顯兼護故修成故修行言覺者已上之中已三名求拔中
分故　修如菩薩不究竟覺　釋曰此第四覺求者
如菩薩地盡者初明能覺人文中推分爲二初句標推
能觀之位文是金剛方覺之位九住十地名爲盡地以上初
修行滿足超過菩薩地故是以二句分明二處滿足方便是
加行道者是滿足之方便故爲所修之究竟之道滿足之乘攝
所以名加行道是此攝故一念相應是無間道是之
間道一剎那中之理契窮所細念之故如前所說之究竟之
道者謂金剛喻定此有二種謂方便道攝及無間道

一七五 实知，彼念不起名緣真禪。前釋順古違新論文[一]，後釋

一七六 順經兼快新論，故新論云：覺念无念皆无有相捨中

一七七 分別。論：如菩薩至名究竟覺。釋曰：此弟四覺相者，

一七八 如菩薩地盡者。初明能覺人，文中揔別，顯其二道，初句揔標[二]

一七九 能觀之位即是金剛等覺之位。非謂十地名爲盡地，以新

一八〇 論説，爲若超過菩薩地故。其次二句，別明二道，滿足方便，是

一八一 加行道，即是滿足之方便故。而新論言：究竟道滿足，乑揔

一八二 取別，即加行道，是此攝故。一念相應是无間道，其无

一八三 間道，一剎那中，与理契會，斷細念故。如對法云：究竟

一八四 道者謂金剛喻定。此有二種，謂方便道攝及无間道

校注

【一】「文」，《大正藏》本無。【二】「揔標」，原作「標揔」，有倒乙符。

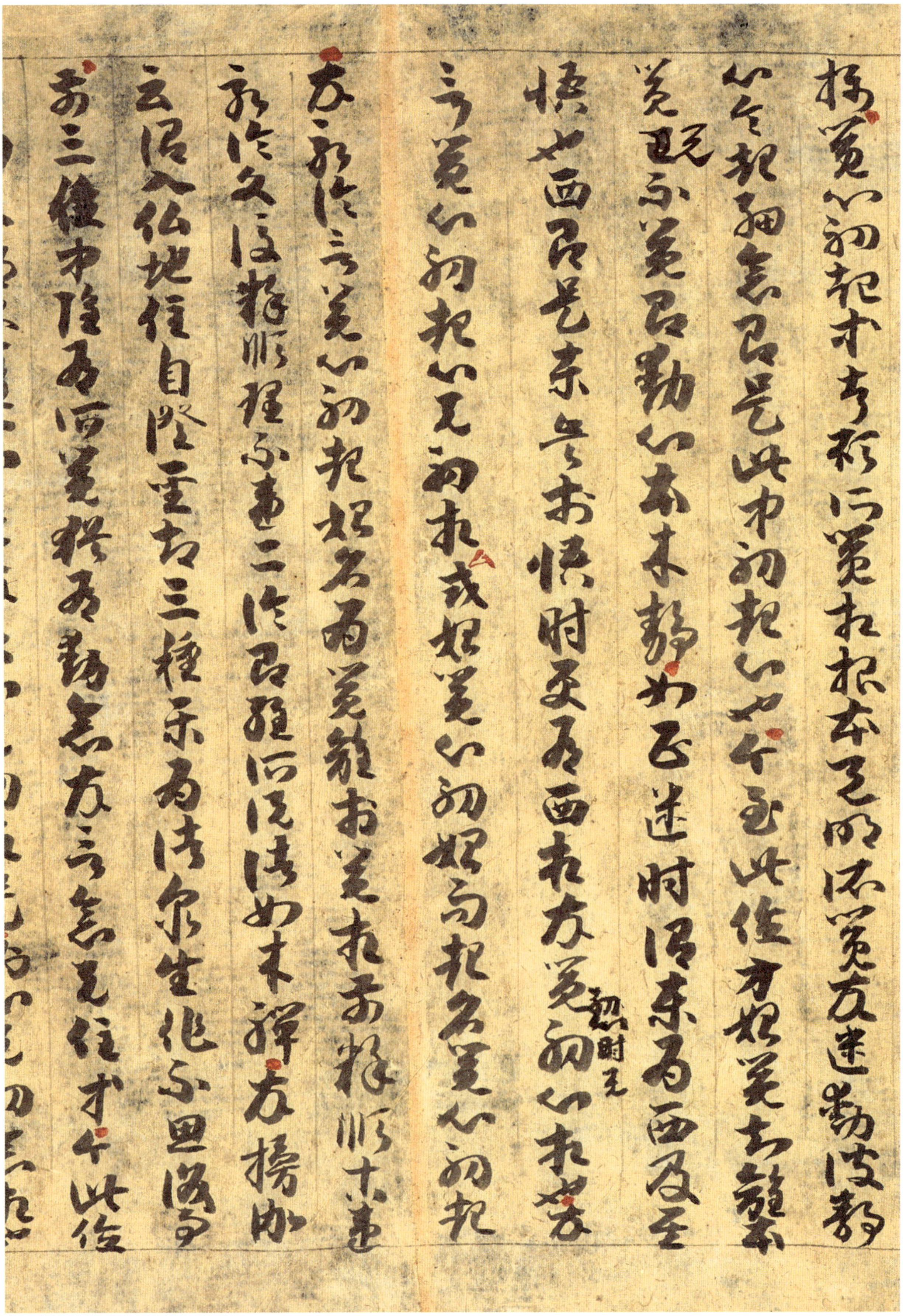

攝。覺心初起等者，顯所覺相，根本无明依覺故。迷動彼静心，令起細念，即是此中初起心也。今至此位方始覺知，離本覺无[一]不覺，即動心本來静，如正迷時謂東爲西，及其悟也，西即是東，豈於悟時更有西相，故覺初心時无初心相也。故言覺心初起心无初相，或始覺心初始而起名覺心初起。

故新論言：覺心初起始名爲覺，離於覺相。前釋順古違新論文，後釋順理不違二論。即經所説諸如來禪，故《楞伽》云：謂入仏地，住自證聖智三種樂，爲諸衆生作不思議事。

前三[二]位中，雖有所覺，猶[三]有動念，故言念无住等。今此位

校注

【一】「无」，原作「已」，校改作「无」。【二】其下《大正藏》本有「種」字。【三】「有所覺猶」，《大正藏》本無。

中動念起冥性一心在故云心無初相是故心無初念相也
盡離方去明覺知等業相動念念中最細名微細念
此生相也我細分別名微細念不行不現是明業相
第二位覺念無念才無及相據中分別今此位中覺相
亦是起無所爲故離細念轉於但名細分別故此念麁
無故云盡離盡離者相故盡心性自爲形現故故云爲
見心性無明風止性海浪息氣無生滅故故云心即常住
謂此二文故說於心根本性常住現前之三位中念相
未覺是故不云即見心性覺未至源無明猶在動波
靜心業漸起識是故不云心即常住名覺覺云覺者耶

一九四 中，動念都盡，唯一心在，故云：心无初相，是則心无初念相也。
一九五 遠離等者，明覺利益，業相動念，念中寂細，名微細念，
一九六 即生相也。或細分別名微細念。不須別配无明業相，謂
一九七 弟三位覺，念无念皆无有相捨中分別，今此位中覺相
一九八 亦无，都无所得，故離細念，新論但名細分別故。此念永
一九九 无，故云遠離。遠離虚相故，真心性即得顯現，故云得
二〇〇 見心性。无明風止，性海浪息，永无生滅，故言心即常住。
二〇一 依此二義，故新論言：心根本性常住現前。前三位中念相
二〇二 未盡，是故不云得見心性。覺未至源，无明猶在，動彼
二〇三 静心，業識起滅，是故不云心即常住。名究竟覺者，結

校注

覺念爲來至心源夢念未盡始來同本非究竟覺
求欲此動望至彼岸今夢念息覺了心源本覺
淨體今見始靜常自一心始契本同爲如來名究竟覺
若爾始覺既集常住是不異彼據於何說本既常住
末法於本本無隨恒沙乃至一底隨義二言矣方稱不未
妄此於念形本由不覺動彼靜心今息不覺道場本
靜故集者住據於念明法者法身起隨意以何義體
等既從雖起故隨無隨始覺可治善了二爲法身爲
故者住法後爲故生生滅滅者住不無始爲以一一念生

觀分齊，未至心源，夢念未盡，始末同本，非究竟覺。求滅此動，望至彼岸，今夢念息，覺了心源，本无流轉，今无始静，常自一心，始不異本得爲如來。名究竟覺，若尔始覺既成常住，豈不違彼攝論所説。本既常住，末依於本相續恒存，乃至廣説。藴二意異，故理不相違。此論欲顯本由，不覺動彼静心。今息不覺還歸本静，故成常住。攝論欲明依常法身起福恵行，所感報果既從緣起，故説相續始覺。万德要具二義，依前義故常住，依後義故生滅，生滅常住不相妨㝵。以一一念悉通

校注

三世隨三界世亦是一念如一毛孔界中十方隨界十
方亦增毛孔佛位如是無障礙無窮徧執於其界
哉如色義隨從此為云　今名離三世　相好悉不亡
於住無所住　法界悉淨清　因緣故法生　因緣故法滅
如是觀如來　此云能觀察哉　是故二偈各述一為同契
玄奘亦執乘也　說是故分向後偈故　釋曰以引證
經於中有四一引經來證二重釋前文三示（擧）要之生四所
覺者之位此初也是後三位能觀念是其名覺故離法
此位能觀無念為向佛故得因地時隨來離念而觀
此念能無念執能觀如是無念並理得此能觀為

三世，雖遍三[一]世，不過一念，如一毛孔，遍於十方，雖遍十方，不增毛孔。仏德如是，无障无㝵，豈容偏執於其間哉。如《花嚴經》頌此義云：牟尼離三世，相好悉具足，於住无所住，法界悉清浄[二]。因緣故法生，因緣故法滅，如是觀如來，究竟離癡或。是故二論各述一義，同契至真不相乖也。論：是故至向仏智故。釋曰：下引經證，於中有四，一引經成證，二重釋前文，三舉不覺之失，四顯[三]覺者之德，此初也。是後三位能觀念无皆名覺，故經依此說能觀无念爲向仏智。謂因地時雖未離念，而觀此念都无念相。能觀如是无念道理，說此能觀爲

校注

【一】「遍三」，原作「三遍」，有倒乙符。【二】「清浄」，原作「浄清」，有倒乙符。【三】「顯」，《大正藏》本無。

向佛智以是菩薩智佛地是念向佛智者是菩薩得義故所
於云無分別觀爲念是求所爲菩薩得如來智惠此是
果因習種近覺無相因種通位近者如金光明第二為
云依法伏道起無心識依法斷道依根本心識依斷拔
答根本心覺法伏道者得三賢位起無心識者是此於
中攝三無分別觀義求也依斷道者在法無位依根本
心識者攝此於中所攝分別三無念求也斷拔道者金剛
喻定根本心覺者攝此於中所三有意能除細念也
於又心起者至斷得是念　釋曰此重釋前文也此釋伏

向仏智，以是證知仏地无念。向仏智者，是證得義。故新論云：若有能觀妄念无相，則爲證得如來智恵。此是𥝢因望果說也。若約因果通位說者，如《金光明》弟二弓云：依諸伏道起事心滅，依法斷道依根本心滅，依勝拔道根本心盡。諸伏道者，謂三賢位。起事心滅者，即此論中，捨麁分別執著相也。法斷道者，在法身位。依根本心滅者，猶此論中所捨分別麁念相也。勝拔道者，金剛喻定。根本心盡者，猶此論中所言遠離微細念也。

論：又心起者至即謂无念。釋曰：此重釋前文也，此釋伏

校注

釋重顯前文覺心初起故言又心起者謂前云覺心
初起以前但覺後初起之心即不名覺若初心故前覺之初思
所以前之覺之時見之既覺故前覺揀心初起名覺時及
覺無不相名起擬起初覺心是不覺故如前云覺心初起
所更此難故果此文前但覺心初起無者若何覺無見無
前者言云覺心初起無者覺復初心即見念起如覺迷方
東西即東更見西無是而覺東之西無者謂即東如覺
心之時知初動念即本來靜而覺初心既不而得既覺初無
亦名何厚故無名依無念故所依云心常無異名初
依是故一切衆生如生明

△釋曰此說不覺之相也文中有三

疑，重釆前文，覺心初起，故言又心起者。謂前所言覺心初起若謂覺，彼初起之心則不名覺，有初心故。若无初心，則何所覺，所覺既无，无能覺故。若覺悟心初起名覺，既有覺相，不應名覺[一]，起初覺心是不覺故。如何前言覺心初起，顯通此難，故釆此文。前說覺心初起相者，於所覺相、无相可知。而言覺心初起相者，覺彼初心即无念起。如覺迷方知西即東，更无西相是可覺知，知西相者謂即東也。覺心之時知初動念即本來静，所覺初心既不可得，能覺初相亦何所存。故云即謂无念。故新論云：心尚无有，何況有初。

論：是故一切至无始无明。釋曰：此顯不覺之失也。文中三

校注

【一】「覺」，原作「相」，校改作「覺」。「相」字並用朱筆塗去。

前唱標釋，是故等者，示前標也。是前覺息名為覺故，

因佛已覺，不名為覺。以從等者，釋何以故也。意謂佛外不名

覺者，何故前言經今覺等，以從無始未佛未見無明之念，

念來雖未曾離故，所說言同等，離四相夢之覺等故。

從彼覺今翻無明眠之夢，夢故從不覺也。仁王經同此說，

云：如從伏忍至頂三昧，照第一義，不名為見；所謂見者是

薩婆若故。從無始無明者，釋不覺義。謂從無始而有無明，

既從無明而起諸念故，為念者，從為念者也（彼）。是無始無明

不名覺也。謂從無明，此為文正是。從名得無念至無念等故

釋曰：此明覺者之位也。此中從意以下，無未息不去一心本

節，謂：標、釋、結。是故等者乘前標也，是前无念名爲覺故。除仏已還不名爲覺，以從等者，釋所以也。若除仏外不名覺者，何故前言隨分覺等。以從无始至成仏來无明之念，念念相續，未曾離故。新論意同前對四相夢之差別，故說漸覺。今約无明眠之无異，故說不覺。如《仁王經》同此義云：始從伏忍至頂三昧照弟一義，不名爲見，所謂見者是薩婆若故，故說无始无明者，結不覺義。謂從无始而有无明，既依无明而起諸念，故有念者說有念者彼，皆是无始无明，不名覺也。新論无此文義[一]亦足。論：若得无念至无念等故。釋曰：此顯覺者之德也。此中意說[二]，若妄未息，不知一心本

校注

【一】「文義」，原作「義文」，有倒乙符。【二】「意說」，原作「說意」，有倒乙符。

無明妄念ゝ至心源由未無念不能通達一切衆生心妄動
故生住異滅心本不動今更無生等故衆未亦不妄念
具得此心相生住異滅也是相以無念等故者推通達
佛得無念衆生有念無能偏至句能相以無念能覺也
乎等故衆生隨念雖得無念佛無念雖生波乎等故
雖通法念無念藉作無此文為似異　次句實無覺異
至同一覺故
△釋曰以實四相釋未為二此顯始覺不
異本覺而實等覺初際不異隨日始得無念之覺而覺
四相方名始覺能所覺相本來無起待何不覺始覺無能
以四相念後ゝ來釋以彼四相無前自然而并前後故云

无相念，若至心源得於无念，則能遍知一切衆生心妄動。故生住異滅，心本不動，实无生等。故新本[一]言：若妄念息，即知心相生住異滅，皆无有相。以无念等故者，釋通上義，仏得无念，衆生有念。有无懸隔，云何能知。以无念體皆平等故，衆生[二]雖念體即无念，仏无念體与彼平等，故能遍知諸念无念。新論无此文義似闕。論：而实无有至同一覺故。釋曰：上寄四相釋成義言，此顯始覺不異本覺，而实等者。初摽不異，雖曰始得无念之覺，而覺四相方名始覺，能所覺相本來无起待，何不覺始覺別耶？以四相下後以釋成[三]，以彼四相无別自體，可弁前後，故言

校注

【一】「本」，《大正藏》本作「論」。【二】「生」，《大正藏》本下有「生」字。【三】「釋成」，原作「成釋」，有倒乙符。

約時依於一心之源覺知之念故依覺時為有前後前後可為
者即前後不擬說四相為約覺為說離心外無別自性之
為約時前後而無是也故說說無別自無說本離心無別自
性由此不離本覺亦離故故本末平等同一覺也此想想
云說覺四相依為始覺同覺無故非覺之一無故無始覺
義於本覺或此直顯始不異本依前同依四種覺亦離
於本覺無不而得故說依云如是者已前者始覺不而得
於一心前後同時無不相離之自性故不異本覺覺無能此
釋於經之者者義舊說不相乘五依此依故楞伽經
云十地者一地之所為何以故
說後以五不相權離

俱時。依於一心麁細之念，故説覺時而有前後。言而有者即前後也，非謂四相而俱是有，既離心外皆无自性，无有俱時前後可立，是故説言皆无自立。既本離心皆无自性，由此不離本覺真體，故言本來平等同一覺也。此摠意云，既覺四相，説爲始覺。所覺无故，能覺亦无，故无始覺異於本覺。或此直[一]顯始不異本。謂前所説四種覺相離於本覺，皆不可得。故新論云：如是知已，則知始覺不可得，以於一心前後同時，皆不相應，无自性故，不異本覺。若作此釋，於理无違，令新舊論不相乖返。依此義[二]故，《楞伽經》云：十地即一[三]地，无所有何次等。論：復次至不相捨離。

校注

【一】「直」，《大正藏》本作「真」。【二】「義」，原作「依」，校改作「義」。【三】「一」，《大正藏》本作「十」。

釋曰以上廣明始覺以下廣明本覺於中有二先明隨染復形
性淨初中有三標舉釋結此初標也以隨動門爲形本覺故云云奏覽
隨染分別說隨染動門之生也隨日隨染不生性淨故
云云返不和糅離此句隨染說有二種相隨此染生云云
初云二後者一明自染品起因時由無明熏明起染二
明他染品在果時之生因然法爾生染隨生起者此
中有二一明隨自染生智淨相以一明從染得智淨相由隨
他染生不思業以化染生起勝業相爲顯隨自染而
起明本覺心以爲緣因隨染形然生智淨相隨染形

釋曰：上廣始覺，下廣本覺。於中有二，先明隨染，後顯性浄。初中有三，標別弁相，此初標也。以隨動門而顯本覺。故言本覺隨染分別，既隨染[一]動而言生也。雖曰隨染不失性浄，故言与彼不相捨離。此所隨染既有二種，故隨此染生下二相。言二染者，一謂自染，即在因時由无明熏所起諸染；二謂他染，即在果時与生同體諸衆生染。隨生相者，此中有義，謂隨自染生智浄相，以説從染得智浄故。由隨他染生不思業，以化染生起勝業故。有義，俱隨自染而起，謂本覺心具有體用，隨染顯體生[二]智浄相，隨染顯

校注

【一】「染」，《大正藏》本作「緣」。【二】「生」，《大正藏》本作「成」。

因起不思業熏故自性方能起因故不思業二隨自性
不離佛性他性而起隨淨并隨門而字都現法方起淨
業用方隨衆生性為此處以為藏性殊足隨足而唯是
真如一味和故以為宗此二種是始覺若由二為故但名業
覺一種隨染淨等故隨始覺者染隨隨淨隨今此二
本染隨離淨故二種本為隨生為故以智淨才法本為義
隨至始覺者種隨生隨故隨日不一向亡不異以深染
性隨染隈隨隨方淨真為是為然故以本始覺方為隨生
本為之為是為美故隨本染始更足美性隨此為故
真名本為以始契本方名本覺隨此為故相名隨生

用起不思業。既斷自染，方能起用，故不思業亦隨自染。有義，俱染他染而起，謂諸菩薩脩行得果，顯現法身起諸業用，皆隨衆生染有此事。若癡染機无脩无得，唯是真如一味相故。若尔此二應是始覺，答由二義，故但名本覺。一約所對染差別故，謂始覺者對所俱染説。今此二相對所緣[一]染故，二約本有脩生別故，以智净等依本有義説，其始覺者約脩生説故。雖曰不一而亦不異，以所對染所謂[二]所隨皆依真有无別體故。以本始覺皆有脩生本有之義无別異故，謂本來[三]始更无異法。從此義故，揔名本有，以始契本方名本覺。從此義故，揔名脩生。

校注

【一】「緣」，《大正藏》本作「隨」。【二】「謂」，原作「對」，校改作「謂」。「對」字並用朱筆塗去。「謂」，《大正藏》本作「俱」。【三】「來」，字形似「成」。

次以本覺化始覺故名此本覺亦是本來隨生又以翻
始得本名故名此始覺亦名隨生本來此雖起種種
如圓珠隨異一門至不收定故其淨才之沒體覺業系
業等等覺及始
論云何為二至思議業相
釋曰此分名如眼以十門分別此二一者釋名何云者者
謂始覺者淨謂離染同於本覺智化用故名為
業殊亦地論名不思議二相等通於業隨至相[illegible]者無
如本覺隨染及此體用由相狀故名相之相二類亦通
二者生起此二種以生起門中隨染本覺為名自然以流

既以本覺作始覺故，即此本覺亦是本有脩生。又以對始得本名故，即此始覺亦名脩生本有。此緣起理，猶如圓珠，隨扤一門，无不收盡。故智淨等与彼，始覺異不異[一]等皆无有妨。論：云何爲二至思議業相？

釋曰：此別名也。略以十門分別此二。一者釋名。所言智者，謂始覺智。淨謂離染，同於本覺，果德作用故，名爲[二]業。非下地測名不思議。二相皆通，持業依主，相者狀也，本覺隨染，有此體用，當相狀故，即相之相，二釋亦[三]通。二者出體。此二皆以生滅門中隨染本覺而爲自體，以說

校注

【一】「異」，《大正藏》本無。【二】「爲」，《大正藏》本無。【三】「亦」，《大正藏》作「皆」。

隨染生二者故三顯離因初者隨染覺淨時離不思業
相覺淨時用未覺及此蔑本來故四者清淨此二作
淨以下通染而現離故亦二而作染以下隨染之所緣故
是顯二利初一自利兼足利他後一利他兼足自利隨以
自他利為他自利故六者三力初通法爾及自之因
離相所顯二利斷故七者四智初一鏡智亦平等性普（普現）
照之智離故（後）重三智由得平等妙察根性兼化身故
八者二智初即正體如理之智後即後得如量之智也
照自體起外用故九者因緣初以體相內熏為因用大（眾生深機為根[illegible]法清先之起因緣也）
外熏為緣後以智淨為生起因故十者得果初以斷德

隨染生二相故。三顯體用。初智淨相還淨時體，不思業相還淨時用，本覺有此當本末故。四者染淨。此二俱淨，以皆返染而顯現[一]故。亦可俱染，以皆隨染之所成故。五約二利。初一自利，非无利他，後一利他，非无自利，[二]謂以自他利爲他自利故。六者三身。初通法身及自受用，[三]體相麁細二利類故。七者四智。初一鏡智，亦平等性，普現普照之智體故，後[四]通三智，由得平等妙察根性成化事故。八者二智。初即正體如理之智，後即後得如量之智，返照自體起外用故。九者因緣。初以體相，內熏爲因，以彼用大外熏爲緣，後以智淨爲生起因，衆生染機爲發起[五]緣，諸法无有非因緣故。十者得果。初以對染，

校注

【一】「顯現」，原作「現顯」，有倒乙符。「現」，《大正藏》本作「説」。【二】「後一利他非无自利」，《大正藏》本無。【三】其下《大正藏》本有「後通化身他受用」。【四】「後」，原作「顯」，校改作「後」。「顯」字並用朱筆塗去。【五】「發起」，原作「起發」，有倒乙符。

同本智淨為後生果，故以勤擇覺力大用為後生果
現為因緣，必為果故。　論：智淨相者，乃至方便故。
釋曰：別法名辨，於中為二：先明智淨相，後不思議業相。
智中為二：初直明智淨相，後可見釋。擇前中亦二：先因
後果。此初如理於地前先如教法內外熏力能順資糧
加行善根故，三賢法清淨熏習，以登地已，契證真如標
根行，名如實修行；漸漸修習，至金剛位，因行現起，名滿足
方便故。故彼論云：一切行滿足。　論：破和合識盡智淳淨故。
釋曰：此釋果也。果為二種：後得能用，由前方便，能破和合識

同本智浄爲所生果，後以對機无方大用爲所生果，既有因緣必有果故。論：智浄相者至足[一]方便故。釋曰：次依名弁，於中有二，先明智浄相，後不思議[二]業相。智中有二，初直明浄相，後問答釋疑。前中亦二，先因後果，此初也。謂於地前真如教法内外熏力能脩資糧加行善根，故言依法力熏習。若登地上契證真如攝[三]起行名如实脩行。微微[四]脩習至金剛位，因行既揔名滿足方便。故新論云：功行滿足。論：破和合識至智淳浄故。釋曰：此顯果也。果有二種，所謂體用，由前方便能破和合黎

校注

【一】「足」，《大正藏》本無。【二】「議」，《大正藏》本無。【三】「攝」，《大正藏》本作「稱真」。【四】「微微」，《大正藏》本作「漸漸」。

能依內生滅之相取是本覺不生滅性此即非本是明覺
故心無明念取本覺也故云破和合識相取現法身故顯
取然即等然也即於此時滅淨心中業識之相
故令隨染本覺之心遂即歸源成淳淨智於而身如覺
無也然此始覺是不始起即是本覺隨染化也始同本故淳名
淨緣覺故名淨智淨相同即名同也　問此義云何
釋曰次明其釋釋中有二先明淨智此初也此明二之
云如上所說動靜心體本生滅心而成生滅之相動靜心如何
但破和合識相非滅識體相所以方才此即執之同三無難
也　問以一切心識相皆無明
釋曰次明第三[illegible]

耶？識内生滅之相顯其本覺不生滅性，此即根本无明盡，故心无所念顯本覺也，故言破和合識相，顯現法身。斷惑顯體即果體也，即於此時滅染心中業轉現等相續之相故。今隨染本覺之心，遂即歸源爲淳浄智，成於應身始覺義也。然此始覺无别始起，即是本覺隨染作也。始同本故名淳，染緣盡故名浄。斷障顯用即果用也。論：此義云何？釋曰：次問答釋疑。於中有二，先問後答，此初也。此問意云，如上所説動静心體私成生滅，若斷生滅，應滅静心，如何但破和合識相、滅相、續心相，顯法身等。此[一]即執真同妄難也。論：以一切以至非不可壞。釋曰：次下簡妄異真答。於

校注

【一】「此」，《大正藏》本無。

中有三謂法喻合此初也謂生滅相中是无明非是本覺
雖有識相覺不覺雖非一故此无明相隨非覺雖而无不
離本覺之體覺與不覺雖非異故由非異故而非一而體
故契云明與无明其性不二由不一故非不兩性故又云
隨染之明即是本法身而能非異非而性為故隨離靜
无明動心即清淨一非不性為隨破後相法身形顯現望
為體不相離也

論如大海水至濕性不壞

釋曰此舉喻也文中形顯四種喻相如大海水者出隨安
猪喻風相才者喻相清喻无明動性者真然不
之喻此形動者非自性動不尒動識隨死識故喻見

二九 中有三，謂法、喻、合，此初也。謂生滅相皆是无明，非是本覺

三〇 體，有識相，覺与不覺體非一故。此无明相雖非覺體，而亦不

三一 離本覺之體，覺与不覺體非異故。由非異故，而非可壞。

三二 故《涅槃》云：明与无明，其性不二，由不一故，非不可壞。故下文云：

三三 除滅无明見本法身，前就[一]非異非[二]可壞義，故說離静

三四 无別動心。今依非一非不壞義說，破識相法身顯現，所望

三五 義殊不相違也[三]。論：如大海水至濕性不壞。

三六 釋曰：此釈喻也。文中顯其四種喻相。如大海等者，真隨妄

三七 轉喻。水相等者，真妄相依喻。而水非動性者，真體不

三八 變喻；此顯動者，非自性動，不尒動滅濕應滅故。若風

校注

【一】「就」，《大正藏》本作「然」。【二】「非」，《大正藏》本無。【三】「也」，《大正藏》本作「故」。

此識才有息妄形者喻隨形動者隨他動故動相識時
隨性不住　論如是衆生自性不住故　釋曰此法是
也於中次第合前四喻衆生淨心才如水隨風動水不、
自浪因風起浪風不自波依水現波故動即水之
不離也心不自起因無明起癡不自動因心而動生識
即心無不離也以至無明才有如風與相依以水全動故無分別
無風相心全非浪故無心相浪無非無無之明相故深據於
動全濕末
云無此不見波然見一分世假分性不異即生死故不見異
故不見生死以非動性者如水非動即形性心性本非動言
然無明識亦如水然不正受無明識者根本無明如風識

三三九 止滅等者，息妄顯真喻。謂顯動者，隨他動故。動相滅時，
三四〇 濕性不壞。論：如是衆生至性[一]不壞故。釋曰：此法合
三四一 也。於中次弟合前四喻。衆生淨心等，如水隨風動，水不
三四二 自浪，因風起浪，風不自波，依水[二]現波，故動即水，无
三四三 別體也。心不自起，因无明起，癡不自動，因心有動，生滅
三四四 即心，无別體也。心与无明等者，如風水相依。以水全動故无水相，以
三四五 動全濕故无風相。心全非識故无心相，識无非真，无无明相，故梁《攝論》
三四六 云：見此不見彼，若見一分性，解分性不異，即生死故不見涅槃，〔即涅
槃〕[三]
三四七 故不見生死。心非動性者，如水非動性，即顯心性本非動念。
三四八 若无明滅下，如水體不變。无明滅者，根本无明如風滅

校注

【一】「性」，《大正藏》本無。【二】「依水」，原作「因風」，校改作「依水」。「因風」並用朱筆塗去。【三】「即涅槃」，原卷缺，據《大乘起信論義記》卷二補。

如來殊勝甚巨業淺才如彼來殊勝者性不壞者隨清淨本覺照察之性如濕性不壞如

論不思議業至勝妙境界

釋曰此不思議業者中有二句標後釋此初也以淨智法身之體起此殊勝一切境之相與衆生六根作勝妙境界故為性論云諸佛如來身如虛空無有為法勝起衆能六根境界示現妙色出妙音聲令齅佛常香與仏妙法味證覺三昧觸令知除妙法

論所謂見無至得利益故

釋曰此弁釋相文有七句初至四句初之二句標顯業作廣多是重次之一句望顯業體窮三際次之二句顯業殊勝顯切花標後之二句顯業

也。相續滅者，即業識等，如波相滅。智性不壞者，隨染本覺，照察之性，如濕性不壞也。論：不思議業至勝妙境界。釋曰：次不思議業[一]，於中有二，初摽，後釋，此初也。以依智淨法身之體起此應身功德之相，與衆生六根作勝妙境界故。《寶性論》云：諸仏如來身如虚空无相，爲諸勝智者作六根境界，示現妙色，出於妙音聲，令[口臰][二]仏戒香，与仏妙法味，使覺三昧觸，令知深妙法。論：所謂无異至得利益故。釋曰：此弁釋也。文有七句，顯其四義。初之二句横顯業德廣多无量，次之一句竪顯業根流窮三際，次之二句顯業勝能无功應機，後之二句顯業

校注

【一】其下《大正藏》本有「相」字。【二】「[口臰]」，「嗅」之俗字。

殊勝利益不思議是報化生如大用無邊無量殊勝不思議
故金光明經云花身者混無如生取來隨不可方一切法
佛不共之法能攝持故爾生不窮用無不寂故說常住
寶性論云受者樂體自受利益從得解脫遠離大障
智障得障無為清淨法身是名樂體自受利益受者
樂體他受利益謂得樂體自受利益已無始世來自體法
彼二種佛身之現世間自在力行是名樂體他受利益
可知謂自利已方現利他業云受利他從無如頓果及
二為及為如來一念中知過去三世過去未際現在
無邊如來如圓智一念遍達極三際悠悠無邊故智亦無邊

勝益利潤不虛，即是根化[一]真如大用，无始无終相續不斷。故《金光明經》云：應身者從无始生死相續不斷故，一切諸仏不共之法能攝持故，衆生不盡用亦不盡故說常住。《寶性論》云：何者成就自身利益？謂得解脫遠離煩惱障，智障得无障[二]㝵清淨法身，是名成就自身利益。何者成就他身利益？既得成就自身利已，无始世來自能依彼二種仏身示現世間自在力行，是名成就他[三]身利益。

問：始得自利已方起利他業，云何利他說无始耶？答：有二義。有義，如來一念真智遍應三世[四]，所應无前際，能應亦无始，猶如圓智一念遍達極三際境，境无邊故，智亦无

校注

【一】「化」，《大正藏》作「作」。【二】「无障」，原作「障无」，有倒乙符。【三】「他」，《大正藏》本作「化」。【四】「三世」，原作「世三」，有倒乙符。

邊无邊之智所觀之相故得无始亦一體无終不可離之了
重智眾生已入觀在无所知覺以眾生體離无三際故三際
互融方了悉故三際時分至究竟故說眾生界无增
減故前際〻无盡乃未无故後際〻无生是增見故〻隨前
際亦體相善提此心識思量所測是故復名不思議業也
爲前說理未圓明前正理教稱乘體故〻爲說眾生
體離三際是故從无始他之爲眾生至佛乃體同故
說眾生界前際不減亦即佛界後際不增隨起化用更
始覺體〻亦隨同體亦无知者亦可覺說眾生離佛以
同一體味智他故更无情智色不能繫敘故古此說理業

邊，无邊之智所現之相，故得无始亦能无終。不可難言遍知[一]衆生已入現在[二]无所利應，以衆生體遍三際故。三際互融皆具有故，三際時分无定異[三]故，説衆生界无增減故，前際若滅乃成滅故，後際若生是增見故。故雖前際亦能利益，此非[四]心識思量所測，是故復名不思議業。有義，前説理未圓明，於正理教猶乖疎故。若説衆生體遍三際，是則便无利他之義。衆生与仏其體同故[五]，既衆生界前際不滅，亦即仏界後際不增。誰起化用无始應耶？若雖同體亦有利者，亦可應説衆生利[六]仏，以同一體成利他故。更有諸過不能繁叙，故知此説理未

校注

【一】「遍知」，《大正藏》本作「過去」。【二】「在」，《大正藏》本作「世」。【三】「異」，《大正藏》本作「實」。【四】「此非」，原作「非此」，有倒乙符。【五】「故」，《大正藏》本作「誰」。【六】「利」，原作「離」，校改作「利」。

圓滿故，二利他德無邊故，不同二乘無邊，但為佛〻
雖同二乘語利他者，但得覺以得覺用，本是雖不得本
覺之雖法佛無始覺，雖同故佛亦無始覺，佛始化已今
佛利等流無始今亦無初故，隨始得法身自利而起他
利他無始。此流業用不得絕之，是故名為不思議業。此之
衆生心本無二，但為無明用故不現〻，今斷無明，求出用流
故隨於彼心種種現起而不絕之，無現量而故云隨
根自然相應現，無不見之〻，無不普故，云種〻而現得利益
故。此中法文，取彼少分，然尋是義不拔於此

三七九 圓顯。應言利他説无始者，不約所應无始而説，但約仏，仏
三八〇 體同而言，謂利他者即始覺也。始覺同本，其體不殊，本
三八一 覺之體諸仏无別。覺體同故，仏亦无差。前[一]仏所化即今
三八二 仏利，前既无始，今亦无初，故雖始得法身自利，而起應化
三八三 利他无始，此既真用不待作意，是故名爲不思議業。此与
三八四 衆生心本无二，但爲无明用則不現。若有猒求真用漸
三八五 顯，則於彼心稱根現[二]起而不作意。我現差別故云：隨
三八六 根自體相應，現无不盡，盡无不益。故云：種種而現得利益[三]
三八七 故等，此等諸文新論少差，能尋其義不越於此。

校注

【一】「差前」，原作「前差」，有倒乙符。【二】「現」，原作「而」，校改作「現」。「而」字並用朱筆塗去。【三】「益」字有校改痕迹。

論復次覺性然亦猶如淨鏡　釋曰以離性靜故中文二
初總標後別釋此初也言覺動者依隨染分別之
初二性淨此二本覺然說不離說不動而動動而不動
以文四段若段說真有今先略以十門分別一生然性此四並
以生滅之中本覺義如三大有然二而依但言覺體相者
且說因果起用故或然因相相然相大二明淨
此四隨說性淨而說以為相依染無染之義初二是種相
為染故名為智如後二種離染相故名無智如三弁
以前以離染無分明性淨故二空相初說如實空鏡遠離妄空
治之未熏內因故以又明因熏習鏡由熏習故二者然

三八八 論：復次覺性體至猶如净鏡。釋曰：次顯性静，於中有二，
三八九 初揔摽，後别釋，此初也。前就動門故説隨染，今約寂門
三九〇 而言性净，此二本覺體既不殊，則不動而動，動而不動也。
三九一 下文四義，其義既通，今先略以十門分别。一出體性。此四並
三九二 以生滅門中本覺真如三大爲體，而論但言覺體相者，
三九三 且就因説未起用故，或體即相，非體相大。二明染净。
三九四 此四雖就性净而説，若約論染，无染異，初二世纏相
三九五 有染故名有垢如，後二出纏離染相故名无垢如。三弁
三九六 次弟。以顯染无方明性净故，寂初説如实空義，妄空
三九七 德示成内熏[一]因故。次又明因熏習義，由熏斷妄[二]真體

校注

【一】「内熏」，原作「熏内」，有倒乙符。【二】「妄」，原作「義」，校改作「妄」。「義」字並用朱筆塗去。

所依故以明色法生雜染法能起用作外緣熏故明聖
緣熏習義四明佛性此四號是性淨本覺爲是體依
三佛性義初一唯是自性住後一唯至得果因熏二自性
二引生法生二引生生二至果已棄因果初二在因
後二在果因中初果因能以所因用果中初明至後
明後果義初果能後至果用合明大義初一唯能起
用後一唯用起能起因熏二能亦末而起用法生起用二能
二是染分此染了且作是依窮劫能融七了三大七明滿義
此四號是性淨本覺隨緣和法而性本淨是初二自性

三九八 顯能故，以明其法出離義；依體起用作外緣熏故，明其

三九九 緣熏習義。四約仏性。此四既是性淨本覺，即是經説

四〇〇 三仏性義，初一唯自[一]性住，後一唯至得果，因熏亦自性

四〇一 亦引出，諸出亦引出，亦出亦至果。五弁因果。初二世因，

四〇二 後二世果，因中初𥝢因體，次顯[二]因用，果中初明即果，後

四〇三 明德果，或初果體後即果[三]用。六明大義。初一唯體非相

四〇四 用，後一唯用非體相，因熏亦體亦相而非用，法出非用亦體

四〇五 亦是相，此分相門且作是説，若約鎔融，皆具三大。七[四]明淨義。

四〇六 此四既是性淨本覺，雖説相染而性本淨，即初二自性

校注

【一】「自」，原作「是」，校改作「自」。「是」字並用朱筆塗去。【二】「顯」，《大正藏》本作「舉」。【三】「果中初明即果後明德果或初果體後即果」，《大正藏》本無。【四】「七」，《大正藏》本作「甚」。

淨義（後）二離垢淨自性淨中初一由妄空故以一由治道可離垢
淨中初顯淨體後顯淨用以顯大喻義猶如虛空
故虛空喻義四大義空無一切相能含一切物離垢顯大
空之義現一切物況覺亦空可四大義故云有四大義與虛
空等次弁淨喻義四淨義猶如明鏡故明鏡喻義四淨
義空無外物離々淨含眾像生離法出垢現像為物用
由四淨義如本覺故々次々復々云猶如明鏡文中何言為四大
義而與空等亦如明鏡不々云淨義是謂者生々離於可故々
復次云為四大義清淨如虛空明鏡又此標中可舉三
喻義云々釋喻淨鏡義亦根者其能本於言顯於可故不文

淨，後[一]二離垢淨。自性淨中，初一由妄空故，次一由具德[二]。離垢淨中，初顯淨體，後顯淨用。八顯大喻有四大義，猶如虛空故。虛空喻有四大義，空无一切相能含一切物，離垢顯大空示現一切物，既覺与空具四大義，故言有四大義与虛空等。九弁淨喻有四淨義，猶如明鏡故。明鏡[三]喻有四淨義，空无外物體，體淨含衆像，出離諸尘垢，現像爲物用。由四淨義如本覺故，故論説言猶如明鏡。文中所言有四大義，可与空等，其如明鏡，不言淨義是譯者失，新論具故。故彼文云：有四大義，清淨如虛空明鏡。又此摽中具乳二喻，及下釋中唯淨鏡義，亦譯者失，非本論意，新論具故。下文

校注

【一】「後」，原作「義」，校改作「後」。【二】「具德」，原作「德具」，有倒乙符。【三】「故明鏡」，《大正藏》本無。

為与无明同義，此中法生至者法生時法然，此中顯了。
熏至不思議業者，謂覺用現无始故，名為界者，謂淨相
以始同本相，謂本覺體，體之相，此法生離，果生離為相
謂本覺所顯之法者，不思議業，謂淨智覺隨染所現相者
相用由至根本隨染本覺從末相界為顯隨故此
顯熏法謂本覺等身所現菩薩法用由至根本性淨本
覺身色一切無能隨故此顯為因且隨業為能起法身
實無為義，以始同本無為能故。　疏云何名為四至覺照
為故。△釋曰：次下二句，釋之四為因，分為四，此初如文中
標釋二種，此初如實空鏡者，標至名空覺體不相故二

當弁。十明同異。此中法出与前法出[一]皆顯法體，此中緣緣[二]熏与不思業，皆顯覺用。既无差別，何故[三]別開前智淨相，以始同本顯於本覺能觀之智。此法出離，承出離義，顯於本覺所觀之法。前不思業約彼始覺，隨緣所現相屬智用，由其根本隨染本覺，從來相關，有親疎故。今此緣熏依於本覺，平等所現普益法用，由其根本性淨本覺等遍一切，无親疎故。此約義門，且說差別能智法等实无有異，以始同本无別體故。論：云何爲四至覺照義故。釋曰：次下別釋，別釋四義，即分爲四，此初也。文中摽釋，下准此知，如实空鏡者，摽其名也。覺體不虛，故言

校注

【一】「法出」，《大正藏》本無。【二】「緣」，《大正藏》本無。【三】「何故」，原作「故何」，有倒乙符。

如實於中無妄故名爲空無妄可淨故喻之鏡此中明
無垢空爲喻前作因了故復又言表實大爲清淨如鏡
空明鏡以弁相中有惣爲四句其上二句標惣顯相例
以妄境本不相應故云遠離心境界相下三句釋其
所以謂妄心境本無所有猶如龜毛不現鏡中故空本
覺非所覺照覺望心際非能覺照所照既無照無故云
無法可現非覺照義故故經云謂一切心境界相及覺相
皆不可得故次文爲二一立因熏境界悉於中現
彼謂法他從熏似現不壞熏如故云因熏實性此句是
不違計所執實法可現故云無法可現依他起故二不相

四二七 如实，於中无妄故名爲空，无妄明[一]淨故喻之鏡，此中略
四二八 无虚空義喻。新論即具，故彼文云：真实大義清淨如虚
四二九 空明鏡。下弁相中揔有四句，其上二句揔摽[二]離相[三]倒[四]
四三〇 心[五]妄境，本不相應，故云：遠離[六]心境界相。其下二句釋其
四三一 所以，謂妄心境本无所有，猶如龜毛，不現鏡中，故望本
四三二 覺非所覺照。覺望心境[七]非能覺照，所照既无能照无故，故云
四三三 无法可現，非覺照義故。故新論云：謂一切心境界相及覺相
四三四 皆不可得故。若尔何故下文乃言世間境界悉於中現？答：
四三五 彼約依他從真似現，不異真如，故云即真实性。此約无
四三六 別遍計所執实法可現，故言无法可現，所顯義別，亦不相

校注

【一】「明」，原作「名」，校改作「明」。「名」字並用朱筆塗去。【二】「揔摽」，原作「摽揔」，有倒乙符。【三】「相」，《大正藏》本無。【四】「倒」，《大正藏》作「到」。【五】「心」字有校改痕迹。【六】「心妄境本不相應故云遠離」，《大正藏》本無。【七】「境」，原作「源」，校改作「境」。「源」字並用朱筆塗去。

惠々等緣依他似々法々不由彼々言計執々實有隨由執々實雖
唯恒似々如因質現影々親中不現質不現質故是法々而現
於現影故遍計中現
論二者因熏習熏衆生故
釋曰因熏習鏡者標重名也能生覺了名之為因此
能內熏故名熏習能現法體故謂之鏡由中現法々如
虛空文略不具虛空及之故々論云如實不空大義
清淨如虛空明鏡以辨相中文及三節謂如實不空
者生因體也以是萬法真實體故々論云謂一切法圓滿
未能足能生性由不空故二為化正因故不能空者未因

違。若尔依他似法應不由彼遍計執实？答：雖由執实，體唯恒似，如因質現影，觀中不現質，不現質故无法可現，能現影故悉於中現。論：二者因熏至熏衆生故。

釋曰：因熏習鏡者，摽其名也。能生覺果名之爲因，此能内熏故名熏習。能現諸法故謂之鏡，於中現法亦如虚空，文略不私虚空之義[一]。故新論云：真实不空大義清淨如虚空明鏡。下弁相中文有三節，謂如实不空者，出因體也。以是万德真实體故。故新論云：謂一切法圓滿成就无能壞性。由不空故方作正因，故不作[二]空者成因

校注

【一】「之義」，原作「義之」，有倒乙符。【二】「作」，《大正藏》本無。

爲其一切衆生作熏習鏡爲因一切法悉於中現猶如鏡

中顯現影其言不出者謂緣方現不離自性所現諸法不

出心外如鏡之受影不因出而所現影不出鏡故言不入

者心隨熏現不由外入所現諸法不染者然如鏡之受影不從

外入隨現諸影不壞鏡故言不失者隨其生入不失壞

起隨現諸法不自性如影起生入不失所現影隨現諸法影

像不失鏡本故言不壞者所現同真體而緣隨緣起

之體而破滅如影同鏡體而實隨緣受滅之體而破故

滅隨所言不壞不損唯隨此爲之不生滅者住一心者無相

因然以一切法體同所由以緣起法心隨緣現之生法故離心

義也。一切世間下釋其鏡義，謂一切法悉起覺中，猶如鏡中能現影也。言不出者，待緣方現，不能自出，所現諸法不出心外，如鏡无質，影不同出，而所現影不出鏡故。言不入者，心隨熏現不由[一]外入，所現諸法不染真體，如鏡變影不從外入，雖現染影不染鏡故。言不失者，雖无出入不失緣起，雖現諸法不失自真。如影非出入不失所現影，雖現諸法影像不失鏡本故。言不壞者，所現同真非可對，謂隨緣有无，非可破滅，如影同鏡非可实[二]除，隨質有无非别破故。新論所言不滅不壞，唯得此義，无不失義。常住一心者，會相同體以一切等釋同所由，以緣起法心隨緣現无出等故，離心

校注

【一】「由」，《大正藏》作「從」。【二】「实」，《大正藏》作「異」。

無然本末平等已無去也如影離現無生入才離鏡之
故名是鏡也又一切心識熏習為因性淨故現染不染之
或現染已所以淨性現由現染方來不染故云染法所不能
染以本無染今無想染故本覺起來等攝動之由現染
不染故云智體不動但無染為體亦由淨智無形故云
具足無漏名此淨智內熏衆生令起猒求之心故云熏
衆生也故勝鬘云由及如來藏能猒生死樂求真十佛性
亦是業性故能熏妄心起猒求等　論三者法出至淳
淨明故　釋曰法出離鏡者標其名也不空然有故因
之法從二礙故名為出被和合相故因之離淳淨明

四五六 无體，本來平等即是真也。如影緣現无出入等，離鏡无
四五七 故，即是鏡也。又一切下釋熏習義，謂性淨故現染不染，亦
四五八 以[一]現染返顯性淨[二]。既由現染方成不染，故云染法所不能
四五九 染，以本无染今无始淨[三]故。本覺智未曾移動，亦由現染
四六〇 不染[四]，故云：智體不動。非但无染而[五]體，亦由淨德无少，故云
四六一 具足无漏。即此淨德內熏，衆生令起猒求之心，故云熏
四六二 衆生也。故《勝鬘》云：由有如來藏能猒生死樂求涅槃。十仏性
四六三 中是業性故，能熏妄心起猒求等。論：三者法出至淳
四六四 淨明故。釋曰：法出離鏡者，摽其名也。不空體相故，謂
四六五 之法。從二㝵顯故，名爲出。破和合相故，謂之離。淳淨明

校注

【一】「以」，原作「无」，校改作「以」。【二】「性淨」，原作「淨性」，有倒乙符。【三】「淨」，《大正藏》本作「瀞」。【四】「不染」，《大正藏》本無。【五】「而」，《大正藏》本作「爲」。

故喚之爲鏡前云障淨故名爲空以障明故得之爲鏡
文映不生意空之義故彰論云真實不空離障大義清
淨如實空明鏡前明真體不空如來藏今形不空生體
之法看寶性論云有二種淨一自性淨以同相故二離垢淨
以緣相故次下弁相釋標四義謂不空法出離因法熏習
前因熏不空之法即於名爲本性清淨出纏後法生故
對者釋至生字二所知障以名煩惱爲根本無明名爲智礙
以此二障爲形生故離和合相者釋至離字生二爲故路
不生滅不與生滅爲相和合離此俱相集法爲故障淨
明者釋至鏡字緣離離相名障生滅清故名淨之藏

故，喻之爲鏡。應言淳淨故，名爲空，以淳明故，謂之爲鏡。文略不出虛空之義。故新論言：真实不空離障大義清淨如虛空明鏡。前明世纏不空如來藏，今顯不空出纏之法[一]身。《寶性論》云：有二種淨。一自性淨，以同相故；二離垢淨，以勝相故。次下弁相，釋標四義，謂不空法者，釋前法字，謂前因熏不空之法，新論名爲本性清淨常安住法。出煩惱等者，釋其出字。麁細染心名煩惱㝵，根本无明名爲智㝵，斷此二障而顯出故[二]。離和合相者，釋其離字。出二㝵故，則不生滅。不与生滅而相和合，離此識相成法身故。淳淨明者，釋其鏡字。體離雜[三]相[四]名淳，出惑染故名淨，无癡

校注

【一】「法」，《大正藏》本作「時」。【二】「故」，《大正藏》本無。【三】「雜」，《大正藏》本無。【四】其下《大正藏》本有「故」字。

署故名明淳淨明故如鏡離於二因不能繫縛
論四者緣熏至示現故　釋曰緣熏習鏡者標其名也
用大外熏故得之緣亡發善以故名熏習起善法影故
喻之鏡謂此本大生起之時向為鏡能起大作用為緣
熏發衆生之心生欲求果方名緣熏習此法門治是佛
智影現佛智喻之名鏡故佛地云大圓鏡智能起衆
生法善法影子故唯現善法影於以不善者如署者豈
起是影像何現緣故寧依法身周遍法界示現方作心
名虛空故論云若真不空空之現大為清淨如虛空照
鏡以六弁本文後二義明法性生類故者生緣熏鏡也

闇故名明，淳浄明故如鏡。新論意同，不能繁乱。論：四者緣熏至示現故。釋曰：緣熏習鏡者，摽其名也。用大外熏故，謂之緣。令發善心故，名熏習。起善法影故，喻之[一]鏡。謂此相大出纏之時而爲鏡智，起大作用爲緣熏發衆生之心生猒求[二]樂等，名緣熏習。此諸行德是仏智影。即説仏智，喻之名鏡。故《仏地》云：大圓鏡智能起衆生諸善法影，何故唯現善法影耶？以不善等如闇等質非是影像所起緣故。若説法身周遍法界，示現万[三]化，亦名虚空。故新論云：真实不空，示現大義清浄如虚空明鏡。次下弁相，文復二節，謂依法出離故者，出緣熏體，遍

校注

【一】「之」，《大正藏》本作「云」。【二】「求」，《大正藏》本無。【三】「万」字係校改。

照已亦能發意起法身生理法身之然起大智周光明故
周遍照法界衆生之心隨其所宜示現萬化令其修習隨
分善根成熟令修善根隨宜現者能於妙業及不越此
所言不覺謂不離本覺　釋曰此明不覺於中有二初
明根本不覺以所枝末不覺後就末隨本亦有三初明不覺
然以所不覺起後就起因然有中有二初明覺失迷後還
迷所覺故中復三明法喻合此初法也所言等者初喻標舉
不覺之名謂不如等者以所不覺法覺爲義本覺已亦隨所
離覺雖有不覺此等三句謂不如實者者是迷覺明故爲謂
稱明實謂真亦失真如法一者是所迷法也真然一味覺意名

照已下顯緣熏相。依前出纏法身之體，起大智恵[一]光明義，用能照法界衆生之心，隨其所應[二]示現万化，令其脩習隨分善根。故云：令脩善根，隨念示現等。新論少異，義不越此。

論：所言不覺至分離本覺。釋曰：次顯不覺[三]，於中有三，初明根本不覺，次顯枝末不覺，後結末歸本亦可三。文初明不覺體，次顯不覺相，後結相同體。前中有二，初依覺成迷，後依[四]迷顯覺。初中復三，謂法、喻、合，此初法也。所言等者，初摠摽𥝢不覺之名，謂不如等者。次顯不覺依覺而有，念无已下。後顯離覺无[五]別不覺，次中三句，謂不如实知者，即能迷无明也。如謂稱順，实謂真实。真如法。一者即所迷法也，真體一味无念名

校注

【一】「恵」，原作「用」，校改作「恵」。「用」字並用朱筆塗去。【二】「應」，原作「念」，校改作「應」。「念」字並用朱筆塗去。【三】「覺」，原作「空」，校改作「覺」。【四】「依」，原作「覺」，校改作「依」。「覺」字並用朱筆塗去。【五】「无」，原作「離」，校改作「无」。

一向爲至念者即迷心來以後心也謂者一味謂迷无明不稱
實知而爲虛妄以後之念故名无明然此无明能去无然故
言念无自性不離本覺
論猶如迷人依方故迷
釋曰此舉喻也爲二初依言迷无自相不離於方者但依方故
而言无有
論衆生亦爾乃至无不覺
本覺者如々已有以根本不覺似體迷心業才動意是也
釋曰此法合也
然方若離正東无有然西方言以離覺性即无不覺可爲
此本覺然自不覺爲有无明名爲不覺此中爲離无有不覺
然自迷隨爲不覺是有无明業於本覺如睡之寤然性无
差等至无者言无寤睡由无有故寤睡更起起多各有

四九六 一。而有其念者，即迷所成八識心也。謂真一味能迷无明不稱
四九七 实知，而有虚妄八識之念，故名无明。然此无明離真无體，故
四九八 言念无自性不離本覺。論：猶如迷人至則无有迷。
四九九 釋曰：此乑喻也。而新論言迷无自相不離於方者，但語前後，
五〇〇 而意无別。論：衆生亦尔至則无不覺。釋曰：此法合也。
五〇一 本覺真如，如正方所，根本不覺似能迷心。業等動念是如
五〇二 邪方，如離正東无別邪西。故言若離，覺性即无不覺。問：爲
五〇三 此，本覺體自不覺，爲別无明，名爲不覺？此中[一]有義。无別不覺，覺
五〇四 體自迷，説爲不覺，豈別无明，異於本覺。如晓与寤[二]，體性无
五〇五 差。若互无者，常无寤睡，由无別故，寤睡更起。若各別者，

校注

【一】「中」，《大正藏》本作「第」。【二】「寤」，本卷皆寫作「窖」。

所謂一人無明眠無寤不能證理覺不覺性為本無然以為覺不
覺至無性者現無起妄念乞迷由覺不覺然無所故自迷
法體自性清淨源源為名所者所一家生半迷半悟不能覺
理由無所故是故依之念無自相不離本覺由此強說為
明者為為此說理際乘及之覺不覺名為至生故起清淨
源為無定故覺亦不覺性名異故如本亦來性不同故
義以無明覺源所故隨無明發動性因故因發同然理不
中故覺然源為自然動故風之海水喻不二言故〻義隨何
理者不生為隨二為至然非一所識無明形法身故自性淨
以因無明動發動何動然非一故發無香鼻之何無法發

五〇六 則於一人亦睡亦寤，不應正理。覺不覺性，當知亦然。若覺不
五〇七 覺互无性者，既无起妄，亦无返迷，由覺不覺體无別故。自迷
五〇八 流轉，自悟歸源，若各別者，則一衆生半迷半悟，不應道
五〇九 理。由无別故，是故論言念无自相，不離本覺。由此，經説闇与
五一〇 明合。有義，此説理深乖返，覺不[一]覺名應互失故，起染歸
五一一 源應无定故，覺与不覺性各異故，如苦与樂性不同故。
五一二 若斷无明，覺便斷故，説无明緣動性因故，因[二]緣同體理不
五一三 聞故。覺體便應自能動故，風与海水喻不齊故，故前所説[三]
五一四 理必不成。應説二義，其體非一，斷滅无明顯法身故。自性淨
五一五 心因无明動，能動所動體非一故。能熏香嗅与所熏法，能

校注

【一】「覺不」，《大正藏》本無。【二】「故因」，《大正藏》本無。【三】「所説」，原作「説所」，有倒乙符。

無明無二非一故其妄本來性非清淨由不緣無染淨故
不相離故名不離覺非覺不覺覺同一體故下引經言如來
藏體為妄法而破燈念永息妄者路見是更由影離經
燈破闇者為二經種世不失念一念異外道見故是明
非壞非不可壞由是本覺非一異故此明覺喻水相風相經傳
隨出非一異故各示一邊世當何離名二經者為方便是者
同引文各證一義故覺不覺非一非異　論以無不覺無自
相可說　釋曰此說迷相覺也以有不覺妄想心故此明
妄為起淨之因若離不覺之心者此明真無待妄之
為真以法之妄方能顯形真法妄之真覺待妄顯說

五一六 熏所熏亦非一故。真妄本來性非染淨，由別緣熏成染淨故。
五一七 不相離故名不離覺，非覺不覺定同一體。故下論說，若如來
五一八 藏體有妄法而使證參，永息妄者，則无是處。由新經說
五一九 燈破闇喻，有義，二說理皆不成，定一定異外道見故。无明
五二〇 非壞非不可壞，由是[一]本覺非一異故。此所覺[二]喻水相風相泥傳
五二一 微尘非一異故。各取一邊皆當所難，合二說者義方具足。前
五二二 所引文各[三]依一義，故覺不覺非一非異。論：以有不覺至自
五二三 相可說。釋曰：此依迷顯覺也。以有不覺妄想等者，此明
五二四 妄有起淨之功。若離不覺之心等者，此明真有待妄之
五二五 義。良以依真之妄方能顯真，隨妄之真還待妄顯。略說

校注

【一】「是」，《大正藏》本作「與」。【二】「覺」，《大正藏》本作「舉」。【三】「各」，《大正藏》本無。

障能分別，復為無明重類所起，由此義相能為名故。

翻此義說本覺名，能至本覺相待立名，直說本覺相

覺名相，而離覺不覺二覺相待故，覺以形說本覺目相故。

以文云："染法淨法皆悉相待，無有自相可說。"此中意說，為離所

待能待二覺，能所寂靜，不可說覺與非覺。故楞伽偈云：

盡離覺所覺。　復次法不覺義者，初不離

釋曰：此明枝末，於中有二：先明細相，後明麁相。初中二：

二：摠標，後釋。此初也。先明為能，本三細為本末不相離，

故名為相應，非相違心相，相應之義是不相應三法也

雖然，而廣説者无明熏真所起分別。由此妄想能知名義故，對此妄説真覺名。然其真妄相待立名，直就真體都无名相，若離不覺无所[一]待故，无以[二]顯説真覺自相。故下文云：染法淨法皆悉[三]相待，无可説。此中意説，若離所待能待，亦无能所寂静，終不可説覺与非覺。故《楞伽》偈云：遠離覺所覺。論：復次依[四]不覺至相應不離。釋曰：次明枝末，於中[五]有二，先明細相，後顯麁相。初中亦二，揔摽，別釋，此初也。无明爲體本，三細爲相末，不相離故名爲相應。非謂王所相應之義，是不相應三染心

校注

【一】「无所」，原作「所无」，有倒乙符。【二】「以」，《大正藏》本無。【三】「皆悉」，《大正藏》本作「悉皆」。【四】「依」，《大正藏》本無。

【五】「中」，《大正藏》本無。

本無明起妄，妄起無明，是本名爲相應不離，此及六塵
化二釋，然後消文。又方明善一細宗，形三三能，後明相
初言者，本覺真如是根淨眼，熱翳之氣如本無明，
翳之眼者，動彼靜眼，業識亦爾。由淨眼動，有痛眼起，
然又相亦爾。痛眼外現乃至空花境界相亦爾，以爲空花境
分別好惡者相亦爾。由此分別愛染執不改，相續相亦爾。從
更順相起愛憎心，執取相亦爾。從是長樂立名計著，計
名字相亦爾。決生貪嗔，多向相發業，起業相亦爾。致捉送
官府，何所因發業，業繫苦相亦爾者，致生死而不能出，皆由根
本無明力也。初後弁相略敘三釋。次前隨心是可七後此

五三五 故。无明起妄，妄起无明，是故名爲相應不離。此及六麁先
五三六 作二釋，然後消文義方明著，一細喻顯意，二就識明相。
五三七 初説意者，本覺真如其猶浄眼，熱翳之氣如本无明，
五三八 翳与眼合動彼静眼，業識亦尒。由浄眼動故病眼起[一]，
五三九 能見相亦尒。病眼外視即有空花，境界相亦尒。以有花境
五四〇 分別好惡，智相亦尒。由此分別堅執不改，相續相亦尒。領
五四一 違順[二]相起愛憎心，執取相亦尒。隨其苦樂立名計著[三]，
五四二 名字相亦尒。既生貪嗔争而相擊，起業相亦尒。被捉送
五四三 官有所[四]囚繫，業繫苦相亦尒。長眠生死而不能脱，皆由根
五四四 本无明力也。約識弁相，略叙三釋。有義，染心是前七識，此

校注

【一】「起」，《大正藏》本作「生」。【二】「違順」，《大正藏》本作「順違」。【三】其下原有「計」字，據《大正藏》本删。【四】「所」，原作「何」，校改作「所」。

第七從為無為因無漏從七第七從故初業相即能起
自心至能見相即是法見分第三現相即是相分發起根法
故名智相執相常流名相續相依法執取名執取相由
執起名言計名字相依起發業名起業相由業招報名業
繫苦相前六之三業果第七識是無明動生而起故轉生
第六識第七根轉發外故現果已從隨至已顯現故
智相即是法依法執是能知故相續相即是法依取執
執著故執取相即是法依能緣二受雜計名字相即是
法依取像相以離起業相即是法依思取以離業繫
苦相是已報果即是以離故此麁細九種之義以是前

屬七識有通有別，通謂九相[一]，皆屬七識，故初業相即自體分[二]，其能見相即諸見分，弟三現相即是相分，緣境執法故名智相，執相常流名相續相，依法執我名執取相，由執起名名計名字相，依起惑業名起業相，由業招報名業繫苦相。別而言之，業屬弟七，依无明動成妄念故。轉成[三]弟六，依弟七根轉緣外故。現屬五識，隨其五尘對至現故。智識即是諸識，法執[四]是邪智故。相續即是諸識，我執多執常故。執取相者即是諸識，領納受蘊。計名字相即是諸識，取像想蘊。起業相者即是諸識，思數行蘊。業繫苦相是五趣，果即是色蘊。故此麁細九種妄心是前

校注

【一】「相」，原作「識」，據第五五五行及《大正藏》本改。【二】「自體分」，原作「體自下」，「自體」二字中間有朱筆倒乙符，「分」據《大正藏》本改。【三】「成」，《大正藏》本作「屬」。【四】「是諸識法執」，《大正藏》本無。

七識字者凡有相說梨耶有二隨故者唯七識一由二和合
方名梨耶此中生滅是前七識不生滅是如來藏
融同一體是梨耶識即此九種是唯生滅非二和合方非
梨耶二以依阿梨耶說有無明不覺而起能見能現
能取境界起念相續說為意識即依梨耶說有無明
不覺而起方是業等故業識等是前七識即為前識不
轉即理乘此後等法教理故離言說等前八識即轉離
即重言等故於說現識一切時起以是前七轉四即故依
習影說現一切境現前七識為法故依現境因此前七
識影說轉見現境界故識三細相名不相應等是七識法

七識。寧知九相非説[一]黎耶。有二證，故知唯七識。一由二和合[二]方名黎耶。此中生滅是前七識，其不生滅是如來藏。融同一體是黎耶識。既此九種是唯生滅，非二和合故非黎耶。二以依[三]阿黎耶識説有无明，不覺而起，能見能[四]現能取境界起念相續説爲意等[五]，既依黎耶説有无明。不覺而起方是業等故，業識等是前七識。有義，前説不應正理，乖此論等諸教理故。經説真現分別事識，即應經有重言失故。論説現識一切時起，若是前七，應間斷故。説阿賴耶現一切境，現屬七識，違諸教故，所現境用既屬七識，賴耶應无現境義故。識三細相名不相應，若是七識染

校注

【一】「説」，《大正藏》本作「是」。【二】「合」，《大正藏》本無。【三】「依」，《大正藏》本無。【四】「能」，《大正藏》本無。【五】「等」，原作「識」，校改作「等」。「識」字並用朱筆塗去。

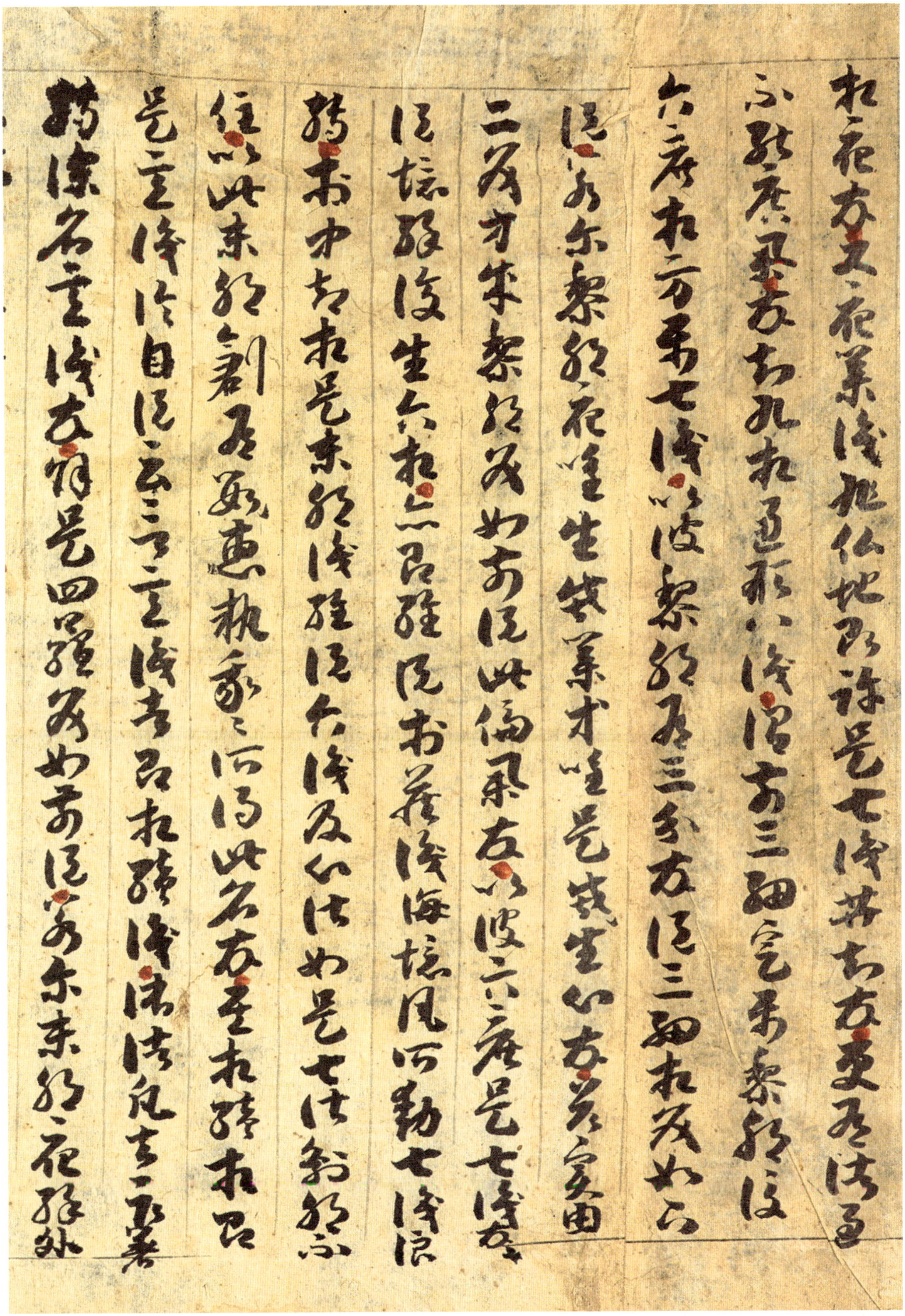

相起爲文，起業識非佛地所許，是七識者，故更取法爲
不能覺。爲是其九相之最初，依根本三細之第一，業識依
六麁相之前第七識，以後業識爲三分，故依三細相爲如下
說名爲業轉起唯生業相，唯是能生心故，若要由
二義，方等業轉義，如前說此偏屬故，以彼六麁是七識故
依境界後生六相，六相雖依於識後，識海境風所動七識浪
轉。所中知相，是業轉識，雖依六識及心法，如是七法能示
經，以此來轉創爲熏意執藏，所得此名爲業轉相起
是云識，依自體，云三云言識者，名相轉識，識法現者一取著
轉識名言識故，相是四種義，如前說，依業轉識，起現外

五六五 相應故。又應業識非仏地斷，許是七識菩薩知故，更有諸過，
五六六 不能廣叙，故知九相通顯八識。謂前三細定屬黎耶，後
五六七 六麁相方屬七識，以彼黎耶[一]有三分故說三細相。義如下
五六八 說。若尔黎耶應唯生滅，業等唯是生滅[二]心故。答：实由
五六九 二義方成黎耶。義如前說，此偏叙故，以彼六麁是七識故。故
五七〇 說境緣復生六相，亦即經說，於藏識海境，風所動七識浪
五七一 轉。於中智相是末那識，經說：六識及心法如是，七法刹那不
五七二 住。以此末那創有恵數[三]執我，我所得此名故。其相續相即
五七三 是意識。論自說云：言意識者即相續識。依諸凡夫取著
五七四 轉深名意識故。餘是四藴，義如前說。若尔末那應緣外

校注

【一】「六麁相方屬七識以彼黎耶」，《大正藏》本無。【二】「生滅」，原作「滅生」，有倒乙符。【三】「恵數」，原作「數恵」，有倒乙符。

境復云雖依何根取塵若許離六塵不違教理金聲
以眼根受色乃至意根分別諸法大乘三根及是未
能緣（能緣）法塵不盡離故如第法於十分別中九非現分別者
但六處乃及意於善界何受用所何下九中而非現
故言意緣境亦不盡依之是量緣不以何法如眼等緣
因緣境由是此中、於此比量立根為正言緣同境是宜
宗云以是不共何法根故是宗法云有法是不共何法為正能
法因境如眼等五根是根因品云但若分因境者為非不
共何法如於中等云是根（根）塵能云現此比量於理是意未
能意緣理若緣並不可難云同緣法塵緣目緣故為目

五七五 境，便与經論所説相違。答：許緣六尘不違教理，《金皷經》
五七六 説，眼根受色乃至意根分別諸法，大乘意，根即是末
五七七 那，能緣諸境，不違經故，如《對法論》十分別中相顯現分別者，
五七八 謂六尘[一]，身及意於器世界所受用義，所取相中而顯現
五七九 故。意通緣境，亦不違論意，是意識不共所依。如眼与識得
五八〇 同緣境，由是此中應化[二]比量。意根必与意識同境，是立
五八一 宗言。以是不共所依根故，是宗法言諸是不共所依，[三]必与能
五八二 依同境。如眼等五根，是隨同品言，謂若尔[四]同境者必非不
五八三 共所依，如次弟滅意根是隨遠離言，既此比量於理无違。末
五八四 那遍緣理善成立，不可難言，同能依識緣自體故，有自

校注

【一】「尘」，《大正藏》本作「識」。【二】「化」，《大正藏》本作「作」。【三】「根故是宗法言諸是不共所依」，《大正藏》本無。【四】「尔」，《大正藏》本作「不」。

无色法心心所皆除自然亦一心中攝法分故是故不復同
一所緣有法教隨不離外者以所現境不離識從來說唯識
不計為外不妨內識似外塵境相爲名此隨種教相世唯
從來說內識執爲以是勝義但遣一邊是空而執爲所見
故不爾何者第六七識計內外而今相爲爲識計
爲二識外計外故從心法起此起相是來識者二識除
生來識心所識唯意故意亦心所識初緒故識自所許四相
法故以法心所助生心爭名法者和爲第七識已來識名爲
者識不爾本淺現來爲者何不從爲心法識者三種和而
一切法者此中二之根識來識後二名思量分爲故已

五八五 見遍。諸心心所皆證自體，於一心中有諸分故，是故不癈同
五八六 一所緣。而諸教說不緣外者，以所現境不離現識，末那雖緣
五八七 不計爲外，不妨内緣六塵境相。有義，此說理教相違，唯
五八八 說末那内緣執我，以是微劣任運一類无窮，別起我所見
五八九 故。不尒何異弟六意識非計内外可令相別，尚非我計
五九〇 我，亦非外計外，故說心法智。即此智相是末那者，亦非證
五九一 成，末那心所非唯恵故，恵於心所非初勝故，非自所許四相
五九二 法故，以諸心所助成心事名心法智，揔爲弟七。非即末那名爲
五九三 智相，不尒本識既未有智，何不說爲心法非[一]智。意根分別
五九四 一切法者，此中意根非末那識，意謂思量，此分別故，即

校注

【一】「心法非」，《大正藏》本作「非心法」。

謂言說名爲言根，言說亦名爲根故。如謂眼根能發
識色等之義，相應能發之義也。能雖謂緣發七識流轉識難
謂量非觀分爲三相言分爲六不相應法本論見而起末
能詮本論相違正論之論自體又相而生不尔法論說
顯覺爲破所引教不順所宗故，所立理法似比量宗爲二
立一喩正教多更唯三爲又故二喩比量乘不爲違
立比量故因及二喩一及除色相違過生害後指設
立比量故二及三喩名一分轉過色法共所依之同喩故由是
此中正比量三支及除之根等不過能自所得境不共所緣
根之中除一根故如彼及除眼等五根爲二過能者盡能不

説意識名爲意根，意識亦名分别根故，如説眼根能受諸色，豈受相應能受色耶。經説境緣七識浪轉，論兼説意顯現分别，言想意分别亦不相違，依本識見而起末那，依本識相别起五識，意識通緣見相而生，不尒諸識便无差别。既所引教不順所宗故，所立理依似比量。宗有二過，一違正教，多處唯言有我見故；二違比量，乖不遍緣，正比量故。因有二過，一有決定，相違過失，違後施設，正比量故；二有異名，一分轉過，諸共所依亦同境故。由是此中正比量言有漏意根必不遍緣，自所餘境，不共所依，六根之中隨一攝故。如彼有漏眼等五根。若遍緣者，必非不

校注

共同法根故如何可言根等為以不共同法根故是識因
識及識言根雖不能發是識二識故唯識論第十卷云又
識不共所依同依根發是識識攝不相應故又今末那是
五色根等是其所依染淨所依理教相應故六
末那雖同相應不能令所以不必應故亦相六識七等為
識六及之中一一之中展轉互為所依故不須末那識為二為依眼
不須立二為識為依而須彰那三種細相為執我末那
何相依唯識云須彼所生彼所緣又緣所須末那識
相應二識相應文由此識證外境時為須末那為相方
相應須其六識為所為識為末那為依為識為細事眼

共所依根收，如下別意根等。若以不共所依根故，与識同境，有漏[一]意根應不能發无漏意識。故《唯識論》弟十弓云：有漏不共，必俱同境，根發无漏識[二]理不相應故。又令末那与五色根等无差別，便成大過。即前所說理教相違，故知末那非謂智相，不能分別愛不愛故。應知六麁皆屬事識，下五意中廣顯其義，何故不說末那識者，有二義故，略不說之。一義准有故，前說賴耶三種細相，必有執我，末那俱起。故《唯識》云：隨彼所生，彼地所繫。又《瑜伽》說：賴耶識起，必二識相應。又由意識緣外境時，必依末那爲根方起，故說六麁分別事識必有末那，義准有故。故麁細中略

校注

【一】「眼等五根若遍緣者必非不共所依根收如下別意根等若以不共所依根故与識同境有漏」，《大正藏》本無。【二】「故唯識論弟十弓云有漏不共必俱同境根發無漏識」，《大正藏》本無。

不覺者二義不同故無明住地動本淨心令起和合生染
能隨來能現是此和合義故三細中爲不覺之又由外境
牽起分隨來能見麁外境義故六麁中亦明不覺由此義
故麁中但覺六隨現隨分爲隨相義同前義如下說
論云何爲三至不離故　釋曰此下別釋於中三細即
分爲三此初也無明業相者標舉名也以由無明心起動
故非以無明即名業相但是依主非持業釋依不覺者
釋標中無明也心動名業者釋標中業字業有二義一動作
義故云依不覺故心動名業覺即不動者反果釋集
既得覺時即無動念是知今動只由不覺二爲因義故

不説也。二義不便故，无明住地，動本浄心，令起和合成黎耶識，末那既无此和合義，故三細中而不説之。又由外境牽起事識，末那既无緣外境義，故六麁中亦略不説。由此義故，經中但説真識現識，分別事識。餘義同前，委如下説。

論：云何爲三至不離故。釋曰：次下別釋，於中三細，即分爲三，此初也。无明業相者，摽其名也。謂由无明心起動故，非[一]謂无明即名業相，但是依主非持業釋。依不覺者，釋摽中无明也。心動名業者，釋摽中業字。業有二義。一動作義，故云依不覺故心動名業[二]。覺則不動者，反乩釋成，既始覺時則无動念，是知今動只由不覺。二爲因義，故

校注

【一】「非」，《大正藏》本無。【二】「業」，原作「覺」，校改作「業」。「覺」字並用朱筆塗去。

云動即有苦，如何靜時即是妄境界故，今動即有生

死苦患等。不離因者，謂動即苦，動因苦果，是不離時故。

此雖動念而極微細，緣起一相，能所不分，故是相依云爾。

此從業相能緣境界，相及境界不分而分為二，能見是其，此依梁

緣業相說也。

論：二者能見至則無見

釋曰：二能見

者即是轉相，依前業識轉成能見，故云以依動故能見。

若惟依門即是能見，故云不動則無見也。意顯能見必依動。

又如是轉相，雖是能緣，以境微細，猶未麤顯，如楞伽云：言

從緣三者，境及現三者，境是所而知，此從行緣境，境不不而而

者者以見而知境故，如從十二因緣緣不而知，從此國本

云動即有苦，如得静時，即是涅槃妙果，故知今動則有生死苦患。果不離因者，顯動即苦，動因苦果无別時故。

此雖動念而極微細，緣起一相能所不分。故《无相論》云：問，此識何相何境？答：相及境界不可分別，一體无異。此依黎耶業相說也。論：二者能見至則无見。釋曰：言能見者，即是轉相，依前業識轉成能見，故言以依動故能見，若性浄門則无能見，故云不動即无見也。返顯能見必依動義，如是轉相雖是能緣，以境微細，猶未辨之。如《攝論》云：意識緣三世境及非三世境，是則可知。此識所緣境不可知，境不可知者，以无可知境故。如說十二因緣始不可知義，此依本

從轉相說也

論三者境界至離無境界　釋曰境界

相者即是現相，識所轉相能現境界相，故云依能見故境

界妄現。無見不爾，則無境界，故云離見則無境界。及取境

界是諸能見故，楞伽跋陀此為云：譬如明鏡持諸色像現

識處現（變現）亦復如是。此識亦稱現識，論中云所謂能現一切境界，猶

如明鏡現於色像。現識亦爾，以一切時任運而起，常在前故。

蓋諸家識現相為依，此之現相屬在本識，依彼業轉微細

於此為反，依在七識中乘因。此境界相為則是境為是果

境所取（取）心及為依，是所現境界，依諸能見境妄現故。又依

離見則無境界，非乃別心是所緣故。又諸轉識依為境界

六三五 識轉相説也。論：三者境界至則无境界。釋曰：境界

六三六 相者，即是現相，依前轉相，能現境界，故云依能見故境

六三七 界妄現。若无分別則无境界，故云離見即无境界，反顯境

六三八 界必依能見。故《楞伽經》[一]依此義云：譬如明鏡持諸色像，現

六三九 識處現[二]亦復如是。此論下釋現識中云所謂能現一切境界，猶

六四〇 如明鏡現於色像現識亦尔，以一切時任運而起常在前等，

六四一 並依本識現相而説。此之現相尚在本識，何况業轉微細

六四二 於此而反説在七識中乎？問，此境界相爲即是境爲是乱

六四三 境顯能現心，有義，但是所現境界説，依能見境妄現故。又説，

六四四 離見即无境界，非有別心是所離故。又依轉識説爲境界，

校注

【一】「依能見故楞伽經」，《大正藏》本無。【二】「處現」，原作「亦依」，朱筆校改作「處現」。

雖轉之所取境心故又依不由轉識所現不依所乜是能現
故此三門是識三等為以所是見此相於故以互言亦
名現識者法識所現依識名如依相等上名為心此上二相
爾故不相應即為不能應於依故此境界相即分現識
不相依是所現境故說依現識現一切境不離境界復
現境故依如明鏡現於色像等喻所現境無二高故文依
對至即現五塵既境對時即現起故文亦三相同名為意
境是法四塵乃至為故離依境界現識更現所現能現以境
所故意所復依文依法轉識為境界意法識對依如依雖美
即是見相此二相爾故不相應此文所標境界相者所依款

六四五 離轉无別取境心故。又説，不知轉識所現，不説別心是能現
六四六 故。此三乃是識三分義，次前是見，此相分故。下五意中
六四七 名現識者，依識所現，從識得名。如説相分亦名爲心，此亦應
六四八 尔，故不相違。有義，不然違論説故，此境界相即下[一]現識，
六四九 不應説是所現境故。既説現識現一切境，不應境界復
六五〇 現境故。説如明鏡現於色像，若唯所現喻不齊故。又説，
六五一 對至[二]即現五尘，非境對餘而現起故。又弟三相得名爲意，
六五二 境无依止非意義故。經説境界現識處現，所現能現心境
六五三 別故。前後諸文説依轉識爲境界者，依識體説如説離業
六五四 即无見相，此亦應尔，故不相違。此文所標境界相者，前後影

校注

【一】「下」，原作「分」，朱筆校改作「下」。【二】「至」，原作「云」，朱筆校改作「至」。

略互顯又相即。三句四分者，業相即是證自證分，是
宗微細難知故。轉相即是識自體分，以是能緣向內見
故。現相即是識之見分，能現境界向外見故。言現境界即
是相之，言現言於外境相故，言二是內是識自體所攝
故開之為二。後二是外，是識之同相帶而現，名之為一。故
於前後互顯又相能同第三唯是境界。此中並由根本
無明動靜心起業相能作，為亦乃後起現，此二、後以殺法
心分故若現實如是但於細後破一異執，故為後有云為、
粗取如故於乃後但但相應本後是起又相應為此無
粗細影互顯耳。
論以有境界緣復生六種相

略互釆見相，謂心[一]心所四分合成業相，即是證自證[二]分，是寂微細難知心故。轉相即是識自體分，以是能緣向内見故。現相即是識之見分，能現境界向外見故。所現境界即是相分，所現所取外境相故。前二是内，是識自體依持別故，開之爲二。後二是外，是識之用相帶而起，合之爲一。故於前後互釆見相，非謂弟三唯是境界。此中並由根本无明動静心起成黎耶位。若尔事識應説此三，八識皆有諸心分故。答：現[三]实如是。但於細識破一異執，麁識易知義准有故，如[四]於事識但説相應本識，豈都无相應義？論云：巧約影互顯耳。論：以有境界至生[五]六種相。

校注

【一】「心」，原作「以」，朱筆校改作「心」。【二】「自證」，《大正藏》本無。【三】「現」字有校改痕迹。【四】「故如」，原作「如故」，有倒乙符。【五】「生」，原作「真」，校改作「生」。

釋曰所細者意以前二麁者於中有二初標後釋此初也
是謂雖云境界風所動種種法浪騰躍而轉生起於
於境執著妄〻下言名當而生如實境去如地依地是境
者但言〻境界之所為也然以六麁束為三對初之二種依
境生執（法執）細惑地所為至以二種依執生麁惑麁執中惑二
惑所為一生後二種依業繫文字口口口〻麁惑凡夫位

論云何為六一者智相
釋曰下釋六麁即為六此初
者由來無明不了現識境相也是妄現無有雖性劍
現惠分別執為實法依名為不覺才依執法者相
不覺心分執依緣現覺分為故說〻現覺現覺心

釋曰：顯細相竟次顯麁相。於中有二，初標，後釋，此初也。是釋維言境界，風所動種種諸識，浪騰躍而轉生。新論於境加虚妄言，意欲簡别真如实境。真如既説非是境相，但言境界，足顯妄也。然下六麁束爲三對，初之二種依境生執，法執細或[一]地上斷故；其次二種依執生惑，我執中惑二乘斷故；其後二種依業受果，上品麁惑凡夫知[二]故。

論：云何爲六至不愛。　釋曰：别釋六麁，即爲六。此初智相，由末[三]无明不了現識，所現境相，皆是妄現无有體性，創起了别[四]執实染淨，名爲分别愛不愛等。謂執染劣起不愛心，若執淨勝起愛分别。故新論[五]言：起愛非愛心。

校注

【一】「或」，《大正藏》本作「惑」。【二】「夫知」，原作「知夫」，有倒乙符。【三】「末」，《大正藏》本作「未」。【四】「了别」，原作「恵若」，朱筆校改作「了别」。【五】「新論」，原作「論新」，有倒乙符。

論二者相續相至不斷故

釋曰依前智相分別愛非愛境而生苦樂覺念之心生相續故名相續相依法前念不分愛境起樂之受覺於不愛境起苦之受覺取之起念相續現前此即自體念相續也

論三者執取相至心起著故

釋曰於苦樂境不了虛妄深起取著名執取相依前相續所念苦樂境以深執著領納不捨故言心起著故

論四者計名字至名言相故 [illegible]

釋曰依計名執著心故起貪等惑發動身口造種種業故

論五者 釋曰依 [illegible]

依前業已招苦果此即惑業為苦近因也

論六者

六七五 論：二者相續相至不斷故。釋曰：依前分別愛非愛境，
六七六 而生苦樂覺念之心，常相續故，名相續相。謂依前念分
六七七 別愛境起樂受覺，於不[一]愛境起苦受覺，數數起念相
六七八 續現前，此即自體念相續也。論：三者執取相至心起著
六七九 故。釋曰：於[二]苦樂境不了虛妄，深起取著，名執取
六八〇 相，謂即於前相續，所念苦樂[三]境上復深執[四]著，領納不捨，
六八一 故言心起著等。論：四者計名至名言相故。釋曰：依前顛倒所取境上
取分齊相，更立名言而生分別，名計名字相。故《楞伽》云：相名常相隨而生
諸妄相，故言依妄心[五]別假名言相[六]等。論：五者。釋曰：依
六八二 前計名執著心故起貪等惑，發動身口造種種業，能
六八三 招當來五趣苦果。此即惑業爲苦近因也。論：六者

校注

【一】「不」，《大正藏》本無。【二】「於」，原作「前」，校改作「於」。「前」字並用朱筆塗去。【三】「樂」，原作「覺」，校改作「樂」。

【四】「執」，《大正藏》本作「取」。【五】「心」，《大正藏》本作「分」。【六】「相」，《大正藏》本無。

業繫苦果不自在故　釋曰業因決來諸業之果
被業所繫不得自在備環之苦名業繫苦故言諸
業之果不自在等　論當知無明乃至不覺相故
釋曰上已別辯枝末此總結枝末歸本當知無明能生等
者細及粗相如前九相攝一切染因本無明迷真而起故云
無明生一切染以一切染法皆是等者釋上所以染法
多種差別如其根本唯一無明染法隨而皆是無明之
氣息是不覺之相不異不覺是故染法皆是不覺
論復次覺與不覺有二種相　釋曰上來已釋覺不覺

六八四 業繫[一]苦至不[二]自在故。釋曰：業因既成，依業受果。

六八五 被業所繫[三]，不得自在，循環受苦，名業繫[四]苦，故言依

六八六 業受果不自在等。論：尚知无明至不覺相故。

六八七 釋曰：上已廣顯[五]枝末，此即結末歸本。當知无明能生等

六八八 者，初正結歸。如前九相攝一切染，因本无明迷真而起，故云

六八九 无明生一切染。以一切染法皆是等者[六]，釋其[七]所以。恣疑染法

六九〇 多種差别如何？根本唯一无明。染法雖多皆是无明之

六九一 氣，悉是不[八]覺之相，不異不覺，是故染法皆是不覺。

六九二 論：復次覺至有二種相。釋曰：上來已釋覺不覺

校注

【一】「繫」，原作「繁」，據《大乘起信論》卷一及《大正藏》本改。【二】「不」，《大正藏》本無。【三】「繫」，原作「繁」，據《大正藏》本改。【四】「繫」，原作「繁」，據《大正藏》本改。【五】「廣顯」，原作「顯廣」，有倒乙符。【六】「者」，《大正藏》本無。【七】「其」，《大正藏》本作「苦」。【八】「不」，《大正藏》本無。

又以明同異者，中有三：初總標，次分名，後弁相。此初也。前已分釋，今將合明，故以前文復更標舉，故云復次覺與不覺有分明者，今初總迷。標異後異，為生所說，今合釋者，以本業幻相也一異而有所說，故云覺不覺有二種相。

論云：何等為二？一者同相，二者異相。

△釋曰：此列名也。依淨名曰：同同為可表名相，依淨經殊曰：異異為殊狀曰相。何故如是？為同異相以經從體故，異據體隨經故同。體從經同，故者如一味；經從體異，故凡聖有分。凡聖分故，在淨為真，者如一故。者淨理厚，覺與不覺同異如是。

論同相者，乃至微塵性相。

△釋曰：此後弁

六九三 義，次明同異。於中有三，初揔摽，次別名，後弁相，此初也。前
六九四 已別釋，今將[一]合明。故次前文復更摽秃，故云復次覺与不
六九五 覺。前別明者，令知迷悟昇沉有異而生欣猒。今合釋者，
六九六 令知業幻非定一異而有斷證。故言覺不覺有二種
六九七 相。論：云何爲二至二者異相。釋曰：此別名也。
六九八 染浄齊真曰同，同義可表名相，染浄體殊曰異，異[二]有殊
六九九 狀曰相，何故如是有同異耶？以體從緣故異，攝緣[三]歸體
七〇〇 故同，緣從體同故真如一味，體從緣異故凡聖兩分，凡
七〇一 聖分故世諦義立，真如一故真諦理存，覺与不覺同
七〇二 異如是。論：同相者至[四]微尘性相。釋曰：次後弁

校注

【一】「將」，原作「明」，校改作「將」。【二】「異」，《大正藏》本無。【三】其下《大正藏》本有「因」字。【四】「者至」，原作「至者」，有倒乙符。

相者中有二初同後異同中有三初風喻次法合後引
證此初如種〃瓦器喻淨法〃以〃微塵為性相喻淨
淨法以真為性相者然如上說是性相以此中性相言故說
依微塵為器之性而依瓦器為塵之相能所依假言也
同云相即形此中性相是異
論如是無漏無明
性相
釋曰此法無始起本二覺名為無漏本來示
覺名曰無明〃覆同形現故名為業〃為能不變為故名為
為幻謂淨法隨緣生起為然以〃動亦如來此二故此中相者
無明然性相依相望為三〃性相〃形依但〃真如相故
論是故脩多羅依於此義故
釋曰此引證契是可

七〇三 相，於中有二，初同，後異。同中有三，初𥝌喻，次法合，後引
七〇四 證，此初也。種種瓦器喻染淨法，皆以微尘而爲性相，喻染
七〇五 淨法以真爲性。相者體也，亦即是性，非以此中性相言故，即
七〇六 説微尘爲器之性而説瓦器爲尘之相。新論但言皆
七〇七 同出相，即顯此中性相无别。論：如是无漏至真如
七〇八 性相。釋曰：此法合也。始本二覺名爲无漏，本末不
七〇九 覺名曰无明。有用顯現故名爲業，而非实有故名[一]
七一〇 爲[二]染淨。雖殊皆真爲體，以動真如成此二故。此中相者
七一一 亦即體性。非謂相望而言性相，新論但言真如相故。
七一二 論：是故脩多羅至不見故。釋曰：此引證也[三]。是前

校注

【一】其下原有「爲」字，朱筆塗去。【二】其下原有「别」字，朱筆塗去。【三】「也」，原作「來」，校改作「也」。「來」字並用朱筆塗去。

清淨因言無故雖法此爲從法眾生本來實乃若才
惠從唯然不分不去本來不覺名言如故眾生名實不
隨更識本體二覺名言如故若亦本不非亦乃者故
此真非清隨習了因方隆故二說非而隨根名此得非
待生因而有起故化二說非化而化根此之二字映性本來
非更得故三二年是得亦已已亦根是雖文而盡根難
故於可引證難二可法眾生已來才何不如佛現根
化身色無形故此約句釋此爲云法性自體非色而見
如何更說現色相形故二說二見色相無見又復擇云何
以法性非色無見不現色法佛何故現色相無形故以法句

染淨同真相故，經依此義説諸衆生本來涅槃得菩薩等。揔説雖然，别分别者，本末不覺即真如故，衆生即涅槃不復更滅；本始二覺即真如故，菩提亦本有非新得者。故此涅槃非待脩習了因方證，故言非可脩相。即此菩薩非待生因而方起作故[一]，言非[二]可作相。此之二果既性本有，非更得故，故言畢竟无得。亦无已下猶是經文，爲遣疑難，故論具引。謂有難言若諸衆生已涅槃等，何不如仏現報化等色身相耶？故此初句釋此義云：法性自體非色可見，如何更能現色相耶？故言亦无色相可見。又復疑云：若以法性非色可見不現色者，諸仏何故現色相耶？故下諸句

校注

【一】「作故」，原作「故作」，有倒乙符。【二】其下原有「作」字，朱筆塗去。

釋此意云：彼見時佛種種色者，並隨衆生染動之心變變
所現非即不空智性之色，以前真報非所見故，故二二而無見
色等也。非即智色不空性者，此文既備，釋乘文耳
論：業果者，各各不同。　釋曰：此科業本亦中有二種
喻義後色無動也　論：如是無漏之法業果者
釋曰：此法色也。隨染業果者，是無漏法性染業果
果者，是無明法。以彼無明垂手等性，是故聖性自有
業果從本無明自性業果熏見熏染等熏熏法無明
起業果故，染法無緣法所牽等，性直從聖性起無業果從
隨染法業果亦本本從本覺性治業果，又由熏習彼染業

釋此義云：彼見諸仏種種色者，並隨衆生染幻之心變異所現，非謂不空智性之色，以智真體非可見故。故言而有見色等也，非謂智色不空性者，此文既倒釋乖文耳。

論：異相者至各不同。釋曰：次顯異相。於中有二，初喻，後合，此初也。論：如是无漏至染幻差別。

釋曰：此法合也。隨染幻差別者，是无漏法。性染幻差別者[一]，是无明法。以彼无明違平等性，是故其性自有差別，說本无明自性差別，我見愛染等煩惱依无明起差別故。諸无漏法順平等性，直論其性則无差別，但隨染法差別相故，故說本覺性德差別。又由對治彼染差

校注

【一】「是无漏法性染幻差別者」，《大正藏》本無。

所有集起覺了諸等所如是二法雖現業用七是去
如隨諸取現然而見難名業別　依復所生滅意々言
識轉故　釋曰廣釋立中心生滅之門釋因緣中
又上明生滅因緣為依釋所依因緣然有初中二
二初總標後所釋此初也又為生滅名是眾生々之因
所者名心々意々識心因集起々言因集起識因六々識六七識言
起名々言識生滅眾生依心々言識轉而得生起故云何得眾
生滅心々言識轉為此理總廣明心々言々識自為生
滅也何依是生滅因緣所依眾生名生滅者此心意々
識起能生滅々起々之生滅名也所識因緣名是本識種現

別故，成始覺万德差別。如是二法雖現業用，皆是真如隨染[一]顯現。似而无體，通名業幻。論：復次生滅至意識轉故。釋曰：廣釋立中心生滅竟，次釋因緣中有二，先明生滅依因緣義，後釋所依因緣體相。初中亦二，初摠標，後別釋，此初也。有義，生滅即是衆生，言因緣者即心[二]意識，心謂黎耶，意謂末那，識謂六識，六皆[三]依意摠名意識，生滅衆生依心[四]意識而得生起。故言所[五]謂衆生依心意識轉。有義，此理極麁淺，心意意識自爲生滅，如何説是生滅因緣。若彼衆生名生[六]滅者，此心意識應非生滅。應言生滅，即前七識因緣即是本識種現。

校注

【一】「染」，《大正藏》本作「緣」。【二】「心」，原作「以」，校改作「心」。【三】「皆」，原作「七」，朱筆校改作「皆」。【四】「心」，原作「以」，據上一行及《大正藏》本改。【五】「所」，《大正藏》本無。【六】「生」，原作「在」，校改作「生」。

本識中種為生滅因，識種現行為生滅緣。謂諸衆生

依本識心故言，言識，識七識生起故，故依心意，意識轉者為

此說種子末因，乃說現熏。大乘論云：阿梨耶識自種因

緣。如何說是生滅因緣？記云：以依無明生滅之因緣者，

有其三種。一者，黎耶心體不守自性，是生滅因；根本

無明熏動心體，是生滅緣。謂此因緣集黎耶識。二者，

現識依心體後起，起已識是生滅因；外妄境界熏起諸識，

是生滅緣。謂此因緣起六七識，亦集至為識。三者，以前

因緣為生滅因，以後因緣為生滅緣。本來和識不和離

故，故唯細麤通唯一心故。謂此因緣種子因邪？諸生滅

本識中種爲生滅因，識體現行爲生滅緣，謂諸衆生依本識心有意意識七識生起，故言依心意意識轉。有義，此説理亦未圓，乃説初教[一]大乘義故。即黎耶識自待因緣，如何説是生滅因緣[二]。應知八識揔名生滅。言因緣者，有其三種：一者黎耶心體不守自性，是生滅因，根本无明熏動心體，是生滅緣，依此因緣成黎耶識；二者現識心體復起麁識，是生滅因，外妄境界熏起諸識，是生滅緣，依此因緣起六麁相成其事識；三者以前因緣爲生滅因，以後因緣爲生滅緣，本末相依不相離故，麁細融通[三]唯一心故。依此因緣，理方圓顯。諸生滅

校注

【一】「初教」，《大正藏》本作「法相」。【二】「如何説是生滅因緣」，《大正藏》本無。【三】「融通」，《大正藏》本作「鎔融」。

和乘緣而生而為依者故名衆生隨法心然故云隨法
心名是黎耶目和心也此依者衆生依於一心意意識云
及二之識起故云衆生依心意意識轉
依此義云爾
依不覺明
釋曰次六釋前文中有三先釋依義
釋言轉從言從轉此初也言依心言才轉者義云何
耶故此釋云依阿黎耶依者是心心是生滅因緣為
黎耶二義之中本覺義也依不覺明者是生滅因緣
二義中不覺義也依此因緣言識轉故云以依黎耶識
前所標文略但言依心今此所釋了顯因緣故依法說
無明也謂所依法覺及不覺力動靜心然方來黎耶

七五三 相聚集而生而爲假者，故名衆生。唯[一]依心體故，言依

七五四 心即是黎耶自相心也，此假者衆生依[二]於一心即有五意

七五五 及意識起，故言衆生依心意意識轉。論：此義云何至

七五六 説有无明？釋曰：次下别釋[三]。於中有三，先釋依心，次

七五七 釋意轉，後意識轉，此初也。上言依心意等轉者，義云何

七五八 耶？故此釋云[四]：依阿黎耶識者，是上依心，是生滅因，即阿

七五九 黎耶二義之中本覺義也。説有无明者，是生滅緣，即

七六〇 二義中不覺義也。依此因緣意識轉，故言以依黎耶識

七六一 等。前摽文略，但言依心，今此别釋具顯因緣，故説依以[五]及

七六二 无明也。問：前説依覺有不覺力動静心體方成黎耶，

校注

【一】「唯」，原作「雖」，朱筆校改作「唯」。【二】「依」，《大正藏》本無。【三】「别釋」，原作「釋别」，有倒乙符。【四】「云」，《大正藏》本作「也」。【五】「以」，《大正藏》本作「心」。

如今依後及無明，為此中約梨耶識說是本覺不
生滅心。此本覺不自知故，依及無明不覺而起業
識。前七識也，故前後依二不相離，及為不能離依
依故，依二相合有生滅梨耶，及覺不覺二為一故，如何
依生不生滅，覺不覺為一，起無不一故，為示依無相違之
為令依相含緣，此識起起故，諸識及無明故識及二
義。以覺不覺故，不能起故，云諸覺及不覺動而緣
識不能相合，想集而依故三種識及無明也，及為此釋
理亦未圓。今此言所生心為因，無明為緣，緣梨耶識
起依諸生及無明動緣業轉現相，梨耶識令卻能識

七六三 如何今説識有无明？有義，此中阿黎耶者即是本覺，不
七六四 生滅心，以此本覺不自知義説有无明，不覺而起即業
七六五 識等前七識也，故前後説亦不相違。有義，不然違論
七六六 説故，説二和合方成黎耶，有覺不覺二義別故。若如所
七六七 説，生不生滅覺不覺義應无分[一]別故，若尔便无和合之
七六八 義，寧説和合成此識耶？應知依識有无明者，識有二
七六九 義，謂：覺、不覺。前別就本，故云依覺有不覺動而成
七七〇 識，今就和合摠聚而説，故言依識有无明也。有義，此釋
七七一 理亦未圓，今此意顯真心爲因，无明爲緣，成黎耶識。
七七二 應説依真有无明，動成業轉現阿黎耶識，寧却就識

校注

【一】「分」，《大正藏》本無。

復有無明能復復〻三乘業障等謂所復有無量重劫障種

分此中察所依者唯識真心隨體之爲此隨體緣〔義〕名曰

有或狀未起有從法覺有亦覺或所已起有〻下法俊

有無明要狀二名方以無有是有所隨轉通〻可能

起未起隨有有雖亦無明爲法已有〻於二更亦隨之

明非相集中而無〻明從非狀於相集而隨唯法雖隨有

無明也曰〻分隨乘所有無明者如分第通法從所隨隨

於謂也亦隨彩所白隨無記一向權〻文〻分有無明能生所

法是故〔發〕隨法隨無所若法從且所〻在分而隨以有所入

七七三 說有无明，然後復言成業識等。許則便有兩熏本識，應

七七四 知此中黎耶識者，唯取真心隨緣之義。此隨緣義難名目

七七五 故，或就未起故說依覺有不覺，或約已起故言依識

七七六 有无明，要就二名方盡其義，是故前後綺互言耳。然

七七七 起未起雖義有殊，皆与无明爲依止故，故於二處皆說无

七七八 明，非揔聚中而无无明，但非就於揔聚而說唯依體說有

七七九 无明也。問：若謂黎耶有无明者，如何會通諸論所說？謂

七八〇 瑜伽等皆說賴耶白淨无記一向捨受，若有无明則成雜

七八一 染，豈堪受彼染淨熏耶？答：諸論且約麁義而說，以爲初入

校注

大乘人故，而實此識為本覺之明，今且略以三義明之。一迷
之相不覺者故，不爾此識非離大佛者，一眾生半迷半
悟故。二者覺位[illegible]故，以義因位之明識未起者起
覺位顯者相之隔識起以者二位相敵勤故。三者因位性
之現故，以義一向淨性名為覺，即夢者心一向淨者即名不覺
唯夢妄分二分和合有現淨才染之現，以義之明也以
覺淨染之現故，由此三義故者此識空為之明說至之
明義二種為種二種在為識細在本識住之明，本為識者
且約二種和合二種之明，不妨細者亦在本識，以義爾如何二意
攝種現義之明者菩重故，菩薩義之明性非不菩重受

大乘人故，而实此識有本无明。今且略以三義明之：一迷无相不證真故，不尔此識應緣真諦，於[一]一衆生半迷半悟故；二於果位鏡智俱故，若因位无明餘識相應者，應果位鏡智餘无漏識起，以於二位相敵對故；三於因位性无記故，若一向浄唯名爲善，則屬真心，一向染者[二]則名不善，唯屬妄分[三]，二分和合有[四]定染浄方成无記，若无无明，何以簡染成无記耶。由此三義，故知此識定有无明。然其无明有麁有細，麁在事識，細在本識。論許无明在事識者，且約麁相説麁相説麁无明，不妨細者亦在本識。若尔如何受[五]持種既有无明違善熏故。答：雖有无明，性非不善，受[六]

校注

【一】「於」，《大正藏》本作「則」。【二】「者」，原作「善」，校改作「者」。【三】「分」，《大正藏》本作「心」。【四】「有」，原作「非」，校改作「有」。《大正藏》本作「非」。【五】其下原有「熏」字，朱筆塗去。【六】「受」，原作「熏」，校改作「受」。

故方熏於釋句中是之明一句清淨如是之文彼不若熏
明故之文熏者要不見之明不覺果彼七浪不能以至見明
三麁細義故說之文熏能唯是真如是故於明義無漏
者但是真如清淨分位引通以者依能三麁生三彼之文熏
不盡教理以為爾佛位二種之文熏以為三之文熏者如能故
此雖不能見之明故雖和合淨明故現見能熏起一熏
故由此心宗佛種之文熏為淨能所為熏能故不二而復三
隨故不熏以能覺為能所熏故　依不覺為起覺故說
為言　釋曰次釋之文於中為三初明明之文於次

七九二 善[一]等熏，於理何失。若无无明一向清淨，如何受彼不善熏
七九三 耶？故受熏者要有无明，不應厼彼七識爲難，以其无明
七九四 麁細異故，況受熏體唯是真如。是故賴耶異[二]熟識
七九五 者，但是真如染淨分位引迴心者，假就麁相言彼受熏，
七九六 不違教理。若尔仏位亦應受熏，以有受熏真如體故。
七九七 此難不然。无无明故，離和合相，淳淨明故，既无能熏，非所熏
七九八 故。由此汝宗仏應受熏，有淨能所可熏體故。不可説言
七九九 滿故不熏，以非質导能所熏故。論：不覺而起至故説
八〇〇 爲意。釋曰：次釋意轉。於中有三，初略明意轉，次

校注

【一】「善」，原作「故」，朱筆校改作「善」。【二】「異」，《大正藏》作「受」。

處所謂相續以結業識心此初如此，此中即所五種識相不覺
為起召是業識，就是轉識，轉識現識，現識取境界，召是智
識起念（念）相續（即相續識）識，此識是明迷實而起由二迷前名為二識
一迷真起妄為意三業識，二迷妄為實起識
二相來至為識現此五種意名為二識由二法為意名為
言一本末法本（末法）亦三為本本法為言二三麁細法三麁法
細故識二細者識識為二言麁二麁言識地本細至六法為
故不名二言但為麁細故名二言識
問此二識為五種
名
△釋曰：處所謂相續中所三細果為相續法
名為釋識所至細識此細也
問云何為五亦不覺心

廣顯轉相，後結成依依心，此初也。此中即顯五種識相，不覺而起，即是業識；能見轉識，能現現識，能取境界，即是智識；起念[一]相續，即相續識。此既无明迷真所起，由二迷義，合爲二識。一迷真起[二]妄而有，前三成黎耶識。二迷妄爲实起，後二相成其事識。既此五種合爲二識。由二依義，揔名爲意。一本末依，末依本故，前三爲本，故說爲意。二麁細依，麁依細故，後二細者[三]，復說爲意。其麁意識非本非細无所依義，故不名意。但有分別，故名意識。論：此意復有五種名。釋曰：廣顯轉相。於中有三，初釈數揔摽，次依名弁釋，後顯其功能，此初也。論：云何爲[四]五至不覺心

校注

【一】「念」，原作「合」，朱筆校改作「念」。【二】「由二迷義合爲二識一迷真起」，《大正藏》本無。【三】「者」，原作「故」，校改作「者」。《大正藏》本作「故」。【四】「爲」，《大正藏》本無。

動故

釋曰：次下辨釋。於釋五意，即分為五。此初也。名業識者，標其名也。即九相中第一業相，業者動義，無明力故依為相，是無明所起之相狀故。此動之心，復名為識，依心所起相依主故，識者主之故。亦准此者，無明力者，業所依識，依無明不自起，要須所依。不覺心動者，正明業為所依，起動是業為故

論：二者名為轉，能見相故

釋曰：名轉識者，標其名也。依於動心者，顯所依。能見相者，釋轉識為依法見即二為無明轉業，能見者望本識中，如是境轉業能見者，是多識中。此中轉相，初為依境，緣於七識

以轉業為業識第一，此轉見依名轉識，依法攝教轉識

八一一 動故。釋曰：次下弁釋，別釋五意，即分爲五，此初也。
八一二 名業識者，摽其名也，即九相中弟一業相。前對无明故說[一]
八一三 爲相，是无明體之相狀故。此對真心說名爲識，依心所起[二]所依
八一四 意故，識成意故。下准此知。无明力者，私所依緣也，明心不
八一五 自起，起必有緣。不覺心動者，正明業義，謂起動義是業義
八一六 故。論：二者名爲至能見相故。釋曰：名轉識者摽
八一七 其名也，依於動心者私所依緣也，能見相者釋轉識義。謂依无
明轉前業識，成此能見，故名轉識。依諸[三]聖教，轉識
八一八 有二，爲无明轉成能見者，在本識中，如其境轉成能
八一九 見者，在[四]事識中。此中轉相約初義說，《瑜伽論》等說七識

校注

【一】「說」，《大正藏》本無。【二】「所起」，《大正藏》本無。【三】「諸」，《大正藏》本作「識」。【四】「在」，原作「世」，據《大乘起信論義記》卷二改。

等名諸法依者復為依　論三者名為現常在前
故　釋曰此文為三標法喻合標者此識法五
鏡等者此識喻之謂此心雖無明熏動現種種境如鏡
對彼質不質故現種種之影現識亦爾隨無明注動
二句已合前喻言無明熏者目為二種一者無明與心和合
真之熏靜心生三細法二者無明心與別境熏動心
起六麁境來是明者以法火つ起業熏法生五根境故云
五塵對至即現現根對至塵方起現現法此心現境究竟云
云分法至教中所說為義十名雖云為察緣法故名法
本何故雖本如雲空中為色於中住不得起一切境界又

等名轉識者依後義説。論：三者名爲至常在前故。釋曰：此文有三，謂法、喻、合。所謂等者，此𥝢法也。如鏡等者，此𥝢喻也。謂此心體无明熏對現種種境。如鏡對彼差別質故，現種種影。現識亦尔，下後明法合，其初二句正合前喻。无明熏真自有二種，一本无明，与心和合，冥熏静心，成三細識；二末无明，与心[一]別異，對熏動心，起六尘境。末无明者，即諸煩惱起業熏識生五趣境故，言五[二]尘對至即現，非對五尘方起現識。此所現境寬狹[三]云何？諸聖教中所説有異。《十弓經》云：阿黎耶識，知[四]名識相，所知[五]體相，如虛空中有毛輪[六]等住不淨智[七]所行[八]境界。又

校注

【一】「与心」，原作「心与」，有倒乙符。【二】「五」，《大正藏》本無。【三】其下原有「云」字，有刪除符。【四】「知」，《大正藏》本作「智」。【五】「所知」，原作「何有」，朱筆校改作「所知」。【六】「輪」，《大正藏》本作「轉」。【七】「智」，《大正藏》本作「相」。【八】「行」，《大正藏》本作「引」。

及文云所緣能識妄現境自身資生器世界等一時生
等瑜伽論依此識能了二境故謂一內二外內及三種謂己身
根根所依處所無著種種名生見色唯了種子外謂能了器
世界亦唯識等於七互此同辯中邊論謂此能了四種境
界故彼偈云塵根我及識本識生似彼但有如是法教
義者及為法教隨詳者義非本離於義此即釋於四
七為二攝如離但同後文執見亦隱但是詳者加離
文或失生亦亦至亦不二而隱隱顯中邊於不隱顯能離我教
及識變依如云識生變似義有情我及
等識識三云通三謂謂七心心此三生時依依能二變似根塵了而三

八三〇 有文云：阿黎耶識分別現境自身資生器世界等，一時知

八三一 等。《瑜伽論》說：此識能了二境故，轉一內二外。內有三種，謂五色

八三二 根，根所依處所含藏種，若生无色唯了種子。外謂能了器

八三三 世界相，《唯識》等論皆与此同。舊《中邊論》說此能了四種境

八三四 界故，彼偈云：根尘[一]我及[二]識，本識生似彼，何故如是諸教

八三五 異者？有義，諸[三]教隨譯者異，非本經論有[四]此差殊。於四

八三六 七弓二《楞伽經》，但同後文都无前語，但是譯者妄加經

八三七 文，或失[五]本意，故不可依。新《中邊論》不說賴耶緣我及

及[六]識，故彼頌云：識生變似義，有情我及

八三八 了。識言通三，謂八七六，此三生時隨應變似根我，了別三

校注

【一】「根尘」，原作「尘根」，有倒乙符。【二】「及」，原作「見」，朱筆校改作「及」。【三】「異者有義諸」，《大正藏》本無。【四】「有」，《大正藏》本作「即」。【五】「失」，原作「生」，校改作「失」。【六】「及」，補寫字與原卷「及」字重複。

種姓無意中急倡處如來字者則仍課無二不二而法由此從
能攝所為正明攝所能二亦文故文現此除不能計度是
故不可能覺及除可說從取一切境者同說內外一切境也
及為此說至理來因不能念通法能從故無同亦除不能處
者不見說為者處無無不除實名無處者是不由
執不除實能無之計度故不執者云除者相及有相有無
現除此及自性故無有不除及自性執能不無如有攝所
說此能計所執自性習氣無無不二唯故之執者是說唯
能所執種能無及除無能不除實無之執者此不為
所言之六除為依得根之及除無為攝性故相之不

種境義。舊中邊偈妄加本字，長行仍謬，亦不可依。由此但就《瑜伽》爲正，順《楞伽經》二[一]本文故。又既此識不能計度，是故不可緣我及識，而論説[二]現一切境者，所謂内外一切境也。有義，此説其理未圓，不能會通諸經論故。若謂本識不緣我者，不應説爲虚妄分別。若不證实名虚妄者，豈不由執不證实耶。若无計度故不執者，与證真智有何差別。既許此有自性分別，何不許有自性執耶？不尔如何《瑜伽》説此緣計所執[三]自性習氣。若不言唯故无執者，豈説唯緣非執種耶。若有漏善雖不證实亦无執者，此不爲倒，意与六識爲染淨，根与有漏善爲攝[四]性，故約无不

校注

【一】「二」，原作「三」，校改作「二」。《大正藏》本作「三」。【二】「論説」，原作「説論」，有倒乙符。【三】「執」，《大正藏》本無。

【四】「攝」，《大正藏》本作「漏」。

菩薩處復之明所起應相二之執心所境之起之處復之記
佛細之明所起家相謂此執爲理現之意由是之能變似
識等等此識二變當爲實用方不能變法識相者□□
相者所名法識實用相之不是本識實所二變故等依
法識所爲二變用所依此識種子生者外等二所依依種生
本識不起所二變等才等依等才從是相分不所二變識所
相分者二量是二之識不生所住如是根本二變能所生等相
分心之能能用故依此識不二分心者二起不能法識種子
子子現行性相同故等依種子之能能用故本識能賊起
依者所種子現本末因子性熏起一切乃起能如是種

八四九 善。有覆无明所起麁相言无執心，何妨亦起无覆无記
八五〇 微細无明所起我相，許此執我理既无違，由是亦能變似
八五一 識等。若此識變必有实用，故不[一]能變諸識相者[二]，
八五二 則[三]應諸識实用都无不是本識实所變故。若謂
八五三 諸識所有实用，别從此識種子生者，外器亦可但從種生，
八五四 本識不應别變器等。若謂器等但是相分，不可變識爲
八五五 相分者，意是意識，不共所依，如五色根[四]變緣何失。若相
八五六 分心无能緣用，故説此識不變心者，亦應不緣諸識種子。
八五七 種子現行性相同故。若謂種子无能緣用，故本識緣識非
八五八 倒者，則種子現本末因果性繫地等一切應殊。如是推

校注

【一】「不」，《大正藏》本無。【二】其下原有「則應諸」，朱筆塗去。【三】其上原有「相者」，朱筆塗去。【四】「色根」，原作「根色」，有倒乙符。

微故由此淺亡疑法淺於理是一乘是故雖云古名淺
求信不得智所引境界莫示如寧無通法教若法教所
說亦不求盡不言唯證如此法故不說得法地所證方
隨見未盡而為不同不同之意正因中乎不同之意各存
意釋亦並及難明現報法世是淺之文唯說現行習氣
種子至求不現至淺是之更友略示說識如為形求不能
又故得淺外是所了取法心所離淺示立為生自在故示
說之由實此淺通釋一切以為依自他分境故是論云現
識一切心念唯云現及虛妄且果所取以名緣心念故我復又

八五九 微，故知此識亦緣諸識於理无爽。是故經言：知名識
八六〇 相住不浄智所行境界。若尒如何會通諸教。答：諸教所
八六一 説亦不相違，不言唯緣如此法故，不説餘法非所緣故。
八六二 雖无相違而有不同，不同之意叵得聞乎？不同之意各有
八六三 道理，《中邊》及經明現起法皆是識變。唯説現行習氣
八六四 種子其相不現，与識无異，故略不説。《瑜伽》爲顯相不離
八六五 見故，除識外是所了别，諸心心所[一]離識不立，其義[二]自顯，故不[三]
八六六 説之。而实此識通緣一切，以有隨自他分境故，是[四]論言能[五]
八六七 現一切，下合唯言現五尘者，且⿰禾乚麁顯以合鏡喻，故前後文

校注

【一】「所」，據《大乘起信論别記》卷一、《大乘起信論内義略探記》卷一等，當作「法」。【二】「其義」，原作「義其」，有倒乙符。

【三】「不」，《大正藏》本無。【四】「是」，《大正藏》本無。【五】「能」與下行首字「現」，原倒作「現能」，有倒乙符。

無不乘載至從三句前義法識以一切時者此前重識
此句釋非時不了故一切時任運而起彼句釋非時多
不了了故云位才為因緣故常在前者前來二二隨起
任運而起現識從本後現在先生此緣起之識從本在法
識先故云常在前者以能現五塵對至現而為在前言
識前現五識不能現一切境能一切時任運起故但隨五塵
或業因緣故所現生起前後爾　論四者名為智識
淨法故　△釋曰意即識中細分法執不了前所現境界而
起染淨緣別分分別染淨法也　論五者
名為智不斷故　△釋曰此亦即識細分分之位此細即識法

八六八 亦不乖越。其後三句簡異諸識，以一切時等者，此簡意識。
八六九 此所藉緣无時[一]不具，故一切時任運而起。彼所藉緣時多
八七〇 不具，於五位等有間轉故，常在前者，對簡末那。末那雖常
八七一 任運而起，非諸識本故，非在先。今此黎耶是諸識本，在諸
八七二 識先，故言常在前也，非謂五識對五尘現而常在於意
八七三 識。前起五識不能現一切境，非一切時任運起故。但隨五尘
八七四 或業因對故，所現尘无前後尔[二]。論：四者名爲至染
八七五 净法故。釋曰：是事識中細分法執，不了前心所現境空而
八七六 起染净勝劣分別，故言分別染净法也。論：五者
八七七 名爲至不斷故。釋曰：此亦事識細分之位。此細事識法

校注

【一】「時」，原作「明」，校改作「時」。【二】「尔」，《大正藏》本作「耳」。

執相應（執）是故名相應染，分同此二是麁染心之染也
方立名智共以彼六麁中智通名通名中染中名智本
如是細中名無通智通名根智等名業等以之染也
方立名去增形變現影形等有如現色相應名為根智也
形智名無通業（淺）又法界見立二之淺名是三名為（屬）影
見許為二乘之麁能言染究淺二乘之染重習又此根智
何現識相現是此中何分為可此若彼識法淨智乘覺之
分為空地可染不分此是空染何收不麁但是七八二染來
分不離外識相應本染不起境淨相應之為染中至理盡

八七八 執相應執无斷故，名相續識。若謂此二是事識，寧意識中
八七九 方立名耶。答：以彼六[一]麁有通别名，通名事識，别名智等。
八八〇 如三細相名亦通别，通名黎耶，别名業等。下意識中
八八一 方立名者，增顯麁說影顯前故。如現境相說爲黎耶，而
八八二 賴耶名亦通業識[二]。又依我見立意識名，豈意識名唯屬[三]我
八八三 見。許則二乘應離意識，寧識二乘意識熏習。又此黎耶
八八四 所現境相，既是此中所分别事，此於彼境染浄苦樂覺念
八八五 分别，寧非事識。不尔，此是何識所收，不應說是七八二識，末
八八六 那不緣外境相故，本識不起染浄相故，故屬識事，其理必然

校注

【一】「六」，《大正藏》本作「亦」。【二】「識」，原作「轉」，朱筆校改作「識」。【三】「屬」，原作「局」，校改作「屬」。

不可離也此二無別執障同而說麁細無異故如業轉現
同本說然業末說何相故問如何離二執見而復云
法執極相盡故此但是細分法執同名而說於理無盡
答爾容隨而說熏習能受凡夫業繫苦果此而說
未盡法執相彼能了是二相受隨故而說意識起凡夫等
答二乘人唯有法執隨及無明見業繫苦已離分別相發業
用故如八九地離麁見淨是隨說見本說心作此無如是故唯
法執無名而說於理見盡答爾前說淨為是說然為是而說
相應心所為是而說然相應心所是而說心故說為不
是相應淨才見淨心所相應為故說之說去已相轉說故也

不可難言此二亦我執，雖同事識麁細各別故，如業轉現同本識體，業識未有能所相故。若如所難二執无別，便与諸教極相違故，故此但是細分法執同名事識，於理无違。若尔寧説事識熏習能受凡夫業繫苦相。答：此事識者通法我相，彼就具足二相處説故，事識熏起凡夫苦。若二乘人唯有法執，雖有熏習无業繫苦，已斷我相發業用故，如八九地離現見染，豈得説无本識心耶。此亦如是，故唯法執亦名事識，於理无違。若尔六染爲是識體，爲是事識相[一]應心所。答：是事識體，非謂心所，説是所起事識心故，説爲不斷相應染等，与染心所相應義故。説意識者，即相續識，故知

校注

【一】「相」，《大正藏》本作「體」。

法法無別體故但名爲二及至識才能是未起心行爲念
識心行因迷無明乃是能起見覺惑故此分不攝見覺分
亦是見覺所起識故隨業用分依立多名如業轉現但一
識故由之波才心行未覺爲前一識異此法未能了法未了
是心行

次住相覺者至不覺無念也　△釋曰此即第
三那同能以爲此那至之同能亦但不明至之自未此也
意那同能故執名不那未轉之爲亦既未中無此文故住
相色去無量才去那去三細本識同能由業轉現染汙
識攝緣諸法善惡業種故能住相色去多生善惡
之業亦至不生此明本識能相種子由攝業種識亦不生

八九七 諸染无別體故，但名爲意及意識等，非是相應心所義故。事
八九八 識心所即迷[一]无明，乃是能起見愛惑故。此六不攝見愛煩惱，
八九九 皆是見愛所起識故。隨業用別假立多名，如業轉現但一
九〇〇 識故。由与彼等心所相應，而於一識開此諸相，非謂諸相即
九〇一 是心所。論：住持過去至不覺妄慮。釋曰：此即弟
九〇二 三顯功能也。有義，此顯五意功能。前但別明五意自相，此揔
九〇三 熏顯功能故，非謂別顯相續之義，前九相中无此文故。住
九〇四 持過去无量等者，顯前三細本識功能，由業轉現黎耶
九〇五 識，故攝藏諸法善惡業種，故能住持過去多生善惡
九〇六 之業，令其不失。此明本識能持種子，由[二]攝業種識[三]令不失。

校注

【一】「迷」，《大正藏》本作「未」。【二】「由」，《大正藏》本無。【三】「識」，《大正藏》本無。

此明本識能持種子由採業識令不失故隨善惡種生
善惡等故能牽能現當來未等果才報無違也此明本
識能起現行能令現在已經之事所以起二事緣功能由彼事
識法執不忘故能念過三世之事故云不覺妄慮過去也者
又但取事識功能由此能令三世因果不亂能故名相續識若
九相中且約自相自能此是能能相續及起相應相五切
識如念尔現識現在未來何為相應在過去有三種識起或若
業有三一起見或發未起業令起二起修惑潤生未熟業
令熟三業起見修引未生業令生由此能令生死相續令
此文中但取後二以能起此惑業煩引持為過去所發業種

此明本識能持種子，由攝業識，令不失[一]故。隨善惡種生善惡[二]果故，能成就現在未來苦樂[三]等報无差違也。此明本識能起現行，能令現在已逕事，下顯其後二事識功能。由彼事識法執分別故，能念慮三世之事故，言不覺妄慮等也。有義，但顯事識功能，由此能令三世因果不斷絶，故名相續識。前九相中且約自[四]體，此更就能釋相續義，非謂通顯五功能也。不尒，現識現五尘等，所有義相應通前二。意識起或，於業有三：一起見或，發未起業令起；二起脩或，潤[五]未熟業令熟；三雙起見脩，引未生業令生。由此能令生死相續。今此文中但𥝌後二，以能起此潤業煩惱，引持過去所發業種

校注

【一】「此明本識能持種子由攝業識令不失」，《大正藏》本無。【二】「惡」，《大正藏》本無。【三】「苦樂」，《大正藏》本作「果」。【四】其下原衍「約自」，朱筆塗去。【五】其下原有「生」字，朱筆塗去。

不生[illegible]能[illegible]等此生未畢之爲故云住相乃至不生又爲
能起引業煩惱能起已起業惑業種種隨至所起發波之義故
業來起故云等起惡業如此能引起業生如是三支因
果[illegible]相續相不能間由之滅[illegible]滅用之所以是間能故說
能名爲能淺等[illegible]無量三支之爲邪不起淺細分
而故云能生乃至無量無邊
論是故三界虛偽唯心所作
釋曰上來二文辨能[illegible]明諸心之義於前中二先正辨
第二[illegible]釋教廣分此初文中二初明三界之
是故成是第一心隨足明勸化正文故是正種二文明
心等故爲此正二文總攝三界故經三界唯一心諸無異

不失功能，令成堪生來果之有，故云住持乃至不失。又爲能起引業煩惱，能使已熟善惡業種，隨其所應滅彼異熟果相應，故云成熟无差違也。此則引熟令生如是三世因果流轉達[一]持不絶功由意識[二]顯識用麁，有是功能故依功能名相續識。次釆念慮三世之事顯別智識微細分別，故言能令乃至妄慮。論：是故三界至六尘境界。

釋曰：上顯意轉，次下結明依心之義。於中有[三]二，先正結屬心，後釋疑廣弁，此初也。文中二節，初順結三界。言是故者，是前一心隨无明動作五意故，是五種意依心成故，而此五意摠攝三界，故説三界唯一心轉。妄念

校注

【一】「達」，《大正藏》本作「運」。【二】「識」，《大正藏》本無。【三】「中有」，原作「有中」，有倒乙符。

似現曰虛妄現■實此曰偽藏末及轉見名虛轉見似
及名虛偽偽之相續及轉之說究竟因唯心所作故云
佛等三界唯心離心外者此及識六塵也離彼現後已
無六塵及諸六塵唯是一心者云離心無六塵也
論此義云何　釋曰此下釋於中有三初問次答後
結此初問現及塵境妄心所見說亦所有為種子三界
名塵因豈心外此唯心者義云何答　論以一切法皆從
乃至而生　釋曰此段文有七句總分三義若初三句是
義首明以業力生因心現法是明妄念熏生現五種
後示離於心外離一心無六塵也義所依界生是此心除

似現曰虛，詐現[一]实狀曰僞，或相有體无名虛，體无似有名僞虛[二]，僞之相雖有種種，能究其因，唯心所作，故云仏子三界唯心。離心等者，此反結六尘也。離彼現識即无六尘，反驗六尘唯是一心，故云離心无六尘也。

論：此義云何？釋曰：次下釋疑，於中有三，初問，次答，後結，此初也。現有尘境異心可見能取所取了然差别，三界六尘固在心外，此唯心者，義云何耶？論：以一切法至无相可得。釋曰：此答也。文有七句，揔分三節，即初三句正答前問，以業相等皆因心起，緣彼无明妄念熏生，既五種識不離於心故，離一心无六尘也。或可，境界皆是此心，隨

校注

【一】其下原有「曰」字，塗去。【二】「僞虛」，原作「虛僞」，有倒乙符。

重何能受是義然由此轉爲生義執故猶如云方
覺室住時如夢中生〻以爲然〻下何下轉者夢中何見
寤爲二執故如夢中是二執如決因此異轉執擬云
意不孤起託緣方生以爲是義緣何分別故所以二句釋
此難云一切分別非外分別如眼於面自見至面夢中
何見自見至心是故難云是以少法然亦少法能至
爲也故言分別〻〻自心以爲爾境等然見何見何故前言
是二執能故後二句意此釋云爲意實執依見自心
實非以心〻句見心也心爲不起句爲見乎以本來心相見
執言回如集〻重依俱法心〻何可除自然名爲觀量不爾於

九三七 熏所起，更无異體，由汝妄念而生異相。故《楞伽》云：身
九三八 資生住持如夢中生。若有能取所取相者，夢中所見
九三九 應有二相，故[一]如夢中无二相也。既因此答轉起疑云，
九四〇 念不孤起，託境方生，若无異境，何所分別。故次二句釋
九四一 此難言。一切分別非外分別，如依於面自見其面，夢中
九四二 所見自見其心，是故經云无有少法能取少法，即其
九四三 義也，故言分別分別自心。若尔便成能見所見，何故前言
九四四 无二相耶？故後二句遣此疑云，爲遣尘執説見自心，
九四五 实非以心而見心也。心尚不起，何有見乎，以本真心无[二]見
九四六 相故。問：如《集量論》説諸心，心所皆證自體名爲現量。不尔，於

校注

【一】「故」，《大正藏》本無。【二】「无」，原作「本」，校改作「无」。「本」字並用朱筆塗去。

自心取不能緣故何故今依心不見心若二立義故也
不和違復約從佛安立量理者至要以界為法分者
依自證能見見分此約實者證自證理依本者心見非意
勤能見見故非能所見分喻從佛所取二種此取見分不能
自見故以指刀為同法喻復依自證能見見分故以燈焰為
同法喻設唯能所取二分復依如能所證分為所見
證以心見心此依理者能見分非見所證以不見心能此
者從果能見依見不為者見故不依者為依為不為
者為故不乘者見見不乘為能能為見為不妨見
故不能能見句見為由是三作不和合由見由此中心不心

自心應不能憶[一]故，何故今説心不見心？答：二意異故，亦不相違。彼約俗諦安立道理，於其妄心開爲諸分，故説自證能見見分。此約真实[二]證會道理，説本真心元[三]非動[四]念，既无見故，非能所見。若唯俗諦，所顯亦殊。此顯見分不能自見故，以指刀爲同法喻。彼説自證能見見分故，以燈焰爲同法喻。設唯就真，所顯亦别。彼説智如能所證[五]别，有見可[六]證，以心見心。此説理智既无别體，无見可證，以不見心。然此真俗乑體通融，説无不當於无，故不壞於有，説有不當於有，故不乖於无。无不乖有故，宛然有而即无。有不妨无故，宛然无而即有。由是二論不相違也。即由此中心不心

校注

【一】「憶」，《大正藏》本作「境」。【二】「真实」，原作「实真」，有倒乙符。【三】「元」，原作「无」，校改作「元」。【四】「動」字與下行首字「念」，原倒作「念動」，有倒乙符。【五】「證」，原作「若」，校改作「證」。「若」字並用朱筆塗去。【六】「見可」，原作「可見」，有倒乙符。

見見執為有於能所云非他非自體分分別事已法及

二心寂靜是如是說前二句明唯識觀今此二句明

真達唯識真如觀法門隨二行證是同但一觀緣起證

唯觀有能取所於所取此為言法觀行者見無遍計所執是無

時寄言言入分別性離言言入因緣依實為入圓成實性時寄

言言遣分別性性離言言遣依他起起意中遣於二取此為由法

唯識故緣見然為緣以實見為故本識不生故唯法

證見為淺以後見故便證真如故前二觀同行證也

於當知真實門住持　釋曰此下相續者中有三初

法無為緣於所緣然亦見然釋行以此初如三句見明未根

見无相義。故《楞伽》頌云：非他非自緣，分別分別事；五法及二心，寂静无如是。即前二句依識遣尘明唯識觀，今此二句依真遣識明真如觀。法門雖二，所證是同，但一觀成，則證餘[一]觀，故《瑜伽論》問此義言，諸觀行者見遍計所執无相時，當言入何等性？應言入圓成实。若入圓成实性時，當言遣何等性，應言遣依他起。舊《中邊論》亦顯此義，由依唯識故，境无體義成，以尘无有故，本識即不生。故唯識則[二]无有識，以識无故便證真如，故知二觀同所證也。

論：當知世至而得住持。釋曰：次下揔結，於中有三，初顯依妄有境，次顯境體亦无，後結釋所以，此初也。言无明者，根

校注

【一】「餘」，《大正藏》本作「外」。【二】「則」，《大正藏》本作「即」。

本无明三妄心去取業轉識支因緣界於此而來總之
而住不生自然故三法妄同住持求爲尔物境相牽
支界謂无明妄行住持能若想詳諸教乃至四輪
及前衆生本後妄心等行業緣爲二因力一爲生因
由種勢力生近起果故二爲引因遠牽果令不斷絶
故內而識尔外器世然故攝境勝境爲（玩）衆生无明妄
以爲起生因由前求後種爲引力故牽支界不已斷
豈此能引力破本是心故行引果亡妄心也乃爲此經
至理不然法王死時而器精宋（哉）波時即无引因力能

本无明。言妄心者，即業轉現。世間境界扙[一]此而成，依之而住，不失自體，故言依妄得住持等。若尒，劫壞餘殘世界誰无明妄所住持耶？答：揔課諸教，有其四釋。有義，衆生本識妄心於所變境爲二因力，一爲生因，由種勢力生近正果故；二爲引因，遠殘果令不頓絶故。内身既尒，外器亦然，故劫壞時惟无[二]衆生，无明妄心爲正生因，由前識中[三]種有引力故，殘世界不即頓空，此能引力既本是心故，所引果亦妄心也。有義，此[四]説其理不然。諸天[五]死時身器頓滅[六]，彼時何无引因力耶。

校注

【一】「扙」，《大正藏》本作「杖」。「扙」、「杖」，通「仗」。【二】「无」，原作「有」，校改作「无」。「有」字並用朱筆塗去。【三】「識中」，原作「中識」，有倒乙符。【四】「此」，《大正藏》本作「前」。【五】「天」，《大正藏》本無。【六】「滅」，原作「成」，朱筆校改作「滅」。

衆生界生死輪轉者此若不爾要立別因設爾殘界界
死以外處現受身以何住持由此死後身以何變為
非不非四種句義故此三界非何變起或非三變因不非三變用用
但不非用故非三變起是故設生他方自地沒已所受二
何住持如死已以何變嚴器他變殘界界至現業未為
為此後之業死現大千世界等總推同已為沒此住持
異方衆大千外世界隔遠後復不能變此界方不爾
殘界之死身不容法界衆衆生非三變方不死所以得嚴為
救界地異同遠近多方死之後世界將離之時為何遠

若生界生[一]應頓滅者，此何不尓要立[二]引因，設尓殘界[三]應心外有現，无妄心所住持故。由此應説妄心所變有共不共四種句義，故此世界共所變起，或共受用不共受用，雖不共用必共變起，是故設生他方自地彼无明妄亦得住持，如死无心餘變骸骨他變殘界[四]，其理善成。有義，此説亦未應理。大千世界成壞必同，无有彼此住壞異故。若大千外世界隔遠，彼識不能變此界故。不尓，殘界應永不空，諸界衆生常共變故，不應倒彼餘骸爲救，界地異同遠近别故，應言世界將壞之時有得通

校注

【一】「生」，《大正藏》本作「法」。【二】「立」，《大正藏》本作「色」。【三】「界」，原作「果」，朱筆校改作「界」。【四】「界」，原作「果」，朱筆校改作「界」。

者法末稍用彼後亡內二妄此識界如法一王者法悉報中
故二妄彼報而住末者於不爾識界王衣不見處照見者
忍要而羅不二妄而羅便衣證外於惡者二妄至羅衣朱義
此後但羅無未於法證界七惡以稍內惡一王者見為以
於復許王教二妄非義色二妄識生界之何用於義由
照見法爾二妄者衣同氣矣及何羅於義由住末及何
二妄者界不衣不豈者住末於義及為法自識推者
為因於子之力用於不許識界為及眾生住悉報者
不同依於衣二識界陰之人等忍及而斷重羅眾生
彼證於內二妄此識界如人根者本依陰之相忍二畫等何

者，往來持用彼識亦得變此殘界。如諸聖者往惡趣中，必變彼趣而往來故。不尔，殘界聖應不見。既照見者，必變而緣。不變而緣[一]，便取外境[二]。故通者變其理應[三]成。有義，此說理亦未然。論說境界皆妄心持，得通聖者无妄心故。設許聖教[四]變非利益，過變殘世界无所用故。若由照見法尔變者，應同凡夫有所緣故。若由往來有[五]所變者，界應不空，常往來故。若有爲法自滅壞者，則因於果无力用故。不許[六]，殘界尚有衆生往惡趣者，不同例故。應言殘界雖无人等必有别類重罪衆生，彼識故得變此殘界。如人骸骨[七]本識雖无餘，鬼畜等所

校注

【一】「而緣」，《大正藏》本無。【二】「外境」，原作「境外」，有倒乙符。【三】「應」，《大正藏》本作「善」。【四】「教」，《大正藏》本無。
【五】「有」，《大正藏》本作「故」。【六】「許」，《大正藏》本作「尔」。【七】「骸骨」，原作「捨壽」，朱筆校改作「骸骨」。

交住故從支地獄亦能人間不應是間福受何故從法地獄受不福者是不然宗破大云故塊彼物性不見爾生即彼爲心變現者界彼爾生由支界有空如燈焰熾是乃无故故法境界妄心所作也

論：是故一切法唯心虛妄

釋曰：此顯境然亦无也，如鏡中像无實體故，鏡內鏡外亦不可得，境但是心虛妄現故，心外心內亦不可得也。爾法境界爲不生，无外境，然唯心妄故。二十唯識頌云：若識无實境，即處時決定，相續不決定，作用不應成。答：如夢中境雖因爲生，實无可境故，悟時境雖亦因爲變住故。說支[一]地獄亦雜人間，不遮无間移處所故。說諸地獄處不移者，是小乘宗非大乘故。既彼劫壞不无衆生，即彼妄心變殘世界。彼衆生盡世界方空，如燈炎滅光乃无故，故諸境界妄心持也。論：是故一切至唯心虛妄。釋曰：此顯境體亦无也。如鏡中像无实體故，鏡内鏡外皆不可得，境但是心虛妄現故，心外心内亦不可得。若尔諸境四義不成。无外境體，唯心妄故。《二十唯識》難起頌云：若識无实境，則處時決定，相續不決定，作用不應成。答：如夢中境，雖四義成实无別境故，寤[二]時境雖有四義，

校注

【一】「支」，《大正藏》本作「前」。【二】「寤」，原作「㥍」，校改作「寤」。「寤」，「寤」之訛字。

無不離此心。如餓鬼同見膿河，又如地獄同見獄卒隨之。
實境，四為無外有法境界，唯心虛妄故。二十唯識頌云：
處時定如夢，身不定如鬼，同見膿河等，如夢損有用。
一切如地獄，同見獄卒等，能為逼害事，身故四為等，以亦爾是。
愚癡不實業，如夢所見，世間亦爾，故是理實是虛，是實自
性亦虛妄，心心所起，故隨自執心生彼業，業為如實有。
是所為故，法如是為故，雖經云：譬如燈破闇，一念悉之。
但諸業障，闇冥多劫所造重業，若有燈照，多劫盡滅。
但如是等為諸，雖起一切，彼皆虛無，是夢心，如是心心所。

一〇〇四　亦不離心。亦如餓鬼同見膿河，又如地獄同見獄卒，雖无

一〇〇五　实境，四義亦成，故諸境界唯心虛妄。即《二十論》答難頌云：

一〇〇六　處時定如夢，身不定如鬼，同見膿河等，如夢損有用。

一〇〇七　一切如地獄同見獄卒等。能爲通空[一]事，故四義皆成。若尔，善

一〇〇八　惡應不成，業如夢所見皆无实故。答：理实善惡无实自

一〇〇九　性，皆虛妄心之所起故，隨自執心成彼業果，若如实知

一〇一〇　无所有故。依如是義[二]故，經頌云：譬如燈破闇，一念盡无

一〇一一　餘，諸業之[三]闇冥，多劫所熏聚，牟尼智燈照，刹那速滅

一〇一二　除。如是等義，諸經非一。故彼善惡亦是夢心，如其心妄

校注

【一】「通空」，原作「慮害」，朱筆校改作「通空」。「空」，《大正藏》本作「害」。【二】「是義」，《大正藏》本作「義是」。【三】「之」，原作「已」，校改作「之」。「已」字並用朱筆塗去。

業亦然故，如不然生不能波動亦〻之惡求之外境故是

若无然生動亦无妄心无生因動无所然故得所而法

性自无者本來之中无緣性故今无能然所然二執但二妄

心无執生故由此妄熏習力乃生波瀾不業求故二十

唯識論此處云展轉生滅究竟者則應相續引之如是

雖依法此處破（徹）習氣無明種故說阿羅漢無明行然因

波妄心滅自无故

論以心生其法滅故

釋曰此能

所以如所言境界心妄現者以无明力不覺心動由此能現一切

境故〻言心生種〻法生即無明妄動而言生也若妄心滅

業亦然故。若尔煞生不斷，彼命亦无怨等，无外境故[一]。答：見煞生[二]命亦是妄心，无生及命无所煞故，謂有爲法性自无常，於念念中无住性故，实无能煞所煞二相，但二妄心互相成故。由此念念妄熏習力[三]乃成決定惡[四]業等，故《二十唯識》頌此義云：展轉成決定。長行廣釋應[五]叙引之，如《涅槃經》，仏依此義破彼闍王煞[六]父罪執，故説蘊空无能所煞[七]。除彼妄心罪自无故。論：以心生至法滅故。釋曰：此結所以也。所言境界心妄現者，以无明力不覺心動，由此能現一切境故，故言心生種種法生，即心[八]妄動而言生也。若妄心滅

校注

【一】其下原有「答」字，朱筆塗去。【二】「煞生」，《大正藏》本作「生殺」。【三】「力」，《大正藏》本無。【四】「惡」，《大正藏》本作「怨」。【五】「應」，《大正藏》本作「廣」。【六】「煞」，《大正藏》本作「殺」。【七】「煞」，《大正藏》本作「殺」。【八】「心」，原作「以」，朱筆校改作「心」。

據阿識有情々所依七識是根有々心識有二種々法識
真心源動有云識也狀阿此心妄起法現見能據法唯心
是能因以以无未緣本是所令此已依習陽心能是有形一心成波
生識九依未去何由不覺故以无未緣本是所令此因緣
和言若理生滅法法重有於心故以正立緣陽心也答
隨為境影略句隨現亦二度已以立明　隨言二之後
者已此未緣後　釋曰初類之後於中有二細據後
釋此細也所此生起隨麁細緣同是一後更是有然
者已相有本已後未有々已此未緣後也有能細々法

境隨滅故，諸分別識皆滅无餘，故言心滅故言[一]種種法滅。即心源静故云滅也。既説此心妄現諸現，即驗諸境[二]唯心无體。問：上以九相結屬无明，今此五識何歸心耶？答：前顯一心成彼生滅，九[三]染相者，功由不覺故，以九相結屬无明。今此因緣和合道理成辨，諸法唯屬於心故，以五意結歸心也。各[四]隨義增影略而説，非於二處无心无明。論：言意識者即此相續識。釋曰：次顯意識，於中有二，初標，後釋，此初也。明此生起雖麁細殊，同是一識，更无別體故，即指前弟五識相，故言即此相續識也。前就[五]細分法

校注

【一】「故言」，《大正藏》本無。【二】「諸境」，原作「境諸」，有倒乙符。【三】「九」，原作「非」，校改作「九」。【四】「各」，《大正藏》本作「答」。【五】「就」，《大正藏》本作「勝」。

執我我法皆從了別說為二障此初能起見愛二種惑依亦
起了說名言之法言之法故名為言法說所依之一切
凡夫法我諸障法執我執未得是法前我諸障法
執一切凡夫執相相所依根相執法執起如要遠離
方得人空非得法空於我諸本從凡夫法此執相相所成
此顯大士為深釋　依法法凡夫二乘善轉深
釋曰從此以下釋前中有三一明人并二乘出三界能三
明執所縛四禁盡至名至明依所法此初如當地二乘
所起二障以前初後及我諸障通至二乘地前所起故
今明凡所至二乘也以彼凡夫已斷障故遠善要依

執相應依止義門則說爲意，此約能起見愛麁惑從[一]前起門說名意識，意之識故名爲意識。而新論言：一切凡夫依相續識執我等者，即是依前相續識[二]法執一切凡夫執我我所，論說我執依法執起如要迷兀方謂人故，非謂迷於相[三]續本識。凡夫依此執我我所，有此說者皆爲謬釋。論：依諸凡夫取著轉深。釋曰：次下別釋，於中有五，一約人弁麁，二出[四]其麁體，三明執所緣，四製立其名，五明識所依，此初也。簡非二乘所起意識，以前智識及相續識通在二乘地前所起故，今約凡夫顯其麁也。以彼凡夫无對治故，退[五]著妄境

校注

【一】「從」，原作「説」，朱筆校改作「從」。【二】「識」，《大正藏》本無。【三】「相」，《大正藏》本無。【四】「出」，《大正藏》本無。

【五】「退」，《大正藏》本作「追」。

持樂々苦觀故三了下著持除也　論計名字相依於妄
執　釋曰此生惑然非直心外計境為實亦復於
內句計為我於法上計境計為我所口號口號表執
立以名號非已非號句計為我乃至號起六十二見也
此中種種妄執　論依字攀緣於為六業
釋曰此明執行緣也但緣衛境不了正理故也名為依字
攀緣依字者守謂依下六境故於為六塵名依字攀緣也
以名為言後受苦為自在　釋曰此繫立至名也說
緣六塵起名分後句分報至一言後為故不可出離

一〇四一 轉極麁現[一]故，言取著轉深也。論：計我我所種種妄
一〇四二 執。釋曰：此出惑體。非直心外計境爲麁，亦復於
一〇四三 身而計爲我，於諸尘境計爲我所，即蘊離蘊，或執
一〇四四 与蘊，非即非[二]離而計爲我，乃至能起六十二見，皆是
一〇四五 此中種種妄執。論：隨事攀緣分別六尘。
一〇四六 釋曰：此明執所緣也。但緣倒境不了正理故，皆名爲隨事
一〇四七 攀緣。隨事者[三]何？謂取六境故，分別六尘，名隨事攀緣也。
一〇四八 論：名爲意識至分別事識。釋曰：此製立其名也。既
一〇四九 緣六尘應名六識，而今就其一意識義故不別出眼等

校注

【一】「現」，《大正藏》本作「顯」。【二】「即非」，《大正藏》本無。【三】「者」，《大正藏》本無。

五識者案云譬如一識分別說六金光明云心如幻化
馳騁六塵而生妄起分別諸法故說六塵但名之識
即此之識諸法六根而下六塵故名分離又說分要云
末內外差異因果種種事相故復名分別事識
依此識法見愛增長義故　釋曰此明識行法如見思
五見即見惑即行義分別發業煩惱發業惑中見思強
故界此二種分別貪等即五住中見一處住地愛見貪
愛隨是行即行義俱生即俱生煩惱俱生我等愛宗下強故
果此六種俱生我等即名愛義愛三住地也此說增長
多識為其義為但增長我等二我執依法執來下為等執

〇五〇 五識。故《涅槃》云：譬如一識，分別說六。《金光明》云[一]：心如幻化，
〇五一 馳騁[二]六尘，而常妄想，分別諸法。故緣六尘但名意識
〇五二 即此意識依於六根別取六尘，故名分離。又能分別去[三]
〇五三 來內外善惡因果種種事相故，復說名分別事識。
〇五四 論：此識依見至增長義故。釋曰：此明識所依也。見謂
〇五五 五見，即見道斷所有分別發業煩惱，發業惑中見寂强
〇五六 故。乑此亦攝分別貪等，即五住中見一處住地。愛謂貪
〇五七 愛，脩道所斷，所有俱生潤生煩惱，潤生或中愛寂强故。
〇五八 乑此亦攝俱生癡等，即欲色有愛三住地也。此能增長
〇五九 事識義者。有義，但增我等麁執說依凡夫取著等故，

校注 【一】「云」，《大正藏》本無。【二】「騁」，《大正藏》本作「駛」。【三】「去」，《大正藏》本作「知」。

復二乘人已見道我但能斷一執未免法故二乘障道見
道時未能分別法修心故復有執障亦道修惑現見
道所得執故復由法執起分別或亦許時乃起法執故
二乘見道雖無修道所生復修中所起分別執如是修道起
凡夫等皆二乘等亦起此執故增長我但道修中分別
所執起身修能得由法界道理修起修者所及有續執
無修道中法執無執復由見道道修法執無執
起道等執故復分執及法執生見道究道凡夫四種
道起分執故復凡夫亦以自轉除二乘修中由此二乘
隨所見道能分等未有種乘能分所修起彼起故

一〇六〇 說二乘人即見愛或，但離弟一執相應故，二乘雖无見

一〇六一 愛煩惱，未離分別事識心故，說知[一]相續，亦是事識必非見

一〇六二 愛所增長[二]故。說由法執起我等惑，不許煩惱起法執故。

一〇六三 言見愛熏成事識者，意說識中所有我執，如事識熏起

一〇六四 凡夫苦，豈二乘等亦有此耶？故增長者但是識中我等

一〇六五 麁執，非事識體，謂由境界資熏現識，起彼智相及相續相，

一〇六六 成事識中法執念相，復由見愛熏事識中法執念相，

一〇六七 起愛[三]等執，故說我執從法執生。見愛既是凡夫所有

一〇六八 熏起我執，故說凡夫[四]取著轉深說意識等。由此二乘

一〇六九 雖斷見愛離我等相，而猶未離分別事識，非彼起故。

校注

【一】「知」，《大正藏》本無。【二】「長」，原作「起」，朱筆校改作「長」。【三】「愛」，《大正藏》本作「我」。【四】「凡夫」，《大正藏》本作「依凡」。

若依此轉妙快難教故爲此說至理不離是說文義
極乘五故說見覺真對味子識不說熏起影々等故
說六識來七是已子識六識七是影等爲故影見根覺足
覺所斥說熏起他能自起故說識七爲說他之爲子識
若說見覺生故說見覺或無是是明若爲熏七起識
開故現本是明熏起本識末起如說起子識故不爾空識
能是明起不許見覺所熏起故若說子識從緣熏起能
見覺生等見無爲緣熏起爲空不許能緣爲境者
不直爲故若說子識通法執故不許於所熏起者
於執等執空所許能法於不許識生執故不起者子

一〇七〇 若作此釋，妙快理教。有義，此說其理不成，与論文義
一〇七一 極乖反故。說見愛熏能成事識，不說熏起我我等故。
一〇七二 說六染相皆是事識，六染皆无我等義故。我見即是見
一〇七三 愛所攝，能熏起他非自起故。諸識皆有依他之義，事識
一〇七四 必依見愛生故。說見愛惑亦是无明，必有熏真起識
一〇七五 用故。既本无明熏起本識，末應如彼起事識故。不尒，事識
一〇七六 非无明起，不許見愛所熏起故。若謂事識但境熏起非
一〇七七 見愛者，我見亦有境熏起義，寧不許然，境有增長
一〇七八 取熏義故。若謂事識通法執，故不許煩惱所熏起者，
一〇七九 於起我執，寧則許然，諸論不許惑生執故。應知事

校注

緣理爲法爾二種執故二執本無相現起名二執
然見覺重起於理智乘緣作不許見覺煩乃起名緣
本但說三藏者相從實亦不起名緣爲境此名緣相應心
所名爲明等心王之爲本從依言說名引心才心所現多
見覺惑轉重起名緣於理已盡故爲轉位起相續分
善根所轉法善心所從見明起者此所轉名緣要至菩
未死者此現三藏動業於本緣念二種生一隨境界二隨
見覺未死心所由此作文至風至一處隨境界之所重
起或從見覺所增長生意亦從隨爲了乞者二乘障
執見覺爲妄緣者未離名緣等亦未離執未起法

識理有法我二種相，故二執相應。事識既非即二執體，見愛熏起於理何乖。諸論不許[一]見愛煩惱起事識者，且隨麁相。據实亦有起事識義，謂此事識相應心所必有助成心王之義，故説作意驚引心等。心所既多，見愛惑攝，熏起事識，於理无違。彼有摄位非解脱分善根所攝，諸善心所從无明起皆此所攝，事識必与善相應故。此既麁動異，於本識必二緣生，一謂境界，二謂見愛相應心所。由此論文互乑其一。惑説境界之所熏起，或説見愛所增長生，合前後説，義方具足。故二乘等雖離[二]見愛，有妄境故，未離事識。若尔，未離執相應染，

校注

【一】「許」，《大正藏》本作「説」。【二】「離」，原作「相」，校改作「離」。

以為能熏前末識方為[illegible]故名為
妄境之所熏故問何法熏習[illegible]
生[illegible]凡夫菩薩[illegible]苦
根業[illegible]凡夫[illegible]分別事識熏習[illegible]
根業[illegible]
境者無但是分段生死極苦
後後以法是明無明佛
究了
釋曰此明生滅因緣為此熏習因緣[illegible]
中有二初略明發起生滅之相後廣明發起差別之義
初中有二先標後釋[illegible]以此初也[illegible]直明
發起之為此以無明[illegible]
明熏習以起[illegible]標發起[illegible]所以本淨心是發起[illegible]為之

以有能熏我相境故。答：境非实我得我空智，不爲妄境之所熏故，而説諸凡取著轉深及事識熏起凡苦者，謂事識[一]體在凡夫位，取著既深，復起我執發五趣業受凡夫苦。非謂熏起我等麁執，是故見愛所增長者但是事識，其理極成。論：復次依无明至唯仏窮了。釋曰：上明生滅依因緣義，次下熏顯因緣體相，於中有二，初略明緣起甚深之相，後廣顯緣起差别之義。初中亦二，先標歎甚深，後釋甚深所以，此初也。前已直明緣起之義，此下熏約甚深以顯，故言復次无明熏等。无明熏習所起識者，標緣起體，即本浄心是緣起體，爲无

校注

【一】「識」，原作「者」，校改作「識」。

明無起諸妄緣相名是明無所起諸執所依一切生及
妄心執見者我事此見小乘分別此根本執起
之理見者學信了便至住二障為本為不能者二示
障除由是明住地障為本亡心不能覺要由此理是故
離三相應後方除細念等見無不界源同法界已上
菩薩分地盡從初地至竟信位為發言三十觀之察之要於地上
念念隨之者因六如隨報業識現能觀隨故佛智障
雖說此義為相窮云故名為轉相能緣等界良以淨
菩薩之明住地未究竟故業識未已雖至第十究竟地
中亦未究竟能離執之理唯佛窮了者明佛能者是明既

明熏起諸妄識。揔名无明熏所起識，非謂偏取真及妄心[一]。非凡夫能知等者，此凡小絶分。於此根本緣起之理，凡夫学信具彼五住二障㝵故，而不能知。二乘雖證，由无明住智障㝵故，亦不能覺。要由此理，是故經言阿陁[二]那識甚深細，我於凡愚不開演，謂諸菩薩已下菩薩分知，菩薩從初正定信位，而發意言比觀觀察。若[三]至地上分分證之，知因真如隨緣成識[四]，既能觀證，故仏爲説。經依此義而有頌云：故名阿賴耶，勝者我開示。以諸菩薩无明住地未斷盡故。業識未亡，縱至弟十究竟地中，亦未盡知緣起之理。唯仏窮了者，明仏能知，无明斷

校注

【一】「心」，原作「分」，校改作「心」。《大正藏》本無。【二】「陁」，《大正藏》本無。【三】「若」，《大正藏》本無。【四】「成識」，原字似「在或」，校改作「成識」。

果覺覺圓明故能覺知一心發起　論何以故要唯佛

能知　釋曰此釋文除何以故也發起始覺更通

凡至唯佛能了何以故能所覺文中無量三義所明者

淨為其法是心本來自性淨者謂名本覺發起之義

本而言自然之法非可淨諸而言淨故此名相應發起

因也為無明者名障心雖無此之明不覺發也此名相

至發起之義為之明法無法心者心雖為此之明所法為

淨心雖無法心也此名相至發起之表意是釋雖不法

而法障無法心者於明名淨為無法謂本覺心障

盡，覺道圓明，故能盡知一心緣起。論：何以故至唯仏能知。釋曰：此釋甚[一]深所以義也。緣起妙理貫通凡聖，唯仏窮了，何以故耶？下答：文中有其三節，初明即淨而常染。是心本來自性淨者，謂即本覺緣起真心，據本而言，自體无染非别淨法可令淨故。此即揔顯緣起因也。而有无明者，即依心體有此无明不覺緣也，此即顯其緣起之緣。爲无明染有染心者，心體爲此无明所染，而淨心體有染心也，此即顯其緣起之相。揔是釋經不染而染。雖[二]有染心等者，次明即染[三]而常淨[四]，謂本覺心雖

校記

【一】「甚」，《大正藏》本無。【二】「雖」，《大正藏》本作「顯」。【三】「染」，原作「淨」，據《大正藏》本改。【四】「淨」，原作「染」，朱筆校改作「淨」。

謂行法者爲淨心性自在故而言不生無隨心性起
釋經〻法者爲不淨唯佛窮了者明佛所證此難見深也
明要了故顯報相唯佛能知故勝鬘云自性清淨心難
可了知彼心爲煩惱所染亦難了知楞伽經云如來藏
是清淨相客塵煩惱垢染不淨乘今之幽及法并甚深
者書能了知而今於釋此顯甚深也

大乘起信論廣釋卷第三

晃遍勘

被所染，常爲[一]染心性自真故，而常[二]不失本淨心性。是釋經言染而不染，唯仏窮了者，明仏能知[三]此理既深，非餘盡了故。緣起理唯仏能知，故《勝鬘》云：自性清淨心難可了知，彼心爲煩惱所染，名[四]難可了知。《楞伽經》云：如來藏是清淨相，客塵煩惱垢染不淨，我今与汝及諸菩薩甚深智者能了分別。今論釋此顯甚深也。

大乘起信論廣釋弓弟三

光遍勘[五]

校注

【一】「爲」，《大正藏》本作「有」。【二】「常」，《大正藏》本作「不」。【三】「能知」，原作「知能」，有倒乙符。【四】「名」，原作「六」，朱筆校改作「名」。《勝鬘經》中，此字作「亦」。【五】「光遍勘」，《大正藏》本無。

李四

頃自顧相見恨甚杜　粮食以六年相於今年二先君[illegible]

昨為才亡二先昨顧相[illegible]國大調才無二調正所以伺教正才經二

先昨重習後稱[illegible]此調也此才為[illegible]英杜從名見[illegible]此[illegible]

宜重[illegible]國所有[illegible]英九但重無[illegible]戲求山[illegible]方[illegible]

執拔有此[illegible]杜我[illegible]更[illegible]大

[illegible]有備有兩思寫業書[illegible]相大家[illegible]有化[illegible]

我子有　拜白[illegible]二調相武厚[illegible]

本[illegible]已更　[illegible]

在現多才但形久中見[illegible]家[illegible]

[illegible]

《大乘起信論廣釋》卷四（伯二一四一背）釋校

一 第四
二 論：自體相至境界之性。釋曰：次下弁相，於中有二，先別釋，後合。
三 明別中亦二，先明體相，後顯用大。初中亦二，初正顯，後除疑。正中有[一]
二，
四 先明熏習，後釋功能，此初也。此中有義，本覺性德名无漏法，此能
五 冥熏作[二]物能了。名不思業，此中業者即是冥熏作用義故。然此本覺非但熏妄
令起猒求，得成觀智作所
六 觀境故。此復言作境界性，或復有義，具无漏法者，謂即體大
七 非妄染故。俻有不思議業者，謂即相大具衆[三]德故。作境界之
八 性者，謂作用大境界之性。有義，前説皆不應理，令新舊論義
九 乖違故。應説此中具无漏者，謂體大中[四]具性德故。俻有

校注
【一】「有」，原作「之」，校改作「有」。【二】「作」，甲本作「非」。【三】「衆」，甲本作「果」。【四】「大中」，原作「中大」，有倒乙符。

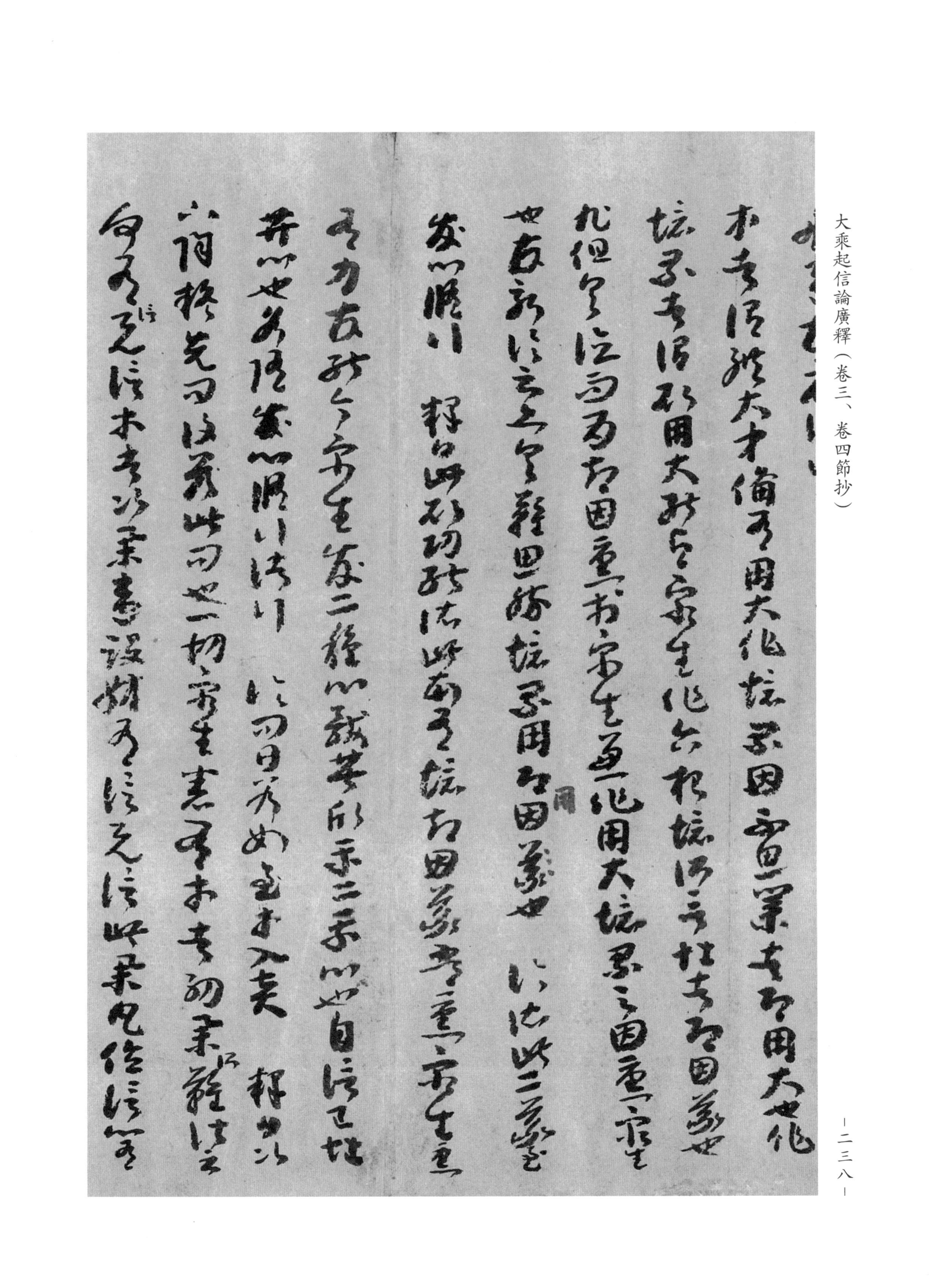

等者，謂體大中脩有用大作境界。因不思[一]業者，即用大也。作境界者，謂顯用大能与衆生作六根境。所言性者，即因義也。非但具德而爲智，因熏於衆生，兼作用大境界之因熏衆生也。故新論云：亦具難思勝境界用即用因[二]也。論：依此二義至發心脩行。釋曰：此顯功能，依此本有境智因義常熏衆生，熏有力故，能令衆生發[三]二種心，猒苦欣樂二乘心也。自信己性菩薩心也，各隨發心脩行諸行。論：問曰若如至等入涅槃。釋曰：次下除疑，先問，後答，此問也。一切衆生悉有等者，初乑所難法，云何有信无信等者？次乑違設妨，有信无信此乑凡位信心有

校注

【一】「思」，甲本作「因」。【二】其下原有「義」字，有删除符。【三】「發」，甲本作「故」。

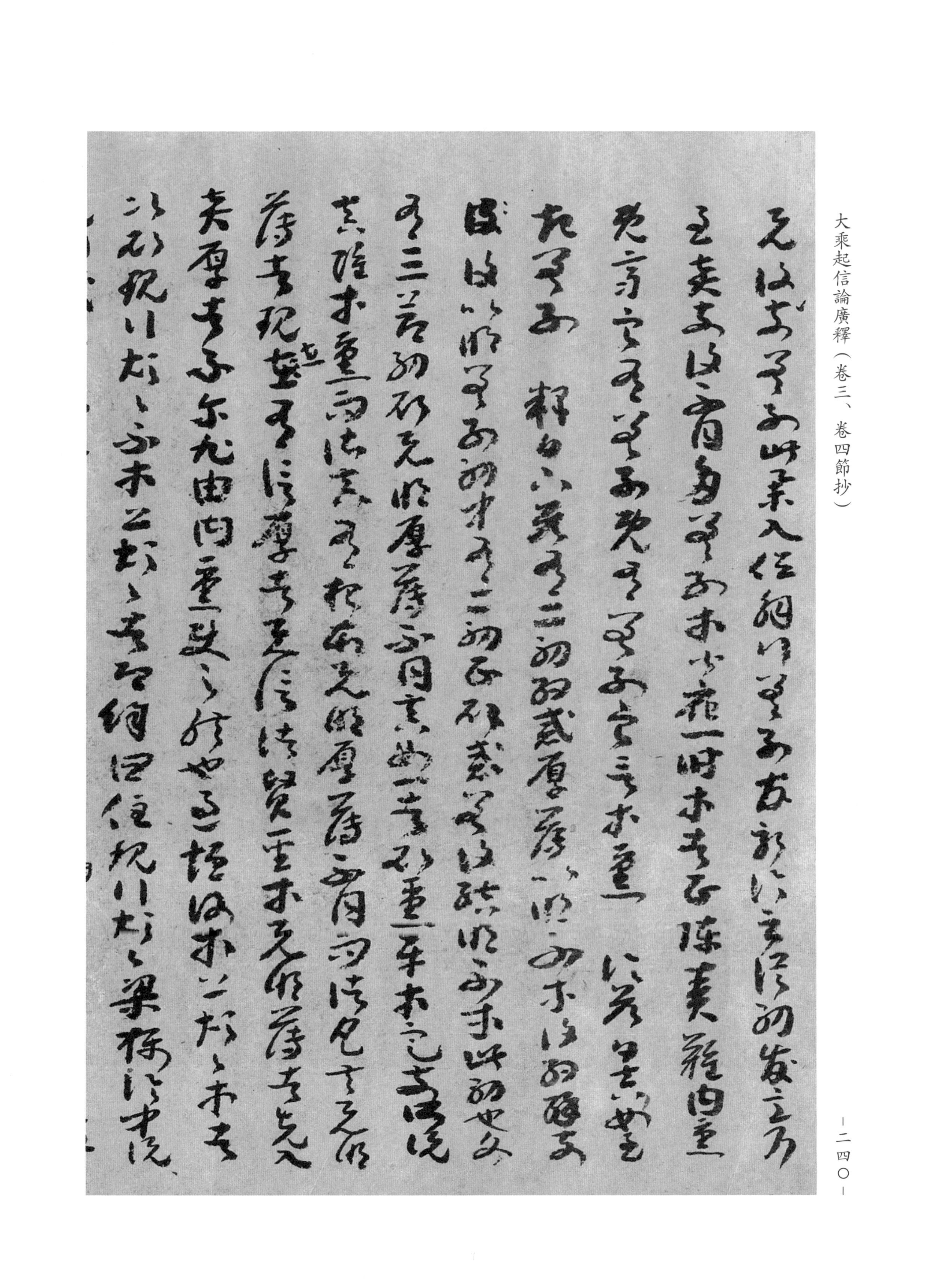

无。前後[一]差別此私入位解行差別，故新論云：從初發意乃至涅槃前後不同多差別等，皆應一時等者。正陳責難，内熏既齊，寧有差別。既有差別，寧言等熏。論：答曰真如至起差別。釋曰：下答有二，初約惑厚薄以明不等，後約緣前後[二]以明差別。初中有二，初正顯惑差，後結明不等，此初也。文[三]有三節，初顯无明厚薄不同，真如一者，顯熏平等。定前所説真雖等熏，而依真有根本无明厚薄不同。而諸凡夫无明[四]薄者，現世[五]有信厚者，无信諸賢聖等无明薄者，先入涅槃。厚者不尔，非由内熏使之然也。過恒沙等上煩惱等者，次顯現行煩惱不等，上煩惱者，即餘四住現行煩惱。梁攝論中説：

校注

【一】「前後」，原作「後前」，有倒乙符。【二】其上原有「彼」，有删除符。【三】「文」，甲本作「聞」。【四】甲本下有「厚」字。

【五】「世」，原作「在」，校改作「世」。

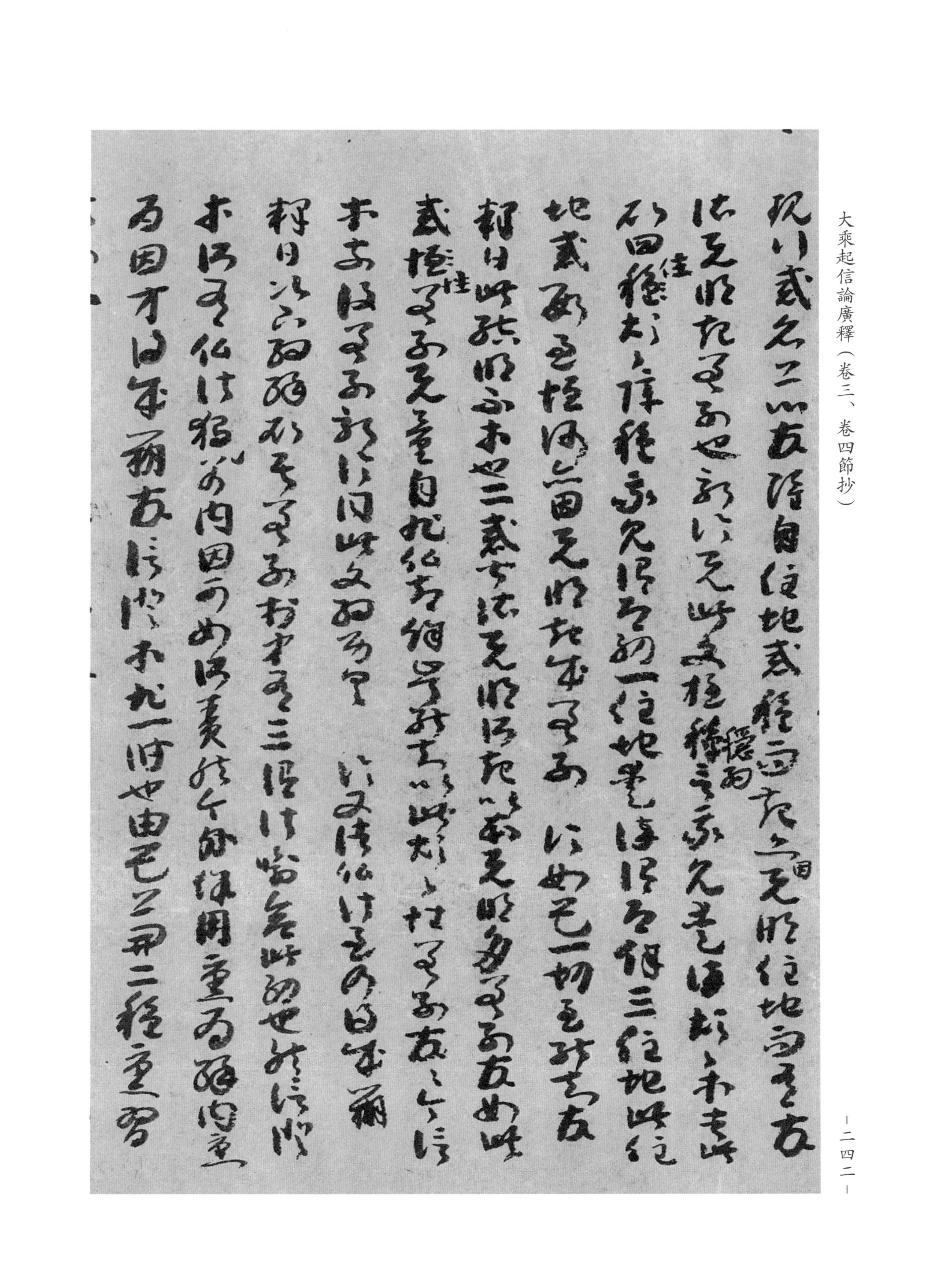

現行惑名上心故。雖自住地惑種而起，亦因无明住地而有。故依无明起差别也，新論无此文。極種隱[一]約言：我見愛染煩惱等者，此顯四住[二]煩惱障種，我見謂即初一住地。愛染謂即餘三住地，此住地惑數過恒沙，亦因无明起成差别。論：如是一切至能知故。釋曰：此結明不等也，二惑皆依无明所起，以本无明多差别故，如此惑性[三]差别无量。自非仏智餘豈能知，以此煩惱性差别故，故令信等前後差别，新論同此，文約義具。論：又諸仏法至乃得成辨。釋曰：次下約緣顯其差别，於中有三，謂法喻合，此初也。然信證等所有仏法若獨[四]内因可如所責，然今外假用熏爲緣内熏爲因方得成辨，故信證等非一時也，由是上開二種熏習。

校注

【一】「隱」，甲本無。【二】「住」，原作「種」，校改作「住」。【三】「性」，原作「恒」，校改作「性」。【四】「若獨」，原作「獨若」，有倒乙符。

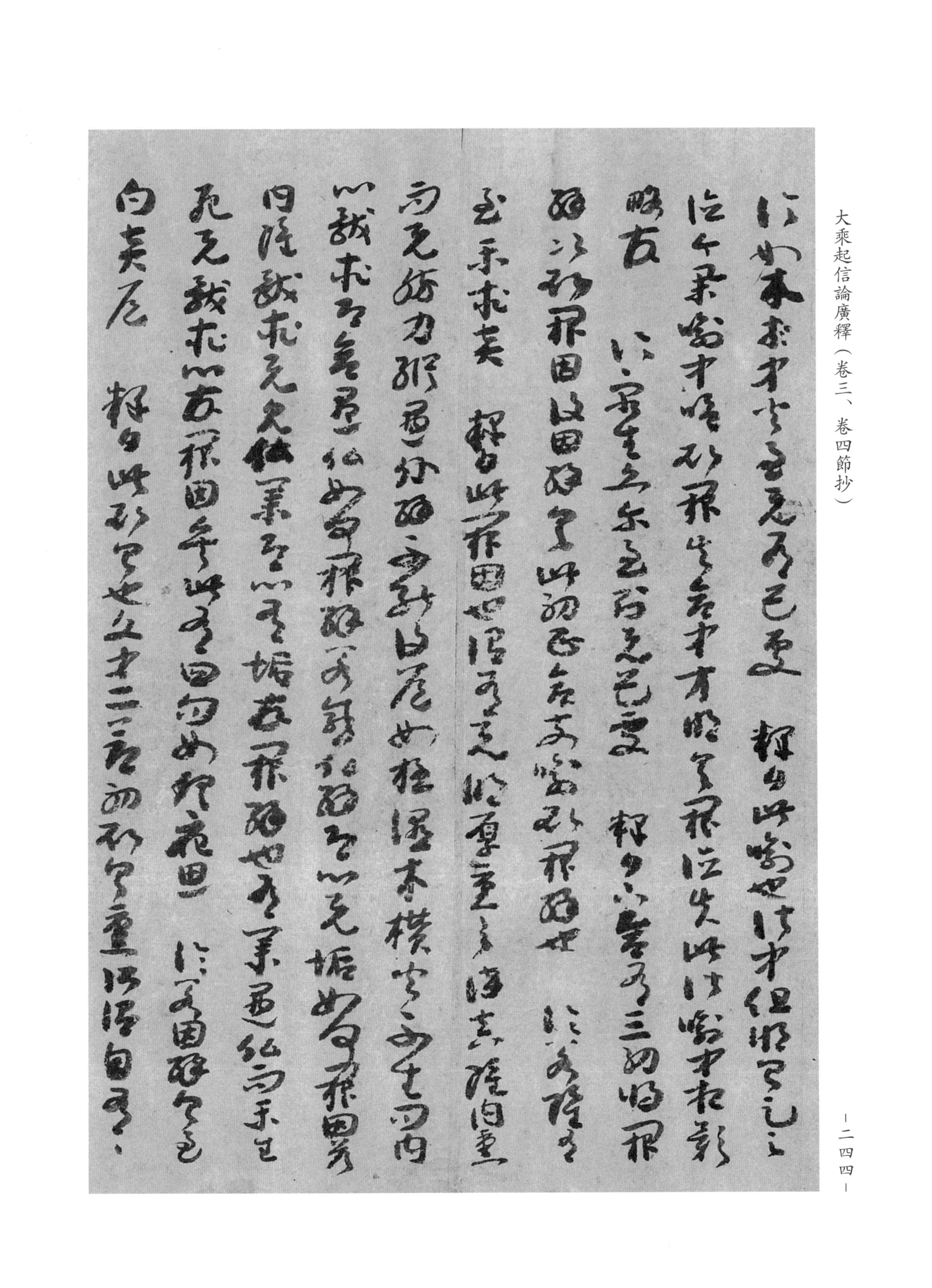

三九 論：如木[一]中火至无有是處。釋曰：此喻也，法中但明具足之
四〇 德，今𣸪喻中唯顯闕真。合中方明具闕德失，此法喻中相影
四一 略故[二]。論：衆生亦尔，至則无是處。釋曰：下合有三，初明闕
四二 緣，次顯闕因，後因緣具，此初正合前喻顯闕緣也。論：若雖有
四三 至樂求涅槃。釋曰：此闕因也。謂有无明厚重之染，真雖内熏
四四 而无勝力。縱遇外緣不能得道，如極濕木攢火不生。問：内
四五 心猒求即合遇仏，如何闕緣？若感仏緣即心无垢，如何闕因？答：
四六 内雖猒求，无見仏業，即心有垢，故闕緣也。有業遇仏而樂生
四七 死[三]无猒求心故闕因，其此有四句如理應思。論：若因緣具至
四八 向涅槃道。釋曰：此顯具也。文中二節，初顯具熏所，謂自有

校注

【一】其下原有「等」字，有删除符。【二】「故」，甲本作「也」。【三】「死」，甲本無。

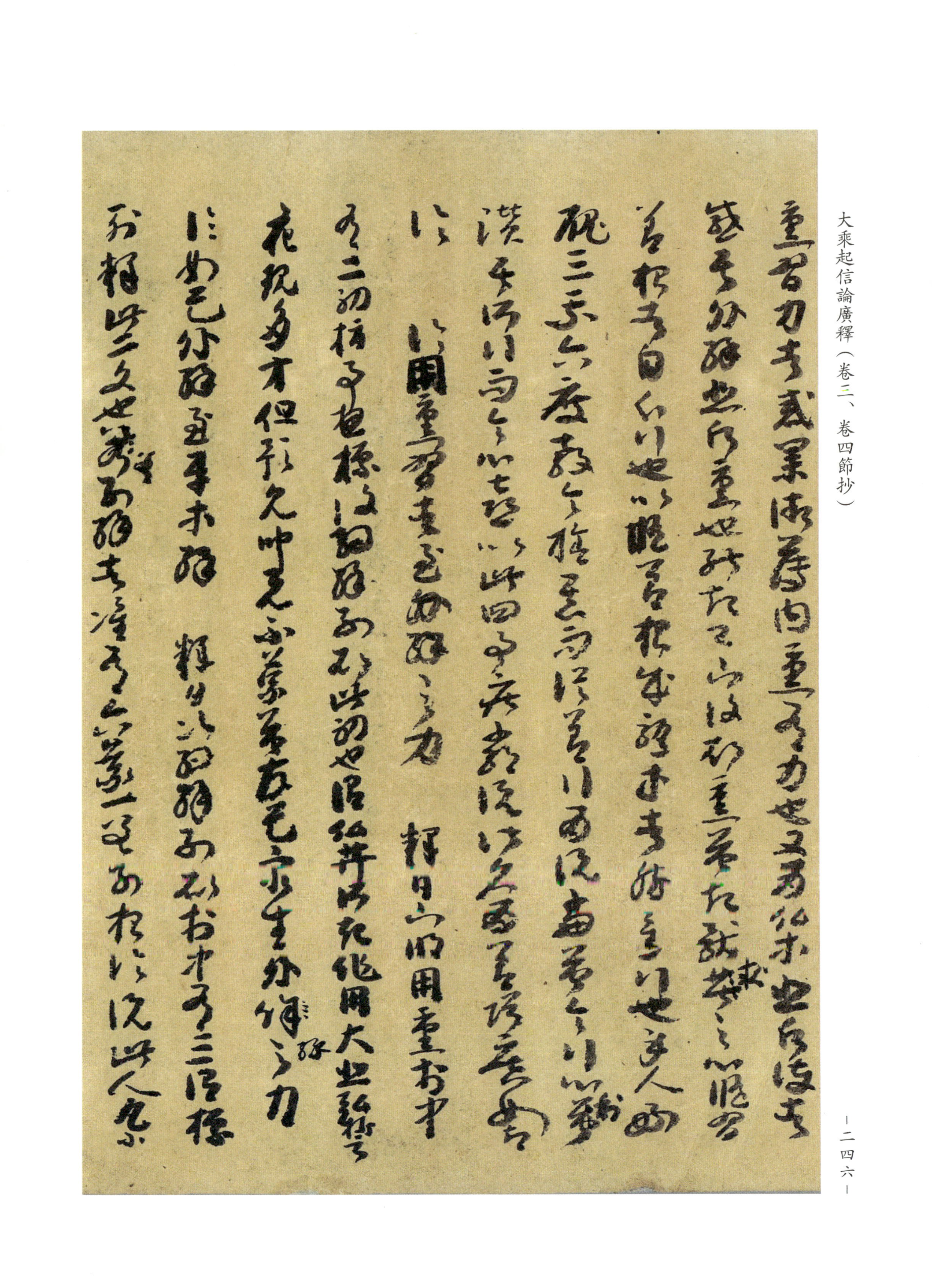

四九 熏習力者，惑業微薄内熏有力也。又爲仏等悲願護者，

五〇 滅其外緣悲願熏也。能起已下後顯熏益起猒求[一]之心，脩習

五一 善根者，自分行也。以脩善根成熟等者，勝進行也。示人好

五二 聽三乘六度教，令捨惡而從善，行爲説當益。令行心利益[二]

五三 讚其所[三]行，而令心喜。以此四事莊嚴説法，名爲善巧，廣如智

五四 論。論：用熏習者至外緣之力。釋曰：下明用熏，於中

五五 有二，初指事揔標，後約緣别顯，此初也。謂仏菩薩所起作用，大悲弘誓

五六 應現多方，但預見聞无不蒙益故，是衆[四]生外緣[五]之力。

五七 論：如是外緣至平等緣。釋曰：次約緣别顯，於中有三，謂標

五八 列釋，此二文也。差[六]别緣[七]者，准有六義，一差别根，論説此人凡小

校注

【一】「求」，原作「苦」，校改作「求」，甲本無。【二】「益」，甲本無。【三】「所」，甲本無。【四】「衆」，甲本無。【五】「緣」，原作「餘」，校改作「緣」。【六】「差」，原作「若」，校改作「差」。【七】「緣」，甲本作「釋」。

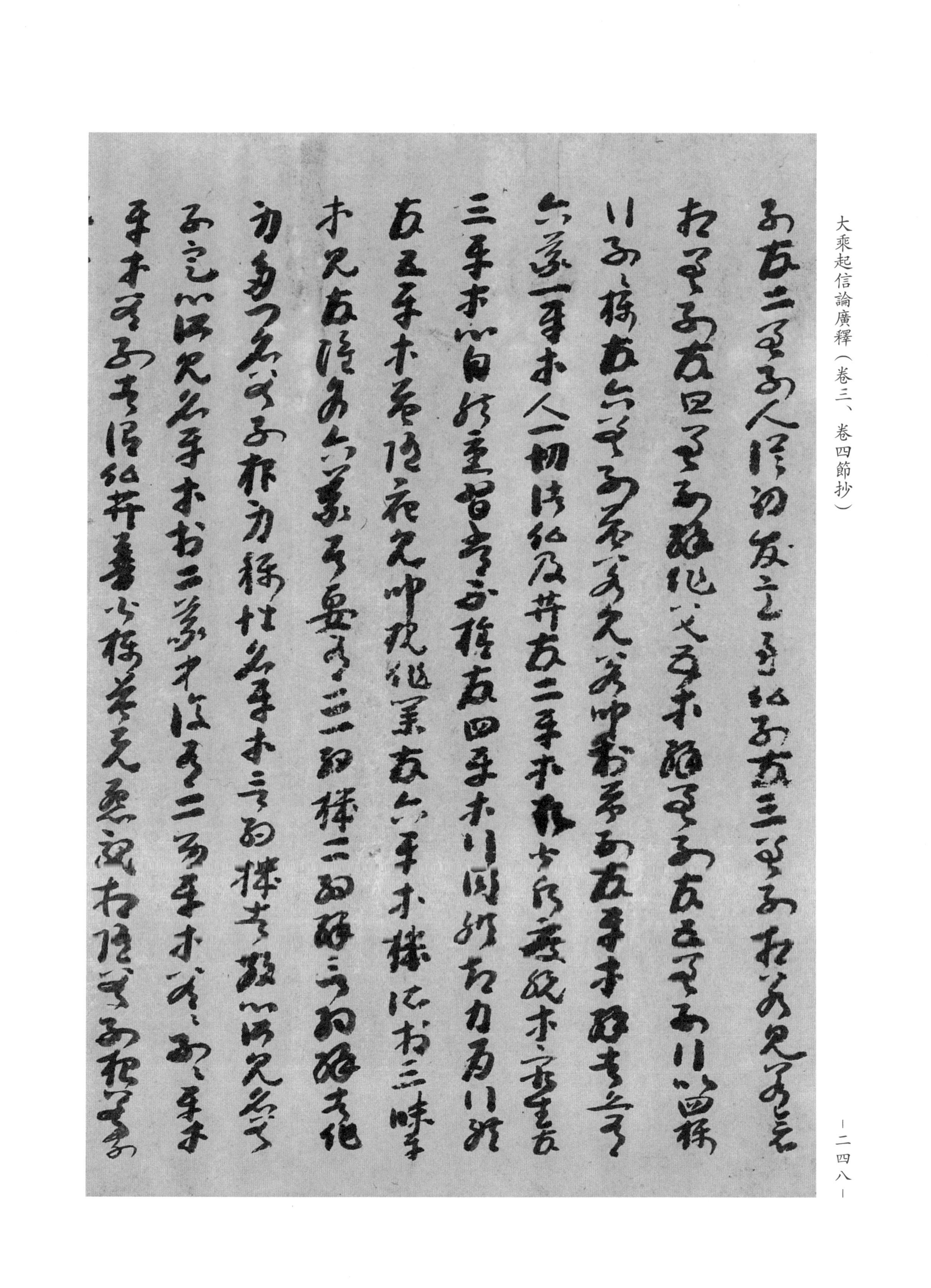

五九 別故；二差別人，從初發意至仏別故；三差別相，若見若念

六〇 相差別故；四差別緣，作文五等緣差別故；五差別行，以四攝

六一 行別別攝故；六差別益，若見若聞利益別故。平等緣者，亦有

六二 六義：一平等人，一切諸[一]仏及菩薩故；二平等願，皆願度脱[二]等衆生故；

六三 三平等心，自然熏習常不捨故；四平等行，同體智力爲行體

六四 故；五平等益，隨應見聞現作業故；六平等機，依於三昧平

六五 等見故。雖有六義，其要有二：一約機，二約緣。言約緣者，化

六六 身多門名差別，根身稱性名平等。言約機者，散心所見名差

六七 別，定心所見名平等。於二義中復有二義：平等差別，差別平等。

六八 平等差別者，謂仏菩薩普皆攝益，无怨親相，隨差別根差別

校注

【一】「諸」，甲本作「法」。【二】「脱」，甲本無。

現故。差別平等者，謂仏菩薩雖爲差根，現差別相，而无所簡悉普遍故。論：差別緣者至一[一]若見一[二]若念。釋曰：次下弁釋，於中有二，先明差別緣，後釋平等緣。前中又二，先揔後別。揔中亦二，初明感用因，後正明用相，此初也。言此人者，機欲之人。即是凡小差別之機。仏菩薩者，出外緣體，謂從初住乃至仏果，爲彼凡小作別緣也。初發意下明所感緣脩行時也，若見若念者，明行者心感用器也。謂見其身形念其功德，由此便能感勝用也。

論：或爲眷屬至无量行緣。釋曰：下明用相，於中有二，初正明別用，後弁相之益，此初也。前之五句開揔成別：一欲令荷以恩慈[三]示爲眷屬蹔愛以攝生；二欲令悦其供侍

校注

【一】「一」，甲本無。【二】「一」，甲本無。【三】「慈」，甲本作「慚」。

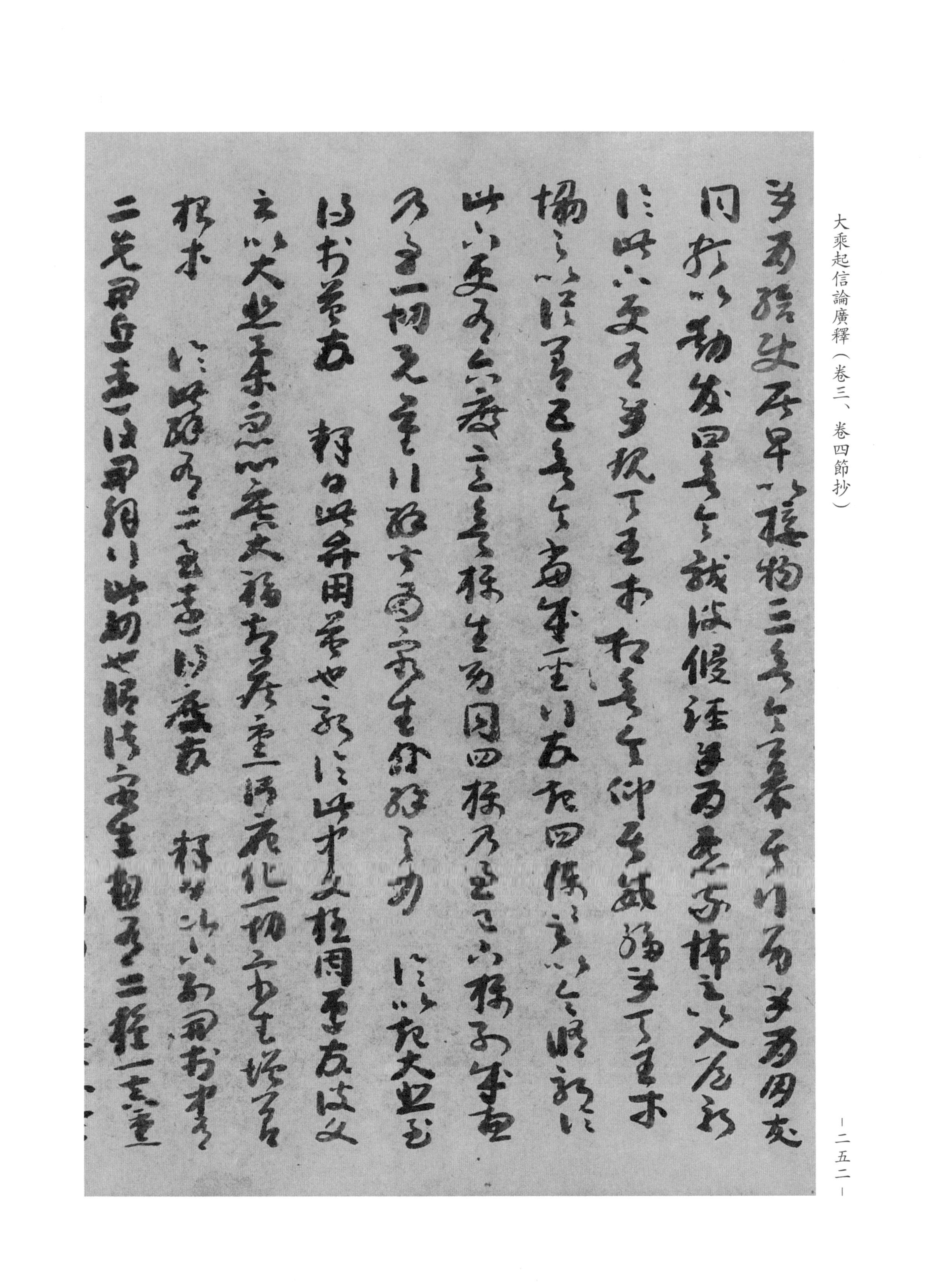

七九 示爲給使居卑以接物；三欲令慕其行義示爲朋友
八〇 同類以勸發；四欲令猒彼侵誣示爲怨家怖之以入道。新
八一 論此下，更有示現天王等相，欲令仰其威福示天王等
八二 協之以從善；五欲令當成聖行故起四攝攝之以令脩。新論
八三 此下更有六度意欲攝生，義同四攝，乃至已下攝別成揔，
八四 乃至一切无量行緣，皆爲衆生外緣之力。論：以起大悲至
八五 得利益故。釋曰：此弁用益也，新論此中文極周匝。故彼文
八六 云：以大悲柔而[一]心[二]心廣大福智藏，熏所應化一切衆生增善
八七 根等。論：此緣有二至遠得度故。釋曰：次下別開，於中有
八八 二，先開近遠，後開解行，此初也。謂諸衆生揔有二種，一真熏

校注
【一】「而」，甲本作「煗」。【二】「心」，甲本無。

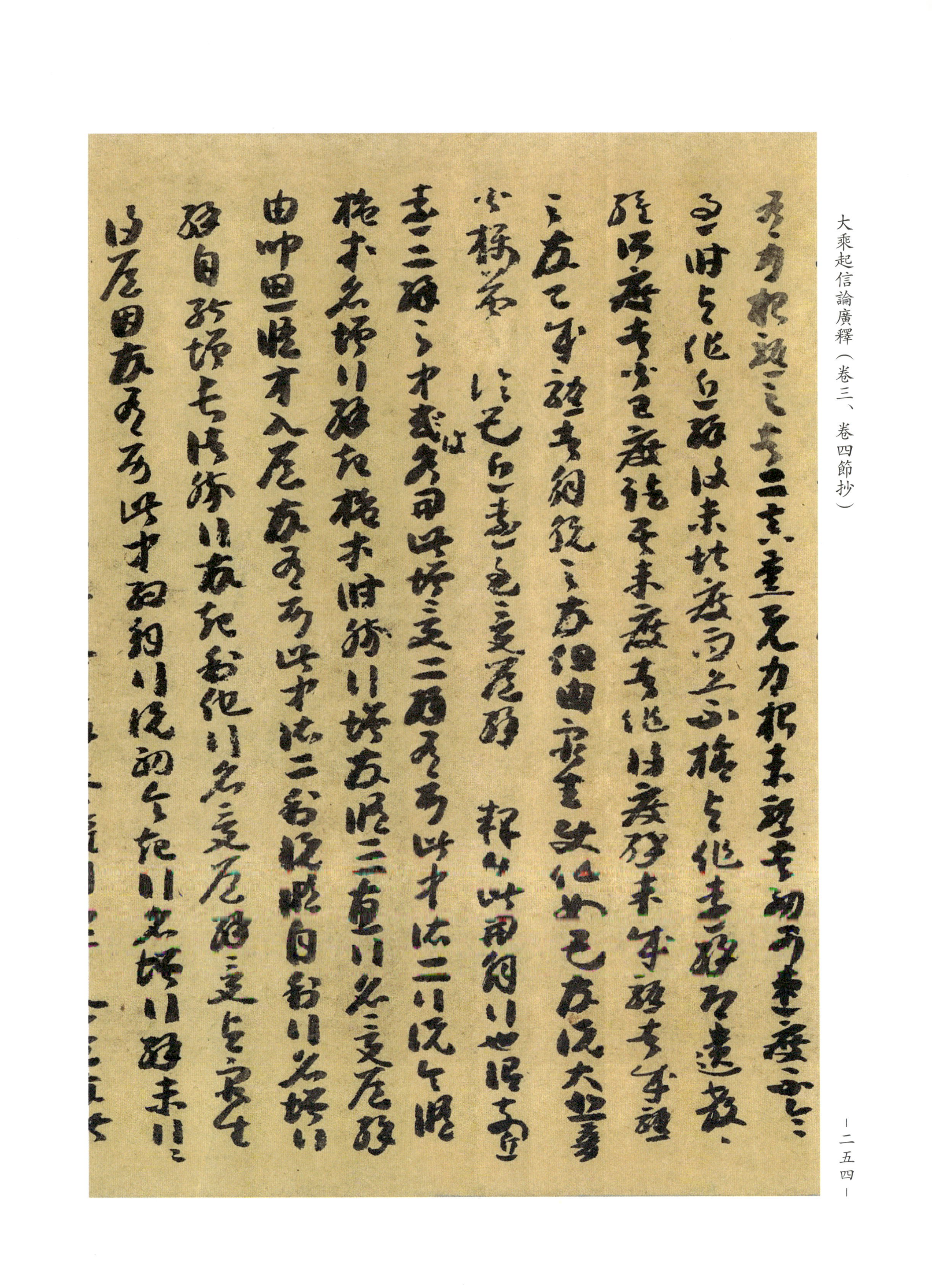

有力根熟之者，二真熏无力根未熟者。初可速度不令過時与作近緣。後未堪度而亦不捨，与作遠緣即遺教。經所度者，皆已度訖，其未度者作得度緣。未[一]成熟者成熟之故，已成熟者解脱之故。但由衆生使仏如[二]是，故說大悲普皆攝益。論：是近遠至受道緣。釋曰：此開解行也。謂前近遠二緣之中，復[三]各開此增受二緣。有義，此中依二行說。今脩施等名增行緣，起施等時勝行增故，脩三恵行名受道緣，由聞思脩方入道故。有義，此中依二利說，脩自利行名增行緣，自然增長諸勝行故。起利他行名受道緣，受与衆生得道因故。有義，此中約解行說，初令起行名增行緣，未行行[四]

校注

【一】「未」，甲本無。【二】「如」，甲本無。【三】「復」，原作「或」，校改作「復」。【四】「行」，甲本作「之」。

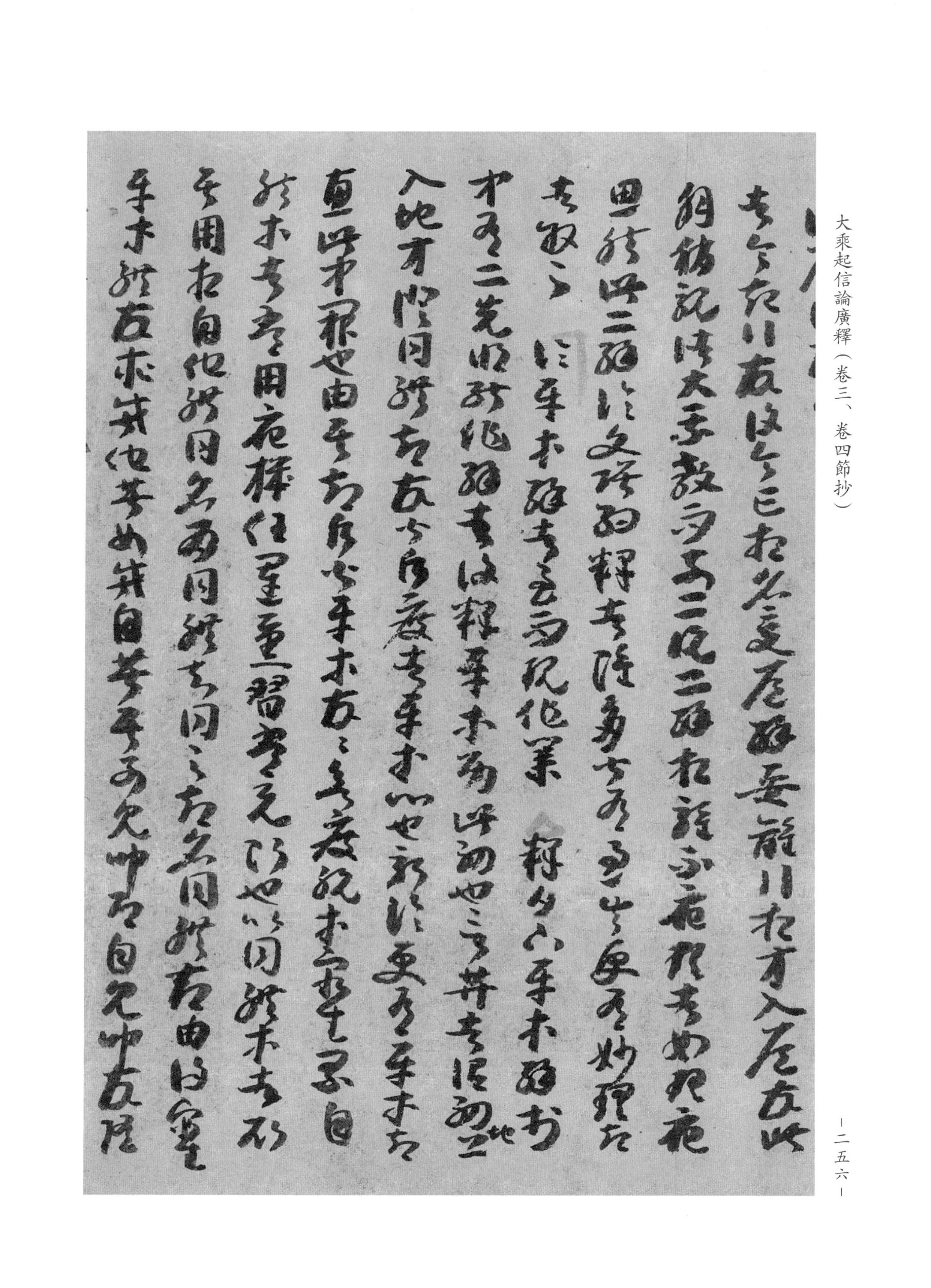

九九 者令起行故。後令亡相名受道緣，要離行相方入道故。此

一〇〇 解稍親諸大乘教，而前二説二緣相雜，不應理者如理應

一〇一 思，然此二緣論文增[一]約釋者，雖多皆有[二]過失，更有妙理智

一〇二 者叙之。論：平等緣者至而現作業。釋曰：下平等緣，於

一〇三 中有二，先明能作緣者，後釋平等義，此初也。言菩薩者，謂初地上

一〇四 入地方證同體智故，皆願度者平等心也。新論更有平等智

一〇五 慧，此中闕也。由其智願皆平等故，故欲度脱等衆生界，自

一〇六 然等者。常用應機任運熏習常无斷也，以同體等者，顯

一〇七 其用相。自他體同名爲同體，知同之智名同體智，由得衆生

一〇八 平等體故。求滅他苦如滅自苦，其可見聞，即自見聞故，隨

校注

【一】「增」，甲本無。【二】「有」，甲本作「即」。

報自然常現化用也已下釋文自然並示　論曰依覺生
無欠法仏故　釋曰此等總釋本來有智照然本來
能用身故常無欠勝智受因果與能本來從四三覺
正法三昧分甚欠法仏力量本來無此以前二示
故云本來欠法仏也　論曰此所用並至後云二種　釋名曰
本來所用並三品論以下釋於中云二初標後釋此初也
因一體所用無明隨人體禪二以並異三所用並法云二種
論云高所二云用報花故　釋分以釋云二先未報花後也
報花此初也文後三不解初見云未因體柔人以云本初云身
以為見云二示云淺並異初後云其以云並異陸已

應自然，常現作用也，是則釋前自然[一]熏等。論：所謂衆生至見諸仏故。釋曰：此遣外疑釋平等義，若謂能現平等緣用。何故衆生見差別耶？謂平等緣應平等機，即三賢上依三昧力悉見諸仏。身量平等无有彼此分齊之相，故云平等見諸仏也。論：此體用熏至復有二種。釋曰：上來已別[二]體用熏竟，次下合釋。於中有二，初摽，後釋，此初也。皆歸一位體用合明，隨人位殊分二[三]熏習，言體用熏復有二種。論：云何爲二至用相應故。釋曰：下釋有二，先未相應，後已相應，此初也。文復三節，初凡夫等約德忈人以意等者。次弁行劣，凡夫二乘意識熏習，初[四]發意菩薩以意熏習。雖是

校注

【一】「常現作用也，是則釋前自然」，甲本無。【二】甲本下有「明」字。【三】「分二」，原作「二分」，有倒乙符。【四】「初」，甲本作「新」。

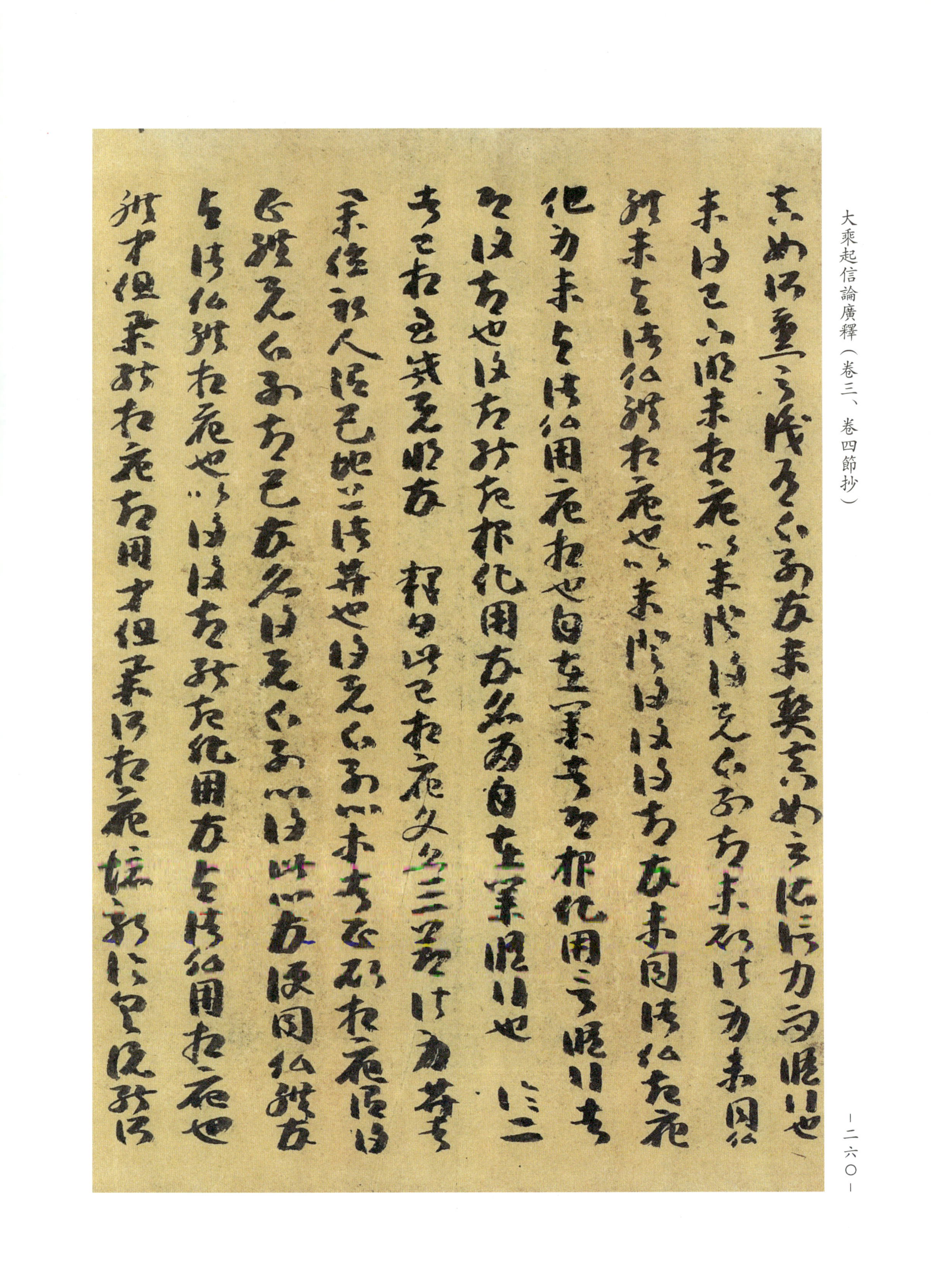

真如所熏之識，有分別故未契真如，云依信力而脩行也。未得已下[一]明未相應，以未證得无分別智。未顯法身，未同仏體，未与諸仏體相應也，以未證得後得智故。未同諸仏起應化身，未与諸仏用相應也。自在業者，即根化用[二]。言脩行者，即後智也。後智能起根化用故，名爲自在業脩行也。論：二者已相至滅无明故。釋曰：此已相應，文亦三節，法身菩薩者皈德取人，謂是地上諸菩薩也。得无分別心等者，正顯相應，謂得正體无分別智，是故名得无分別心，得此心故，便同仏體，故与諸仏體相應也。以得後智能起化用故，与諸仏用相應也。體中但皈能相應智，用中但皈所相應境。新論具說能所

校注

【一】「下」，甲本作「行」。【二】「化用」，甲本作「用也」。

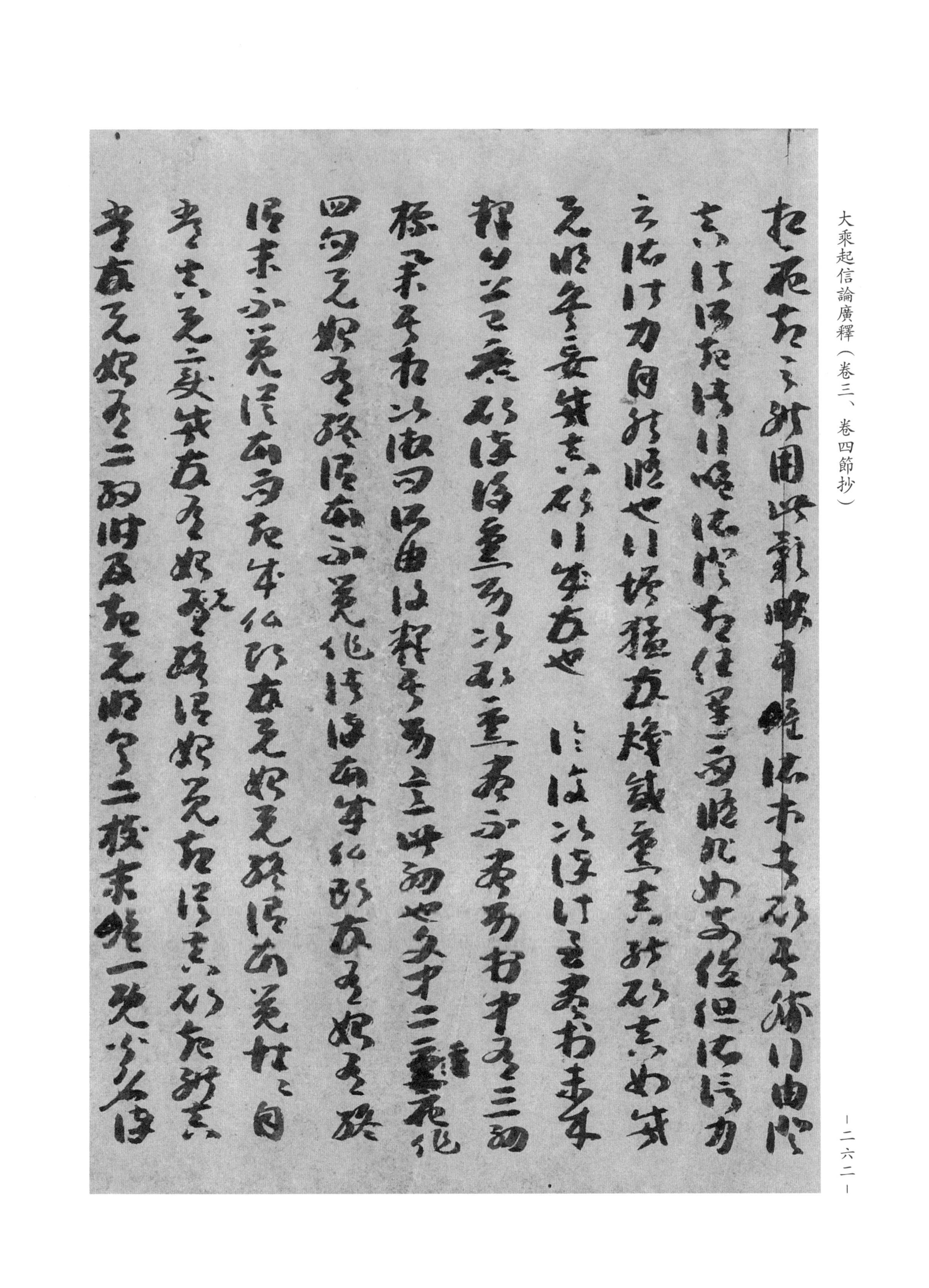

相應智之體用，此影略耳[一]。唯依等者，顯其勝行[二]。由證真法所起諸行，唯依證智任運而脩，非如前德但依[三]信力云佑[四]法力自然[五]脩也。行增猛故，熾盛熏真，能顯真如滅无明，欲[六]妄滅真顯行成故也。論：復次染法至盡於未來。釋曰：上已廣顯染净熏義，次顯[七]熏盡不盡義。於中有三，初摽釆其相，次徵問所由，後釋其義意，此初也。文中二乘[八]應作四句，无始有終，謂本不覺，作諸染本成仏斷故。有始有終，謂末不覺，從本而起成仏斷故。无始无終，謂本覺性，性自常真无變滅故。有始无[九]終，謂始覺智，從真顯起體真常故。无始有二，約時及起，无明具二，枝末唯一，既皆名染。

校注

【一】「耳」，甲本作「其」。【二】「勝行」，甲本作「行勝」。【三】「依」，甲本下有「依」字。【四】「佑」，甲本無。【五】「然」，甲本作「體」。【六】「欲」，甲本無。【七】「二」，甲本下有「二」字。【八】「乘」，原作「熏」，校改作「乘」。【九】「无」，原作「有」，校改作「无」。

一三九　故説染法從无始來熏不斷等，此即顯前染二句也。本始二覺
一四〇　皆名浄法，有始起故，不言无始，皆无終故，名无有斷。故
一四一　言浄法熏不斷等，即是顯後浄二句也。若尔便違《金光明》[一]
一四二　等[二]，彼説自利法身，始得利他應身无始起故。答：此説依本
一四三　而有始覺故言有始，彼説始覺即同本覺故言无始。
一四四　此説本覺本來常住故説无始，彼説斷障方顯法身故
一四五　言始[三]得，各據二[四]義亦不相違。由[五]此義故，不始而始，始而不
一四六　始，无始之始，始之无始，皆无㝵也。論：此義云何？釋曰：此即
一四七　徵問盡不盡，由染浄之熏俱无始有。何故染熏有盡
一四八　而浄熏无斷耶？染浄相因方成熏義浄，若无染不成

校注

【一】甲本下有「經」字。【二】「等」，甲本無。【三】「言始」，原作「始言」，有倒乙符。【四】「二」，甲本作「一」。【五】「由」，甲本無。

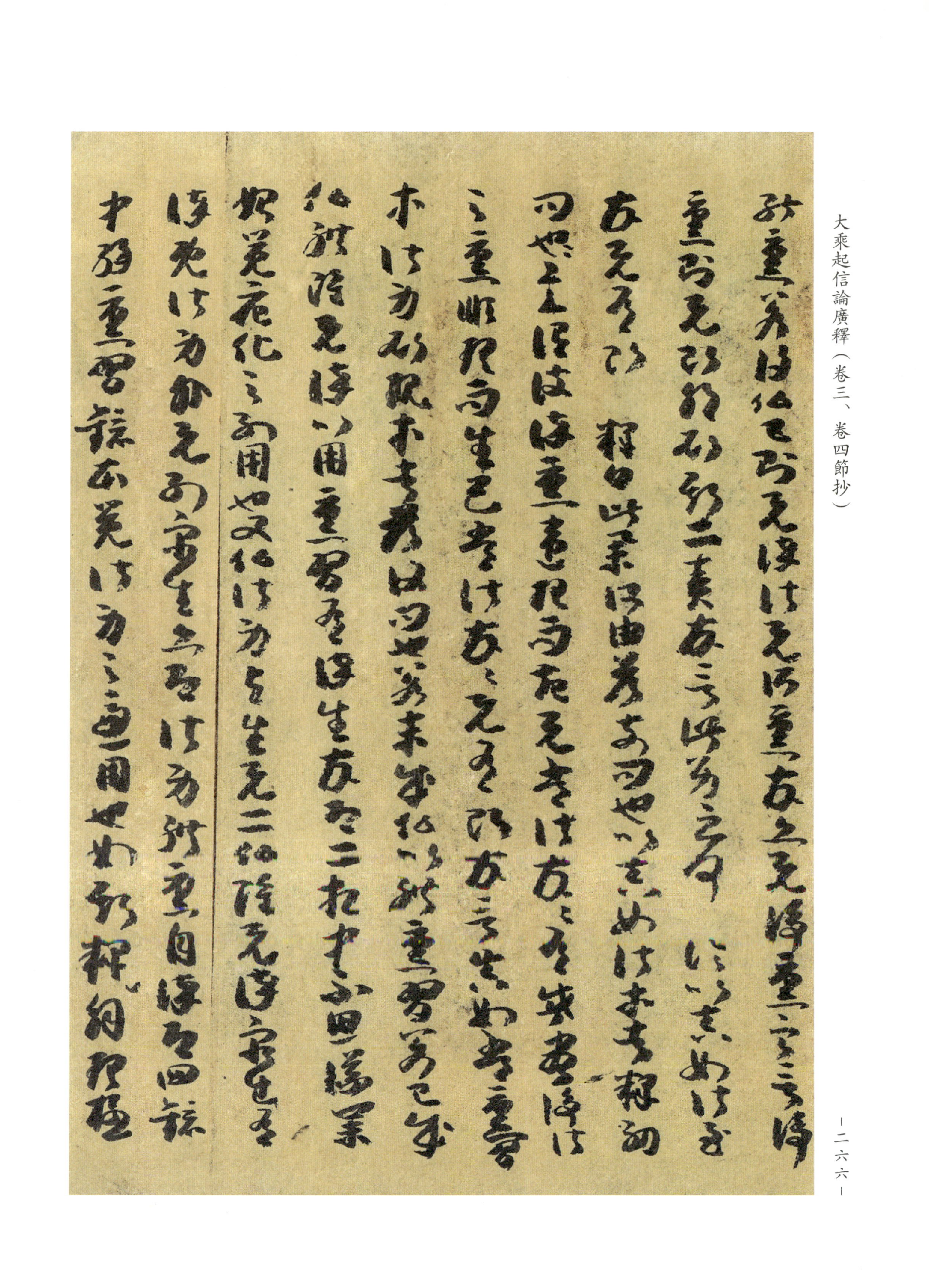

能熏，若得仏已則无染法。无所熏故亦无浄熏，寧言浄熏則无斷耶？顯斯二責，故言此義云何。論：以真如法至故无有斷。釋曰：此釈所由答前問也，以真如法等者，釋初問[一]意。謂彼染熏違理而起无常法故，故有滅盡浄法之熏順，現而生是常法故。[二]故无有斷故，言真如常熏習等。法身顯現等者，答後問也。若未成仏，以體熏習，若已成仏，體雖无染以用熏習有染生故。即二相中不思議業始覺應化之别用也。又仏法身与生无二，仏雖无染衆生有染，既法身外无别衆生。亦即法身體熏[三]自染，即四鏡中緣熏習鏡本覺法身之遍用也。如斯解釋[四]理極

校注

【一】其下原有「也」字，有刪除符。【二】「故有滅盡浄法之熏順，現而生是常法故」，甲本無。【三】「熏」，甲本作「有」。【四】「解釋」，原作「釋解」，有倒乙符。

一五九 圓明，方得盡其論之幽旨，於諸疏中曾不見也。論：復次

一六〇 真如自體相者。釋曰：生滅門內有二分中，前來已釋生滅心法，釋立義中是

一六一 心生滅因緣相竟。次下明其所示[一]之義，釋立義中能示

一六二 摩訶演自[二]體等義，於中有二，初合釋體相二大，後別釋[三]用

一六三 大之義。前中有[四]二，初揔標二大之名，後別釋二大之義，此初

一六四 也。自體體大，相謂相大。問：如立義，分[五]略[六]立法義，起下釋中廣釋

一六五 之文，何故[七]今但釋所立法而不別釋所立義耶？答：如心生滅因

一六六 緣相等，所示大乘[八]。自體相[九]用即是所立三大之義，但顯所示

一六七 自體相用，亦即已顯三大之義，何用別釋三大義[一〇]耶？如或

校注

【一】「示」，甲本無。【二】「自」，甲本無。【三】「釋」，甲本作「明」。【四】「有」，甲本作「又」。【五】「分」，甲本作「下」。【六】「略」，甲本無。【七】「故」，甲本無。【八】其下甲本有「相」字。【九】「相」，甲本無。【一〇】其下原有「也」字，有刪除符。

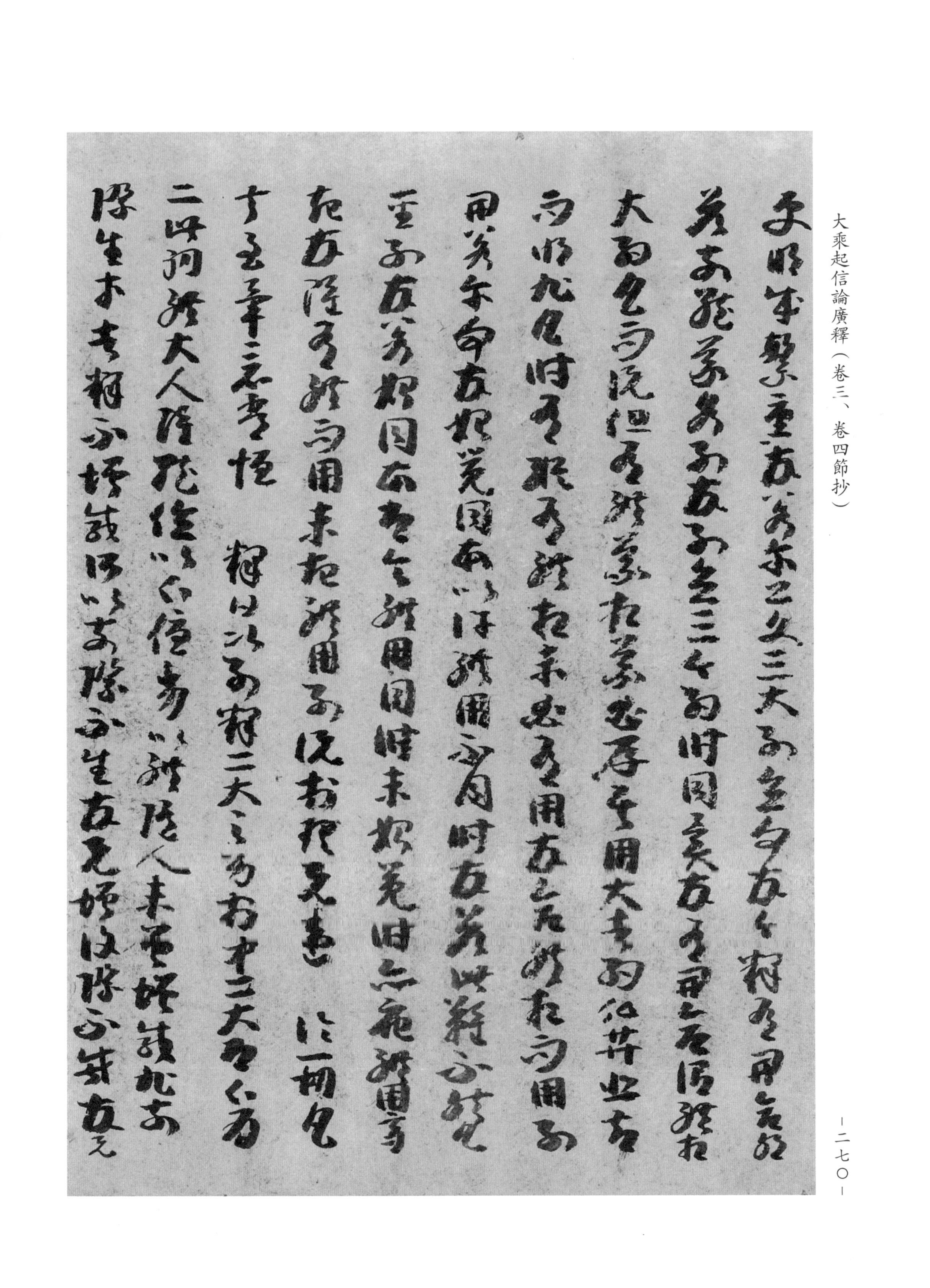

更明成繁重故，若尔[一]上文三大别立，何故今釋有開合耶？答：前就義有別故別立三，今約時同異故有開合，謂體相大約凡而説但有體義相義，必存其用大者約仏菩薩悲智而明。非凡時有，縱有體相未必有用故，合體相而用別開。若尔，何故始覺同本以許，體用不同時故？答：此難不然，凡聖別故，若始同本，即令體用同時。未[二]始覺時亦應體用齊起故，雖有體而用未起，體用別説等理无違。論：一切凡夫至畢竟常恒。釋曰：次別釋二大之義，於中二大即分爲二，此初體大。人雖就位以分優劣，以體隨人未曾增減，非前際生等者。釋不增減所以，前際不生故无增，後際不滅故无

校注

【一】「尔」，原作「衆」，據甲本改。【二】「未」，甲本作「始」。

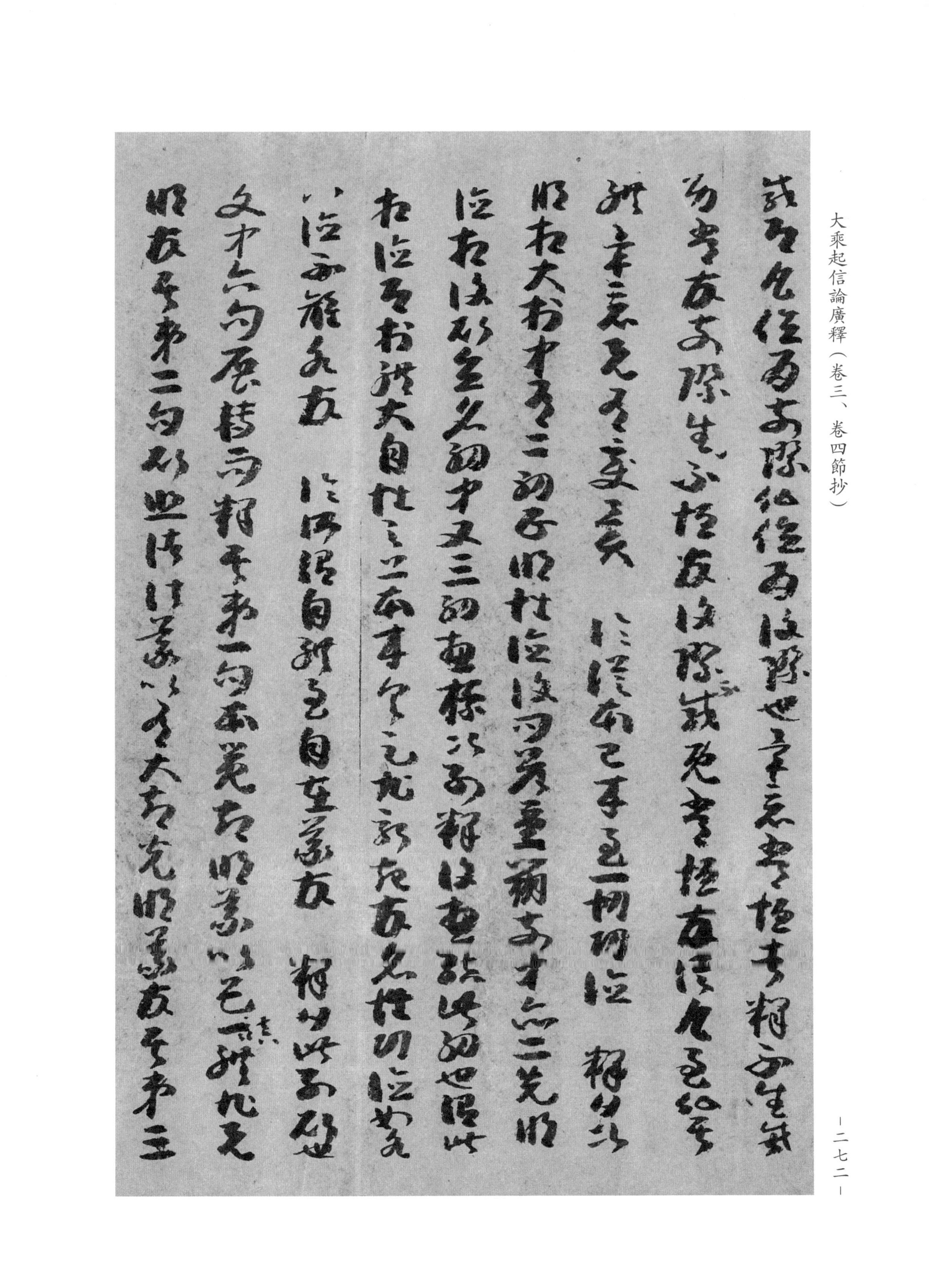

一七八 滅[一]，即凡位爲前際仏位爲後際也。畢竟常恒者，釋不生滅

一七九 義常，故前際不生[二]，恒故後際不滅[三]，既常恒故，從凡至仏其

一八〇 體畢竟无有變異。論：從本已來至一切功德。釋曰：次

一八一 明相大，於中有二，初正明性德，後問答重辨。前中亦二，先明

一八二 德相，後顯立名。初中又三，初摠標，次别釋，後摠結，此初也。謂此

一八三 相德即於體大自性之上本來具足，非新起故名性功德，如水

一八四 八德不離水故。論：所謂自體至自在義故。釋曰：此别顯也。

一八五 文中六句，展轉而釋，其弟一句本覺智明義，以是真[四]體非无

一八六 明故；其弟二句顯照諸法義，以有大智光明義故；其弟三

校注

【一】「減」，甲本作「滅」。【二】「不生」，原作「生不」，有倒乙符。【三】「減」，甲本作「滅」。【四】「真」，原作「一」，校改作「真」。

句顯照无倒義，以能遍照於法界故；其弟四句性離惑染義，由有真实識知義故；其弟五句淨德圓備義，由是自性清淨心故；其弟六句性德无遷義，由具常樂我淨義故。既由前前而有後後，以後後句顯前前義。論：具足如是至思議仏法。釋曰：此揔結也。性德无數故過恒沙，皆即真體故云不離。无始相續謂之不斷，共同一味復言不異，如水八德具三義故。新論名爲非同非異，德相別故非同，同一味故非異。此闕非同，彼闕不離。二論影顯，其義方足，德義深廣，名不思議，唯仏窮達，故云仏法，或是覺法，故名仏法。論：乃至滿足

校注

至如來法身。釋曰：此立名也。夙廣就略故云乃至，顯具衆德故云滿足，更无所念云无所少，能攝果地如來万德，如來智攝名如來藏，果德相顯能起報化。爲万德依故名法身，故滿足等皆屬[一]立名而非别義，故新論云：依是義故名法身等。論：問曰[二]上説至種種功德。釋曰：次下重顯，於中有二，初問，後答，此即執體疑相難也。謂執真體定離諸相故，疑有此功德[三]相也。論：答曰雖实至是故无二。釋曰：次即差别无二答中有二，初明差别而无二，後明无二而差别，此初也。文中三節，雖实有此等者，初明衆德雖多同一

校注

【一】「屬」，甲本無。【二】「問曰」，原作「曰問」，有倒乙符。【三】「德」，甲本作「得」。

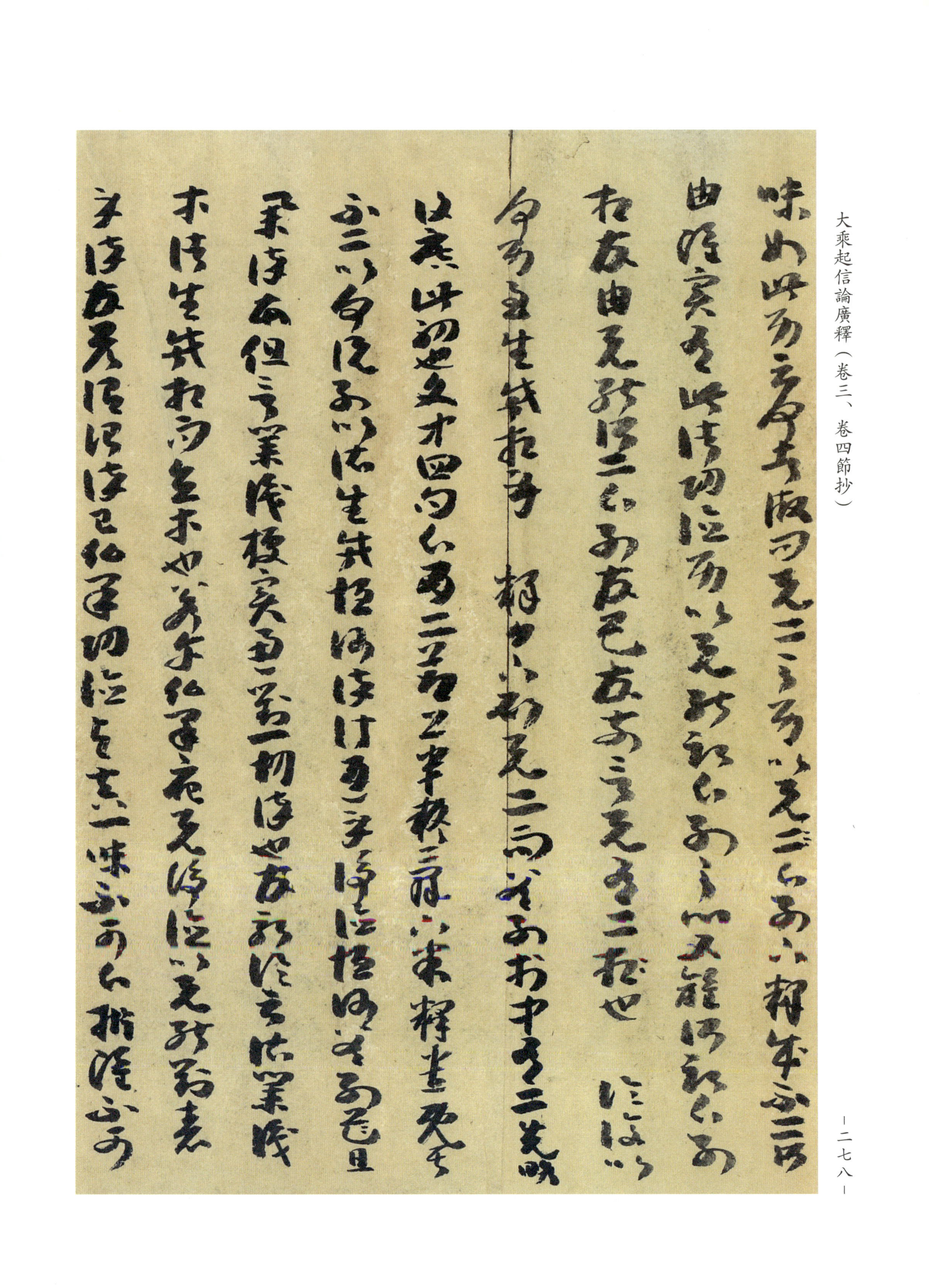

二〇五 味。如此義云何者，徵問无二之義，以无[一]分別下，釋成不二所

二〇六 由。雖实有此諸功德義，以无能取分別之心，又離所取分別

二〇七 相故。由无能所二分別故，是故前言无有二[二]也。論：復以

二〇八 何義至生滅相示。釋曰：下顯无二而差別，於中有二，先略，

二〇九 後廣，此初也。文中四句，分爲二節，上半[三]疑辨下半[四]釋迷[五]，既其

二一〇 不二。以何説別，以依生滅恒沙染法返示淨德，恒沙差別[六]旦[七]

二一一 乑染本但言業識，據实通對一切染也。故新論云依業識

二一二 等諸生滅相而立等也，若尔仏果應无淨德。以无能對表

二一三 示染故。答：謂治染已仏果功德与真一味不可分拆[八]，雖不可

校注

【一】其下原有「二」字，有删除符。【二】其下原有「相」字，有删除符。【三】「半」，甲本作「對」。【四】「半」，甲本作「對」。

【五】「迷」，甲本作「遣」。【六】其下原有「是」字，有删除符。【七】「旦」，甲本作「但」。【八】「拆」，甲本無。

說，然非无也。若不尔者，豈離染時真如即是无常等耶？即依是義而經說云：如來智慧无處不至，具足在於衆生身中，衆生若離妄根垢縛，具見仏智在其身中，故雖治染德不无也。論：此云何示？釋曰：次下廣釋，於中有二，先問，後顯，此初也。此問對染表示之義，此真实性依生滅染示德相者，義云何耶。論：以一切法至实无於念。釋曰：下顯有三，初私所迷之理，次對染以顯德，後結德以釋名，此初也。以一切法即心真如，真非妄故，法无念也。論：而有妄心至光明義故。釋曰：對染顯德，於中有二，先明對染別顯德相，後揔對染顯具衆德。初中[一]

校注

【一】其下原有「别」字，有删除符。

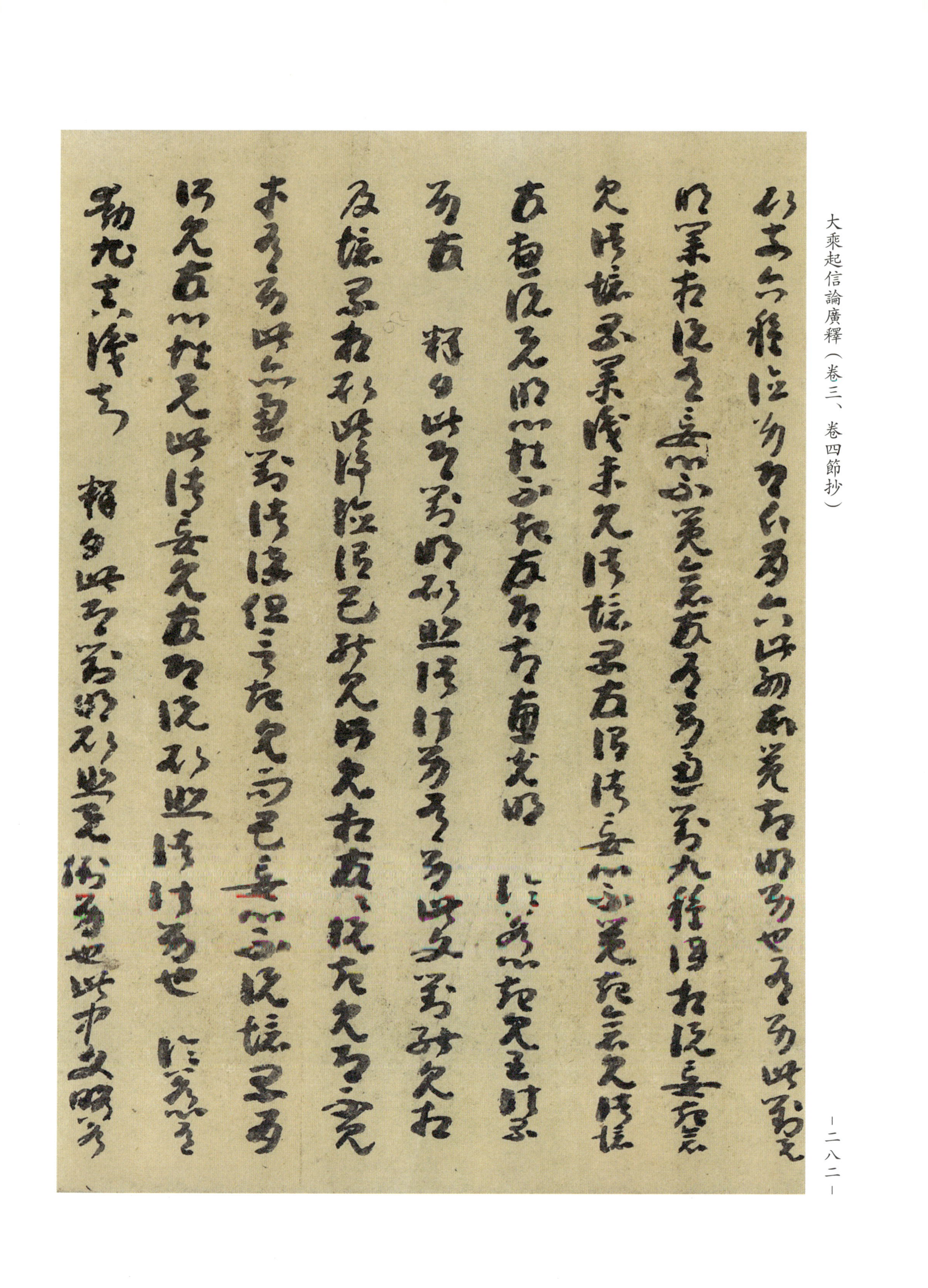

顯前六種德義，即分爲六，此初本覺智明義也。有義，此對无明業相說，有妄心不覺念故。有義，通對九種染相說，妄起念見諸境界，業識未見諸境界故。謂諸妄心不覺起念見諸境故，摠說无明，心性不起故即智慧光明。論：若心起見至法界義故。釋曰：此即對明顯照諸法義。有義，此文對能見相及境界相顯此浄德。謂是能見所見相故，故說起見即不見等。有義，此亦通對諸染但言起見而是妄心，不說境界爲所見故，心性无此諸妄見，故即說顯照諸法義也。論：若心有動非真識知。釋曰：此即對明顯照无倒義也，此中文略，若[一]

校注

【一】「若」，甲本無。

二三二 具應言。若心有動非真識，知心性无動即是真实識知義也[一]
二三三 故。有義，此説智相，相續相也，以此二染是麁動心妄生分別愛
二三四 不愛等，是故非是真实識知。有義，此亦通對諸染説，心有
二三五 動非真[二]知，故[三]九種染心皆是動故，若无九種染動之心，即説
二三六 心性真識義故。論：无有自性。釋曰：此則對明性離惑染
二三七 義。此中應言，若心有動，无有自性。心性无動即是自性清
二三八 淨心義故，義難知故，但乱一句。有義，此説執取計名，以是事
二三九 識麁分之位，取著轉深發業滅苦，是故名爲无有自
二四〇 性。有義，此亦通對諸染，若唯二相无自性者，其餘[四]染

校注

【一】其下原有「也」字，已塗去。【二】其下甲本有「識」字。【三】「故」，甲本無。【四】「餘」，甲本作「外」。

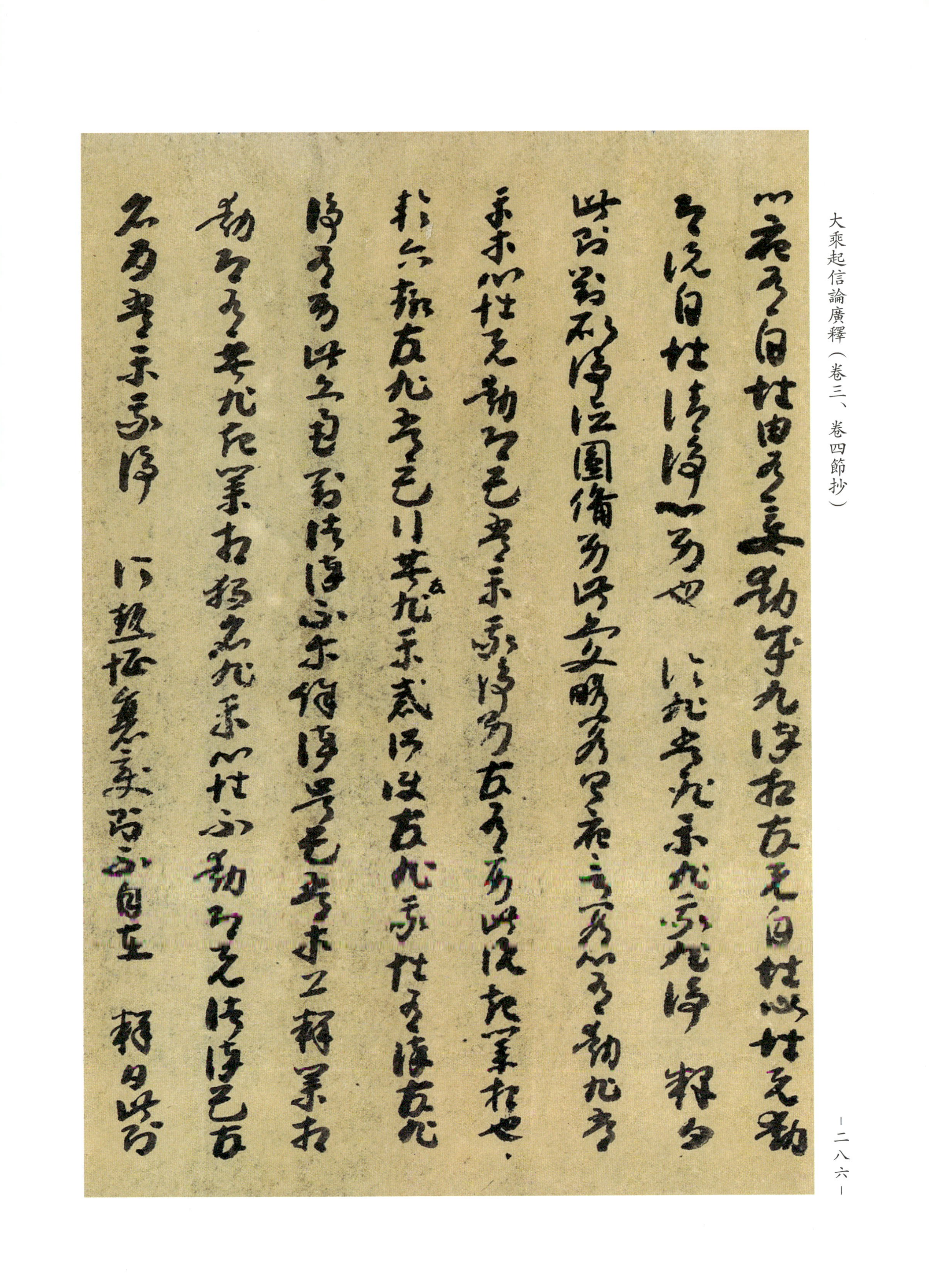

心應有自性。由有妄動成九染相，故无自性，心性无動即說自性清淨心義也。論：非常非樂非我非淨。釋曰：此則對顯淨德圓備義，此亦文略，若具應言。若心有動非常樂等，心性无動即是常樂我淨義故。有義，此說起業相也，輪六趣故，非常是行苦故非樂，惑所使故非我，性有染故非淨。有義，此亦通對諸染，不尔餘染豈是[一]常[二]等，上釋業相動即有苦，非起業相獨名非樂。心性不動即无諸染，是故名爲常樂我淨。論：熱惱衰變則不自在。釋曰：此則

校注

【一】「是」，甲本無。【二】其下甲本有「樂」字。

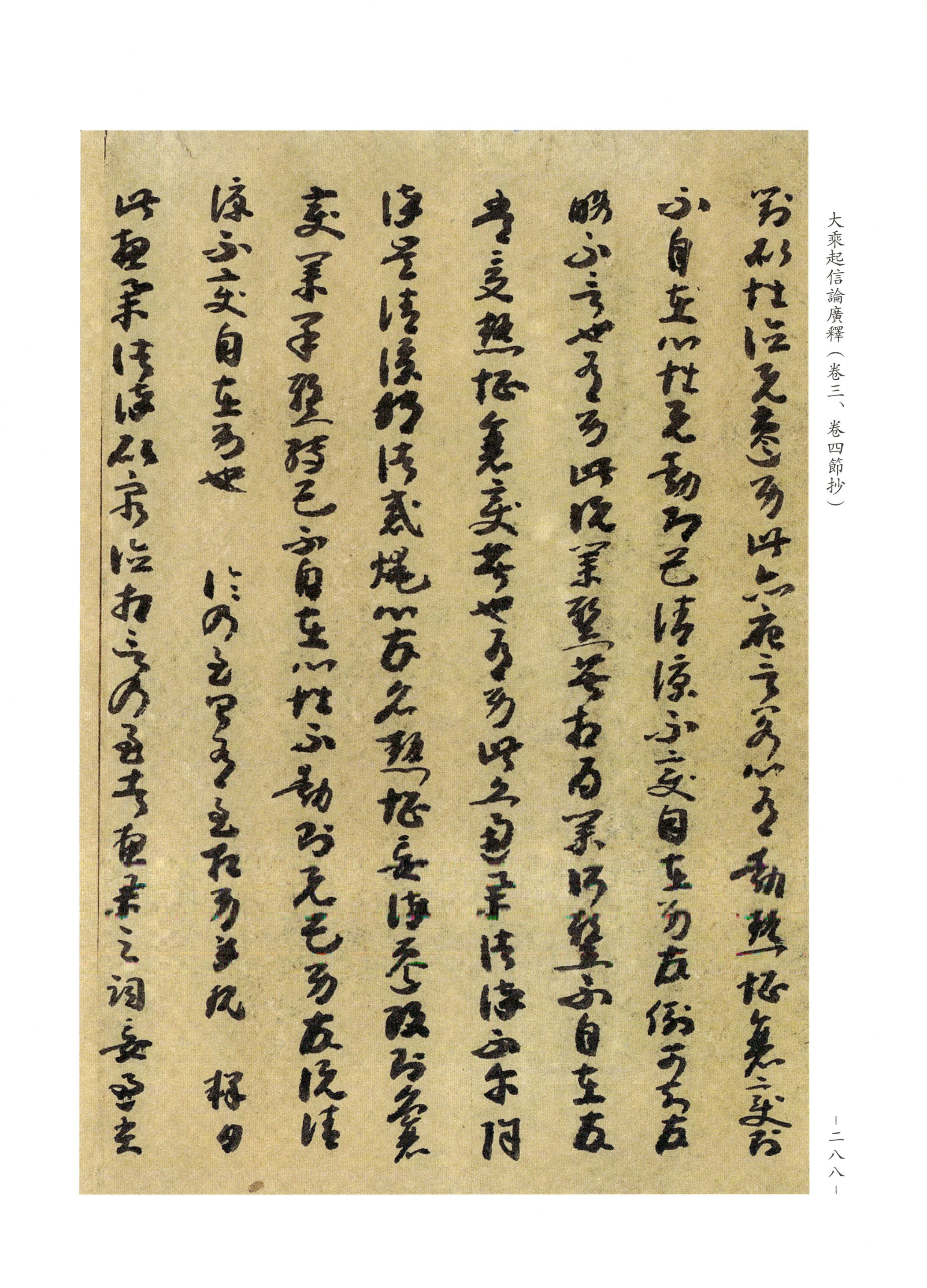

二四九 對顯性德无遷義。此亦應言，若心有動，熱惱衰變，則
二五〇 不自在，心性无動即是清涼，不變自在義故，例可知故，
二五一 略不言也。有義，此說業繫苦相，爲業所繫不自在故，
二五二 常受熱惱衰變苦也。有義，此亦通釈諸染，不尒餘
二五三 染豈清涼耶？諸惑燒心故名熱惱，妄染遷改則名衰
二五四 變，業果繫縛是不自在。心性不動則无是義，故說清
二五五 涼不變自在義也。論：乃至具有至相義示現。釋曰：
二五六 此揔釈諸染顯衆德相，言乃至者揔釈之詞，妄過尘

校注

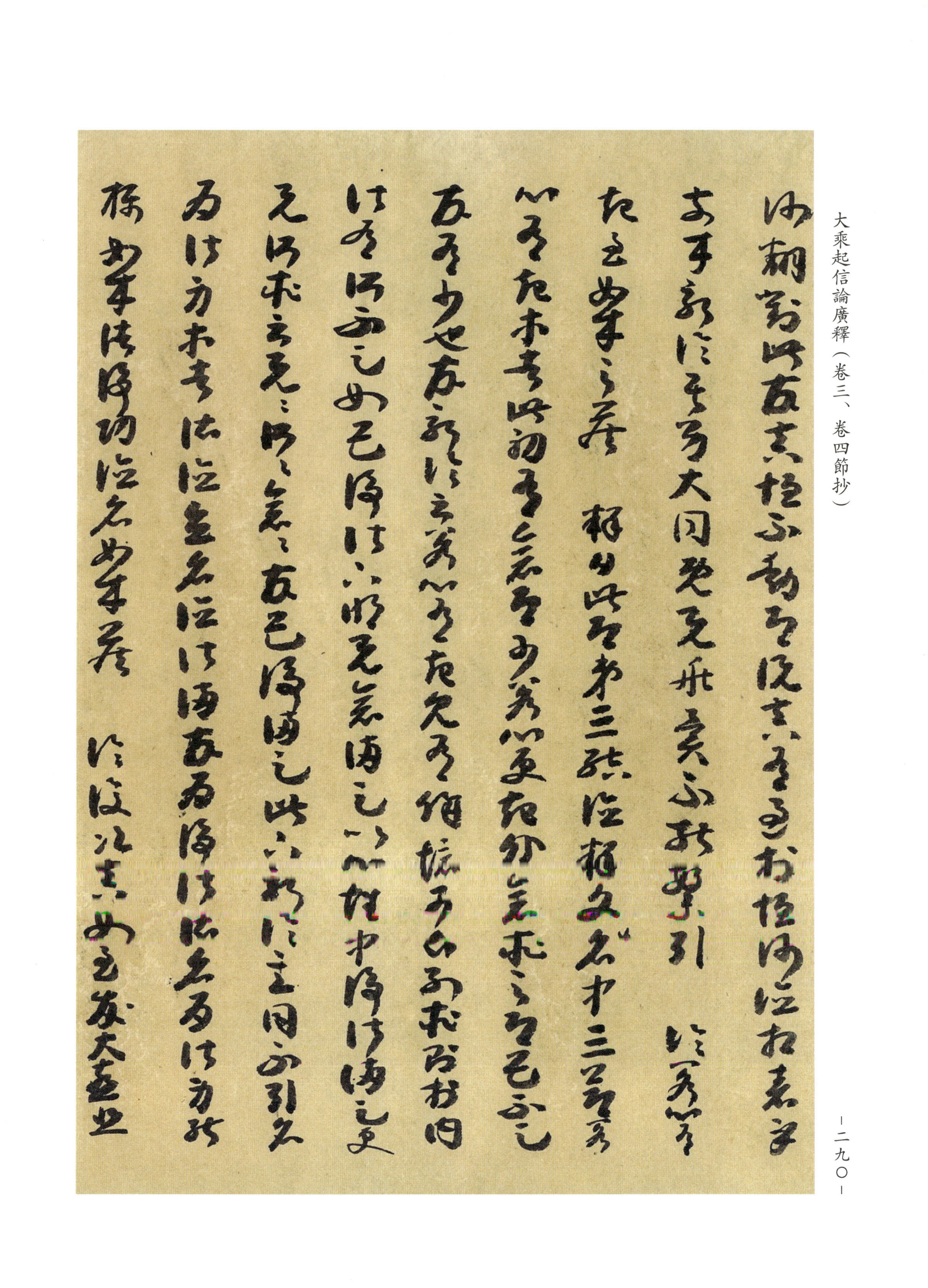

二五七 沙翻對此故真恒不動，即説真有過於恒沙，德相表示。
二五八 前來新論，其義大同，既无乖異，不能繁引。論：若心有
二五九 起至如來之藏。釋曰：此即弟三結德釋名。文[一]中三節，若
二六〇 心有起等者，此初有念即少，若心更起外念求之即是不足，
二六一 故有少也。故新論云：若心有起見，有餘境可分別求，則於内
二六二 法有所不足，如是浄法下明无念滿足。以心性中浄法滿足更
二六三 无所求，云无所念，无所念故是浄滿足。此下新論意同不引，名
二六四 爲法身等者，依德立名，德法滿故爲浄法。依名爲法身能
二六五 攝如來清浄功德，名如來藏。論：復次真如至發大慈悲。

校注

【一】「名文」，原作「文名」，有倒乙符。

釋曰二明能所用相中有二初直明依法釋相中有二初

明果業因依報因所果初中亦二初正依言正中有三初所依

用因所明正依以因正熏所明初也待以如果者此明於依用

大之人用大之色以所依依在因地此明初依用大之時依在

凡位發心修世發大悲者所明依用大之因由因大悲依用

大依　於明諸依所集稱化云云　釋曰此因悲以爲利也

有爲二句者所明他明六度者有爲稱生依之依以攝稱衆生

求有爲不於善願於依依明諸度四攝利依初明六度已

自利次依四攝明利他此有爲不於善願之依此依因悲

二六六 釋曰：上明體相，下顯用[一]。於中有二，初揔明，後別釋。揔中有二，初

二六七 對果汎因，後牒因顯果。初中亦二，初悲后智。悲中有三，初顯起

二六八 用因，次因[二]悲起行，後因悲立願[三]，此初也。諸仏如來者，此明能起用

二六九 大之人，用大乃是仏所起故。本在因地者，此明初起用大之時，即在

二七〇 凡位發心時也。發大慈悲者，即顯所起用大之因，由因大悲起用

二七一 大故。論：脩諸波羅蜜攝化衆生。釋曰：此因悲以立行也。

二七二 有義，二句皆顯利他，脩六度等爲攝生故，故説以施攝貪窮

二七三 等。有義，不然違新論，故説脩諸度四攝行故。初脩六度即

二七四 自利行，後起四攝明利他行。有義，不然違新[四]意故，此説因悲而

校注

【一】其下甲本有「大」字。【二】「因」，原作「明」，校改作「因」。【三】「願」，甲本作「即」。【四】「新」，甲本作「論」。

二七五 起諸行。如何[一]六度爲自利耶？是故二句皆顯二利，所脩六度

二七六 四攝等行[二]，皆有自利利他義故。論：立大誓願至盡於未來。

二七七 釋曰：此因悲以[三]立願也。盡欲等者，廣大願也。不限等者，長時願也。

二七八 初中又含弟一之願，言度脱者弟一心也。論：以取一切至衆生

二七九 相[四]。釋曰：次下明智，於中有二，初顯自他同體之[五]智，後釋同[六]體

二八〇 智之所由，此初也。以取衆生如己身者，顯得攝他同己想也。而亦不

二八一 取衆生相者，不見身外有衆生也。由平等智以取衆生如

二八二 己之身，雖願度生而亦不見別衆生相。論：此以何義至真

二八三 如平等。釋曰：此顯自他同體所以。文中徵釋，此以何義者徵責

校注

【一】其下原有「爲」字，有删除符。【二】「如何六度爲自利耶？是故二句皆顯二利，所脩六度四攝等行」，甲本無。【三】「以」，甲本作「心」。【四】「相」，甲本作「故」。【五】「之」，甲本作「體」。【六】「同」，甲本作「旦」。

二八四 自他无别。所以如实等者，約真如答顯其義意，自他同真无

二八五 有別體，何得身外見有衆生。論：以有如是至見本[一]法身。

二八六 釋曰：次牒因顯果。於中有二，初顯用體得明用相，此初也。以有如

二八七 是大方便智者，牒前顯體之因，除滅无明見本法身者。乳因

二八八 所顯之果，大方便者，即前行願，體正名方。助道名便，智謂自

二八九 他同真之智。以此悲智，故无明滅法身了果究竟顯現，是故

二九〇 名爲見本法身。論：自然而有至遍一切處。釋曰：下明用相。

二九一 於中有二，初明用深廣得明用无相，此初也。自然等者，顯用深也。

二九二 即与等者，用[二]廣大也。妙用難測名不思〔議〕[三]業，用相叵多名種種用，任

校注

【一】其下原有「諸」字，有刪除符。【二】「用」，甲本無。【三】「議」，原缺，據甲本補。

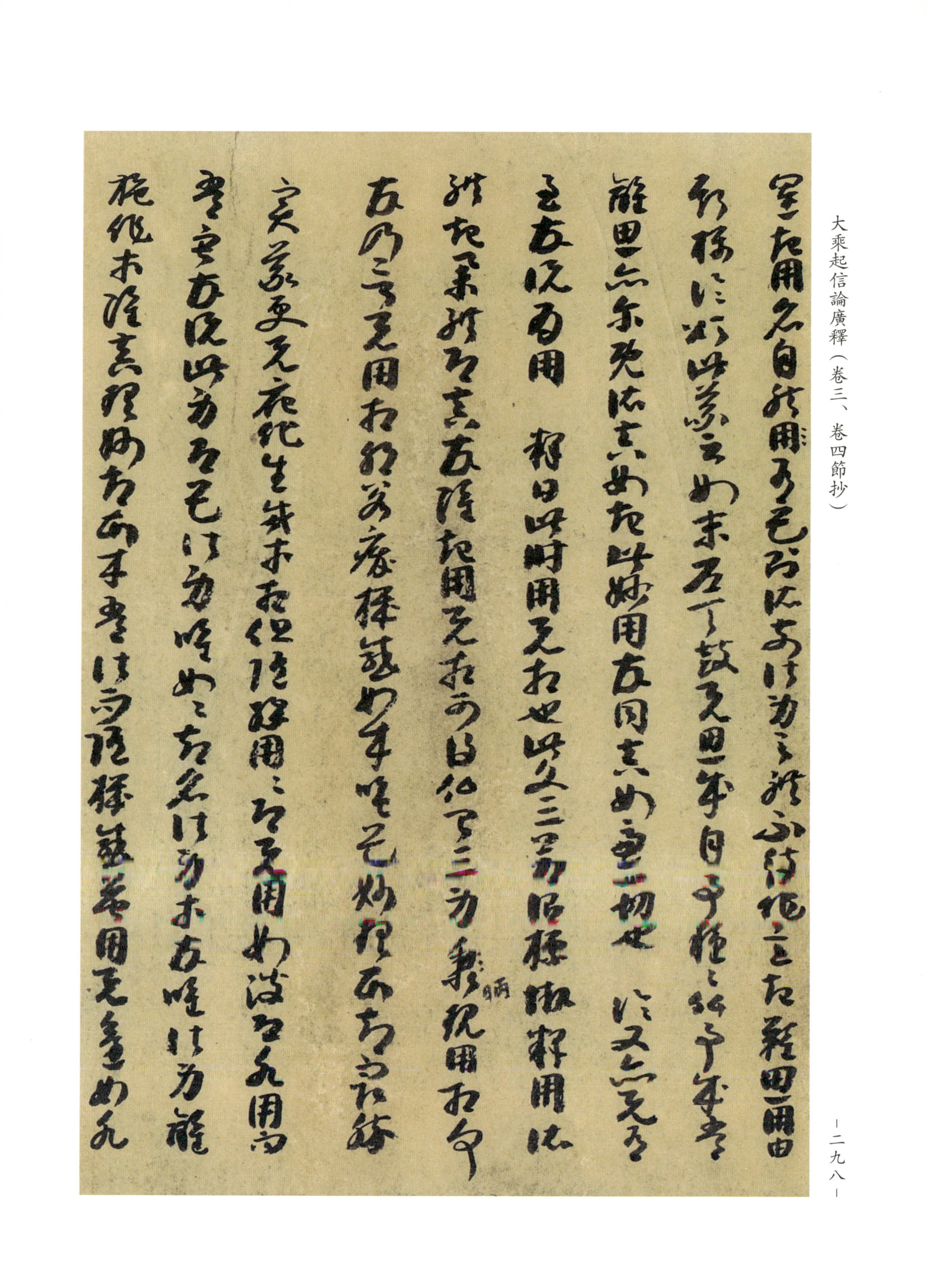

二九三 運起[一]用名自然[二]有。是則依前法身之體，不待作意起難思用，由

二九四 斯攝論頌[三]此義云，如末尼天鼓无思成自事，種種仏事成常

二九五 離思亦尔，既依真如起此妙用，故同真如遍一切也。論：又亦无有

二九六 至故説爲用。釋曰：此明[四]用无相也，此文三節，謂摽徵釋用依

二九七 體起[五]，乑體即真故，雖起用无相可得。仏具三身昞[六]現用相，何

二九八 故乃言无用相耶？若癈機感如來，唯是妙理本智寂勝

二九九 实義，更无應化生滅等相。但隨緣用，用即无用，如波即水，用而

三〇〇 常寂。故説此身即是法身，唯如如智名法身，故等唯法身離

三〇一 施作等。雖真理妙智本來常法而[七]，隨機感[八]益用无邊，如水

校注

【一】「起」，甲本作「智」。【二】其下原有「用」字，有删除符。【三】「頌」，甲本作「斷」。【四】「用」，原作「時」，據甲本改。

【五】「起」，甲本作「智」。【六】「昞」，原作「秉」，校改作「昞」。【七】「法而」，甲本作「湛」。【八】其下甲本有「而應」。

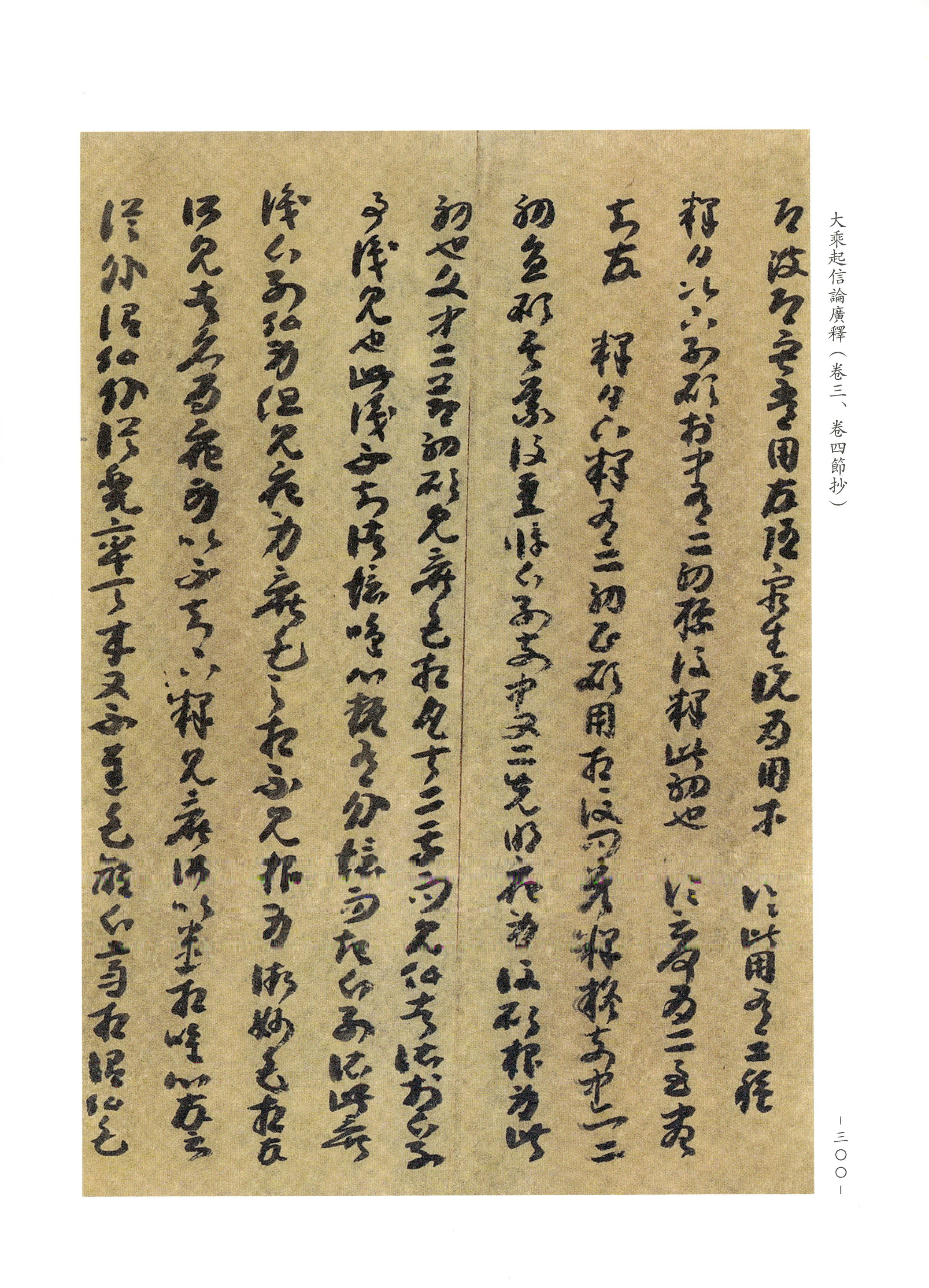

三〇二 即波即寂常用，故隨衆生說爲用等。論：此用有二種。
三〇三 釋曰：次下別顯，於中有二，初摽，後釋，此初也。論：云何爲二至盡
三〇四 知故？釋曰：下釋有二，初正顯用相，後問答釋疑。前中亦二，
三〇五 初直顯其義，後重牒分別。前中又二，先明應身，後顯報身，此
三〇六 初也。文中二節，初顯見麁色相，凡夫二乘而見仏者，依於分別
三〇七 事識見也。此識不知諸境唯心，執有外境而起分別，依此麁
三〇八 識分別仏身，但見應身麁色之相，不見報身微妙色相。故
三〇九 所見者名爲應身，以不知下釋見麁，所以迷相唯心故云
三一〇 從外。謂仏外從兜率天來，又不達色離分齊，相謂仏色

校注

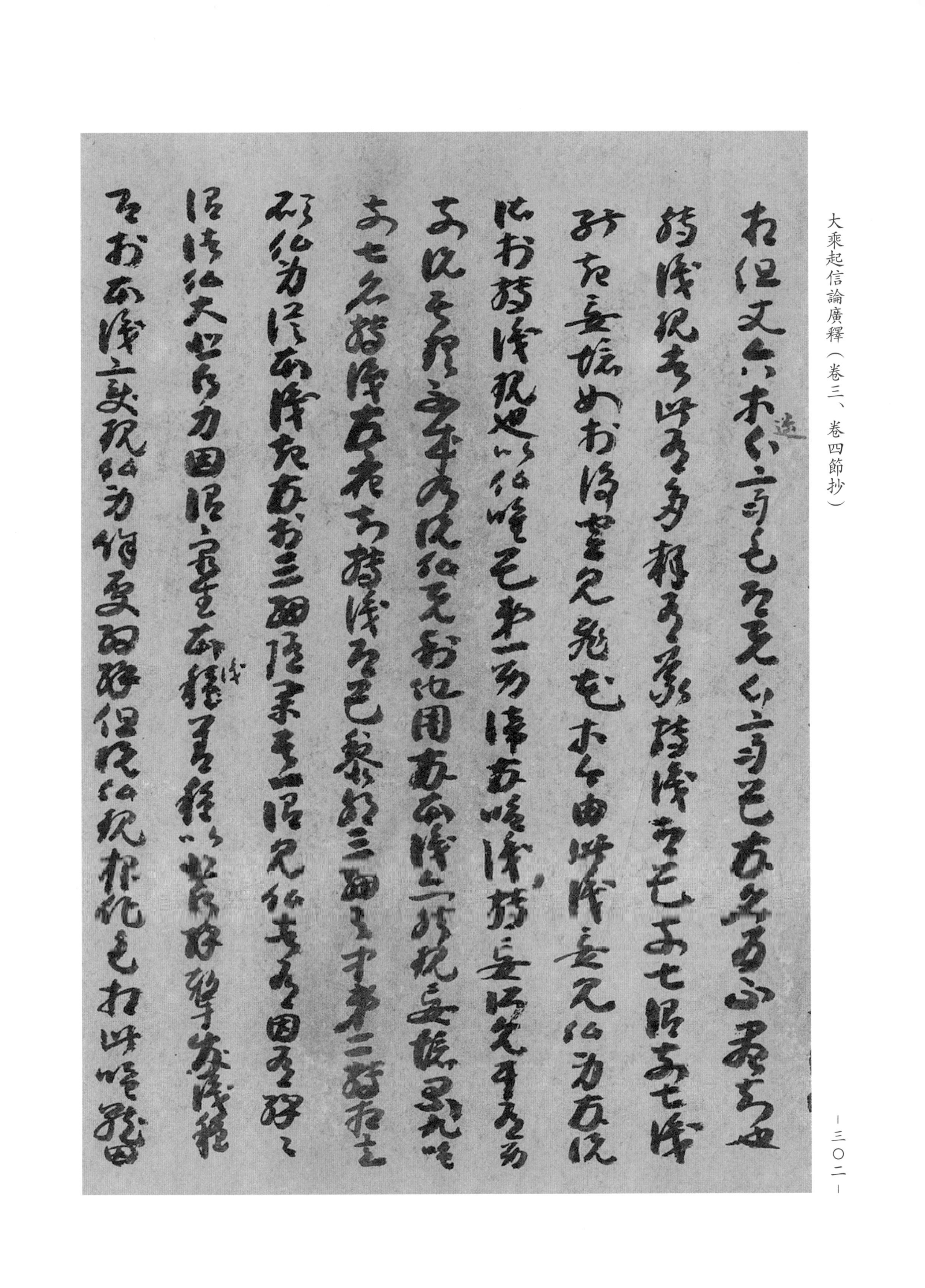

相，但丈六等迷分齊。色即[一]无分齊，是故名爲不盡知也。轉識現者，此有多釋。有義，轉識即是前七，謂前七識能起妄境，如於浄空見飛[二]花等。今由此識妄見仏身，故説依於轉識現也，以仏唯是弟一義諦故。唯識轉妄所見耳，有義，前説其理不成，乃説仏无利他用故。本識亦能現妄境界，非唯前七名轉識。故應知轉識[三]即是黎耶三細之中弟二轉相，意顯仏身從本識起故。於三細隨取其一，謂見仏者有因有緣，緣謂諸仏大悲願力，因謂衆生本識種善種，以悲願緣擊發識種，即[四]於本識變現仏身。餘處約緣但説仏現報化色相，此唯就因

校注

【一】「即」，甲本作「相」。【二】「飛」，甲本無。【三】「故應知轉識」，甲本無。【四】「即」，甲本作「以」。

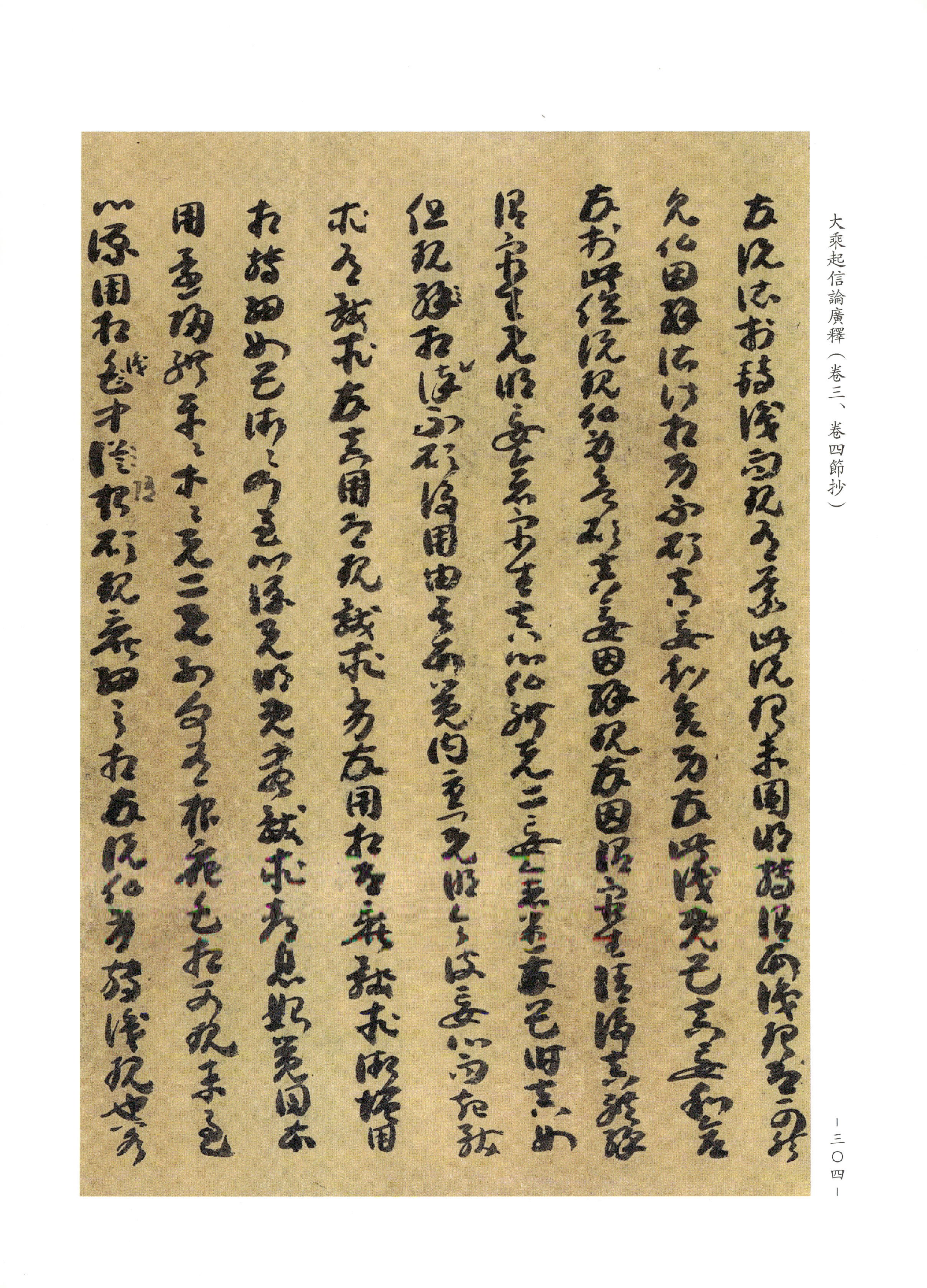

故說依於轉識而現。有義，此說理未圓明，轉謂本識理即可然，見仏因緣依法相義，不顯真妄和合義故。此識既是真妄和合，故於此德說現仏身。欲顯真妄因緣現故，因謂衆生清淨真體，緣謂衆生无明妄念，衆生真心仏體无二，忘念迷[一]。是時真如但現[二]染相[三]不顯淨用，由其本覺内熏无明令彼妄心而起猒求。有猒求故真用即現，猒求劣故用相即麁。猒求漸增，用相轉細，如是漸漸乃至心源无明既盡，猒求都息，始覺同本用還歸體平等，平等无二无別，何有報應色相可現。未至心源用相識[四]，中隨[五]根顯現麁細之相，故說仏身轉識現也。若

校注

【一】其下原有「故」字，已塗去。【二】其下原有「緣」字，有删除符。又，甲本無「現」字。【三】「染相」，原作「相染」，有倒乙符。

【四】「識」，原作「色」，校改作「識」。【五】「隨」，原作「從」，校改作「隨」。

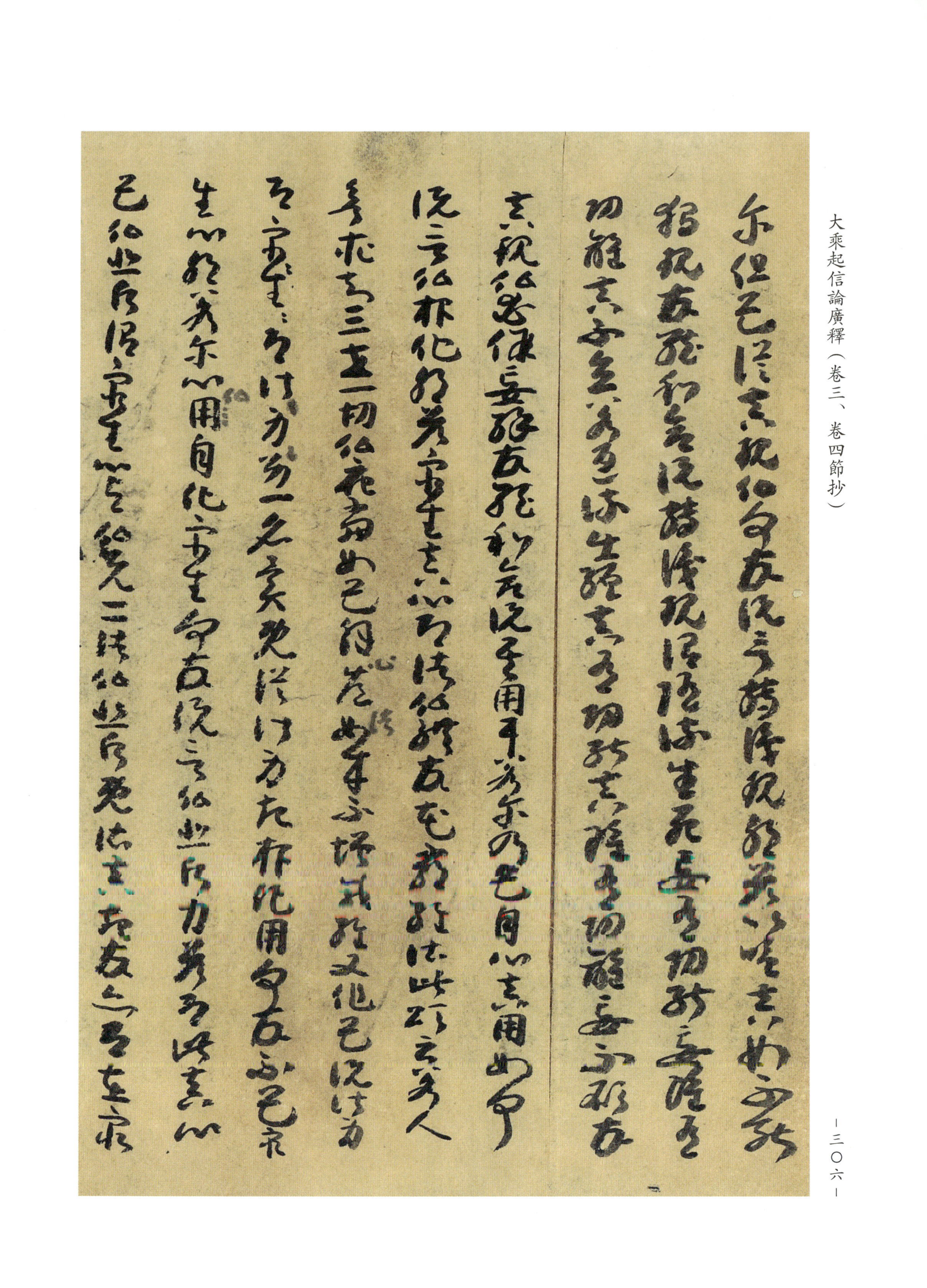

尔但是從真現仏，何故說言轉識現耶？答：以唯真如不能獨現，故就和合說轉識現，謂隨流生死妄有功能。妄雖有功離真不立，若返流出纏真有功能，真雖有功離妄不顯，故真現仏必假妄緣，故就和合說其用耳。若尔乃是自心真用，如何說言仏報化耶？答：衆生真心即諸仏體故，《花嚴經》依此頌云：若人欲求知三世一切仏，應當如是解心[一]答[二]諸如來不增減。經又作是說，法身即衆生，衆生即法身，[三]義一名異。既從[四]法身起報化用，何故不是衆生心耶？若尔心仏[五]自化衆生，何故說言仏悲願力？答：即此真心是仏悲願，謂衆生心与仏无二，諸仏悲願既依真起故，亦即在衆

校注

【一】「解心」，甲本無。【二】「答」，甲本作「造」。【三】其下甲本有「法身衆」。【四】「從」，甲本作「諸」。【五】「仏」，原作「用」，校改作「仏」。

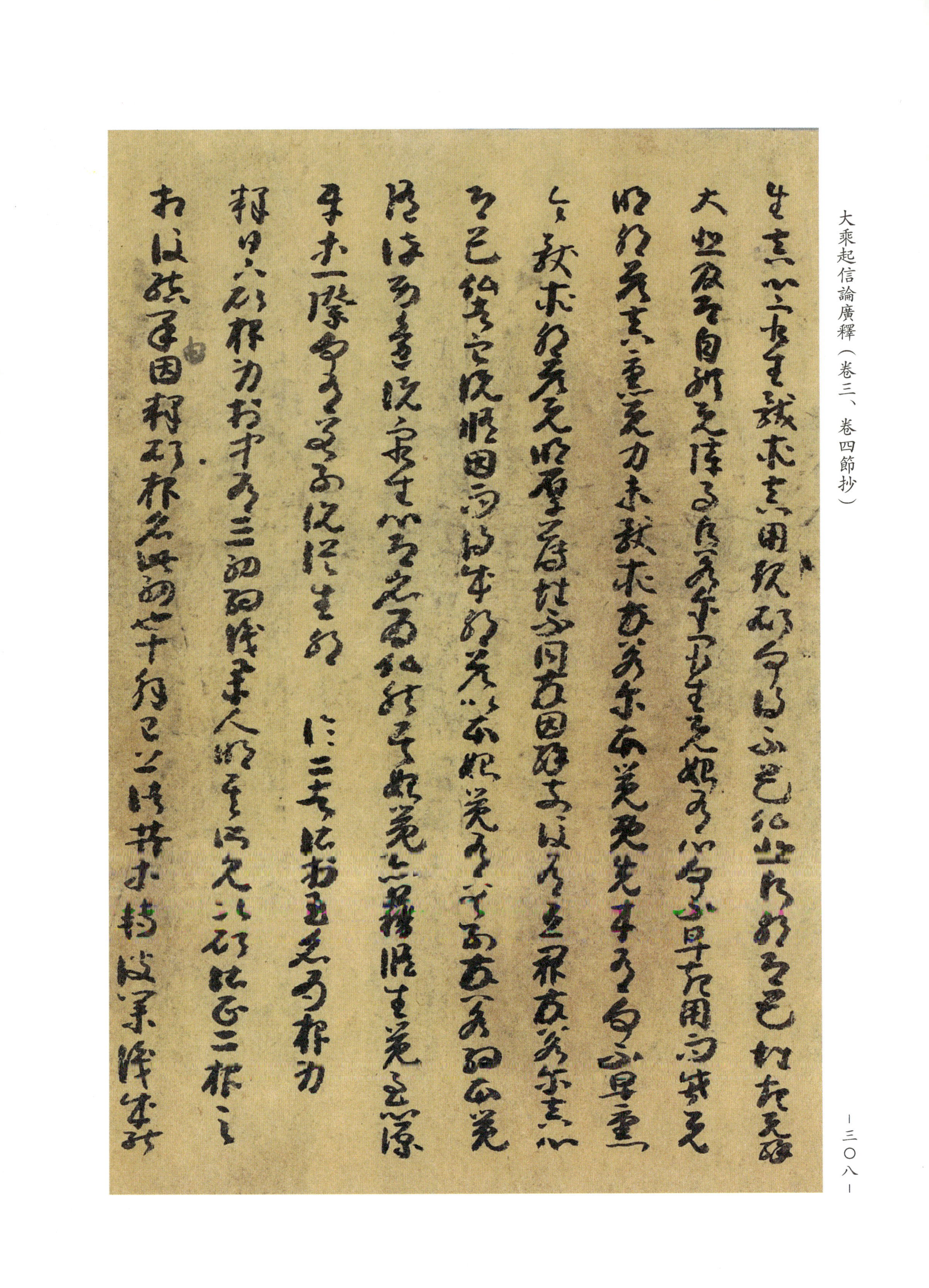

三三八 生真心。衆生猷求，真用現顯，何得不是仏悲願耶？即是性起无緣

三三九 大悲，及即自體无障㝵願。若尔衆生无始有心，何不早起用而滅无

三四〇 明耶？答：真熏无力未猷求故。若尔本覺既先來有，何不早熏

三四一 令猷求耶？答：无明厚薄性不同故，因緣前後有互闕故。若尔真心

三四二 即是仏者，寧説脩因而得成耶？答：以本始覺有差別故，若約本覺

三四三 隨染義邊説衆生心即名爲仏。然其始覺亦籍[一]脩生覺至心源

三四四 平等一際，何有差別説從生耶？論：二者依於至名爲報身。

三四五 釋曰：下顯報身，於中有三，初約識凡人明其所見，次顯依正二報之

三四六 相，後結果由因釋顯報名，此初也。十解已上諸菩薩等，轉彼業識成能

校注

【一】「籍」，甲本無。

三四七 見智，即依此智見仏報身，故説依於業識見也。非謂業識即是

三四八 能見，此識微細未能見故，説无明力轉彼業識而成妄見。今由

三四九 真熏轉彼業識成能見智故，説依業而見仏也。論：身有无量

三五〇 至有无量好。釋曰：下顯報相，於中有二，初正報，後依報，此初也。

三五一 身无分齊云无量[一]色，依身有相，相亦无邊，依相有好，好亦无盡。

三五二 或青黄等色无量故，一色之中无邊相故，一相之内无限好故。

三五三 相以表德令人敬德而念仏，好爲嚴身令人愛樂而親近，故説

三五四 仏身有相好等。論：所住依果至不毀不失。釋曰：此[二]顯依報言依

三五五 果者，所依净土。能依正報无有邊故，所住依果亦有无量大

三五六 寶[三]花王衆所飾[四]等具足。净土諸勝圓滿，是故復云種種庄嚴隨

校注

【一】其下甲本有「无」字。【二】「此」，甲本無。【三】「寶」，甲本無。【四】「飾」，甲本無。

三五七 所示現皆等真如，現无限量云无有邊。當无終極云不窮

三五八 盡，互融无㝵云无分齊。隨其業行所感何相，而所應者即皆

三五九 常住，非如化土。所示現者三灾实壞，惡人損失故言隨應常[一]住

三六〇 枝等。論：如是功德至説[二]爲報身。釋曰：此結果由因釋報名也，

三六一 如是依正功德報相无障无㝵，不思議事皆因十度深行之熏。

三六二 及由本覺不思議，熏内外二因之所成就樂相圓備[三]，故名爲

三六三 報。論：復次凡夫至説爲應身。釋曰：上直顯竟，次下重牒，於

三六四 中有二，先應，後報，此初也。前説應身通凡所見，然其凡小所見既殊，

三六五 今顯夢異重明應身，故言復次凡夫見等，二乘見仏是出世身，

校注

【一】「常」，甲本無。【二】「説」，甲本無。【三】「備」，甲本作「滿」。

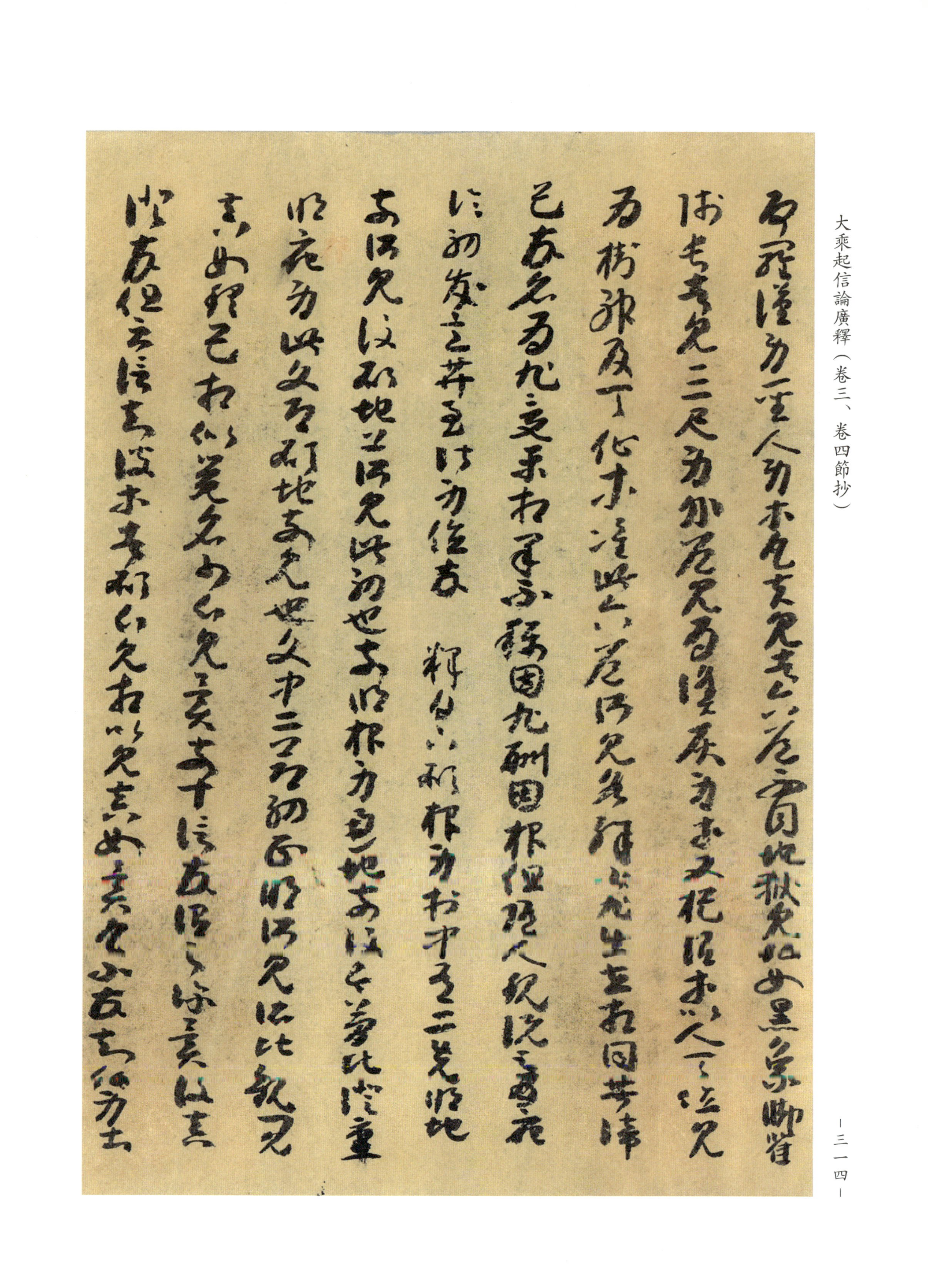

三六六 阿羅漢身聖[一]人身等。凡夫見者六道不同，地獄見仏如黑象脚雀[二]，

三六七 屬长者見三尺身，外道見爲塗灰身等。又提謂等以人天德見

三六八 爲精神及天仙等，准此六道所見各殊，皆非出世相同。苦諦

三六九 是故名爲非受樂相。果不稱因，非酬因報，但隨人現説之爲應。

三七〇 論：初發意菩薩至法身位故。釋曰：下顯報身，於中有二，先明地

三七一 前所見，後顯地上所見，此初也。前明報身通地前後，今簡比證重

三七二 明應身，此文即顯地前見也。文中二節，初正明所見，依比觀門見

三七三 真如理。是相似覺名少分見，異前十信故謂之深，異後真

三七四 證故但云信。知彼等者，顯分見相，以見真如異凡小故。知仏身土

校注

【一】「聖」，甲本作「金」。【二】「雀」，甲本作「以色」。

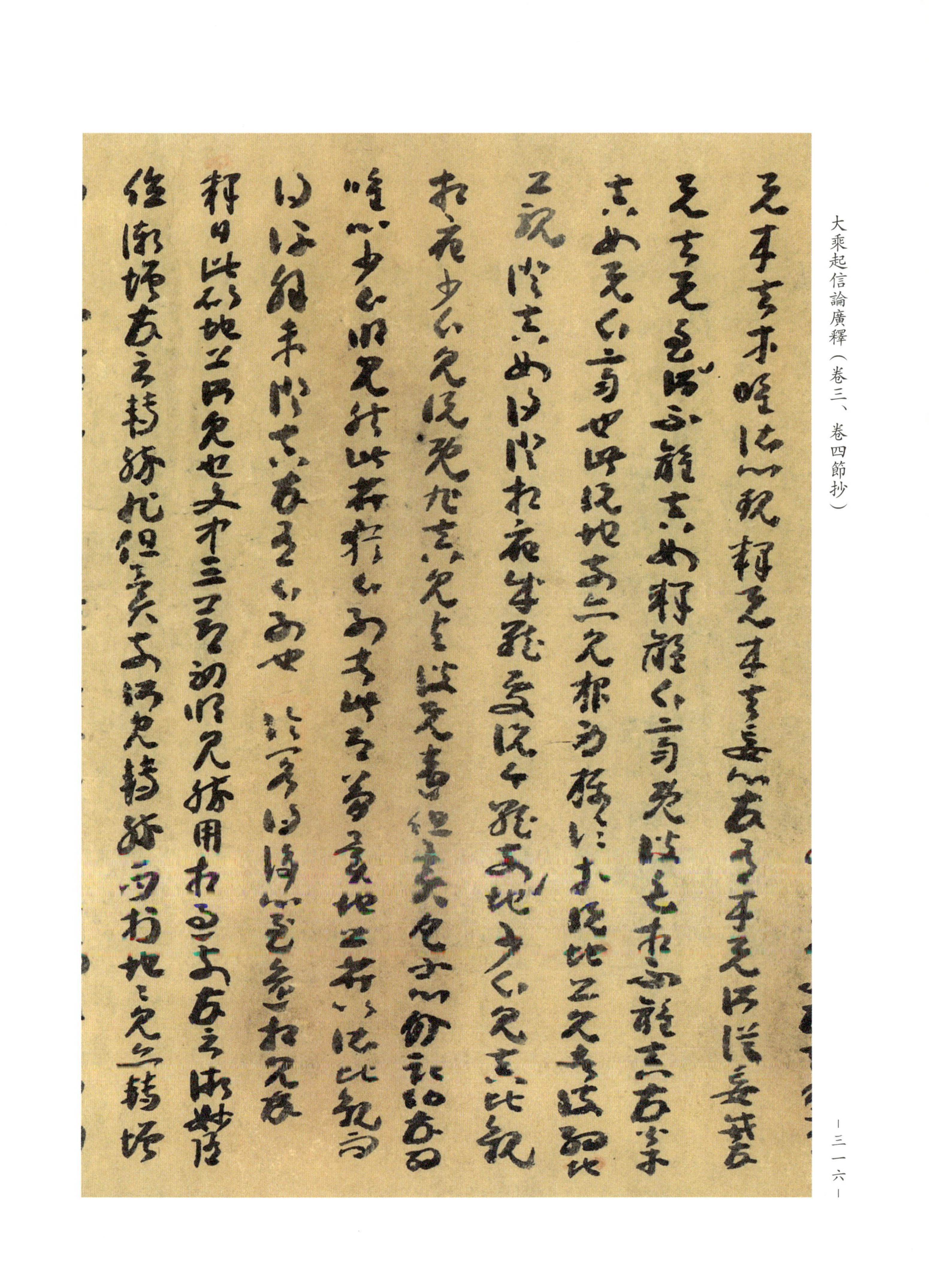

三七五 无來去等，唯依心現釋，无來去妄心故。有來无所[一]，從妄惑故

三七六 无去无所至[二]，不離真如釋離分齊，既彼色相不離真故，皆等

三七七 真如无分齊也。此説地前亦見報身，攝論等説地上見者，彼約地

三七八 上親證真如，得證相應成就處説。今就地前[三]少分見真，比觀

三七九 相應少分見説，既非真見，与彼无違。但異凡小心外取仏故，約

三八〇 唯心少分明見，然此菩薩猶分别者。此即簡異地上菩薩，以依比觀而

三八一 得深解，未證真故有分别也。論：若得浄心至達相見故。

三八二 釋曰：此顯地上所見也[四]。文中三節[五]，初明見勝，用相過前故云微妙。隨

三八三 德漸增故云轉勝，非但異前所見轉勝，而於地地見亦轉增，

校注

【一】其下甲本有「來」字。【二】「所至」，原作「至所」，有倒乙符。【三】「地前」，原作「前地」，有倒乙符。【四】「也」，甲本無。

【五】「節」，甲本作「答」。

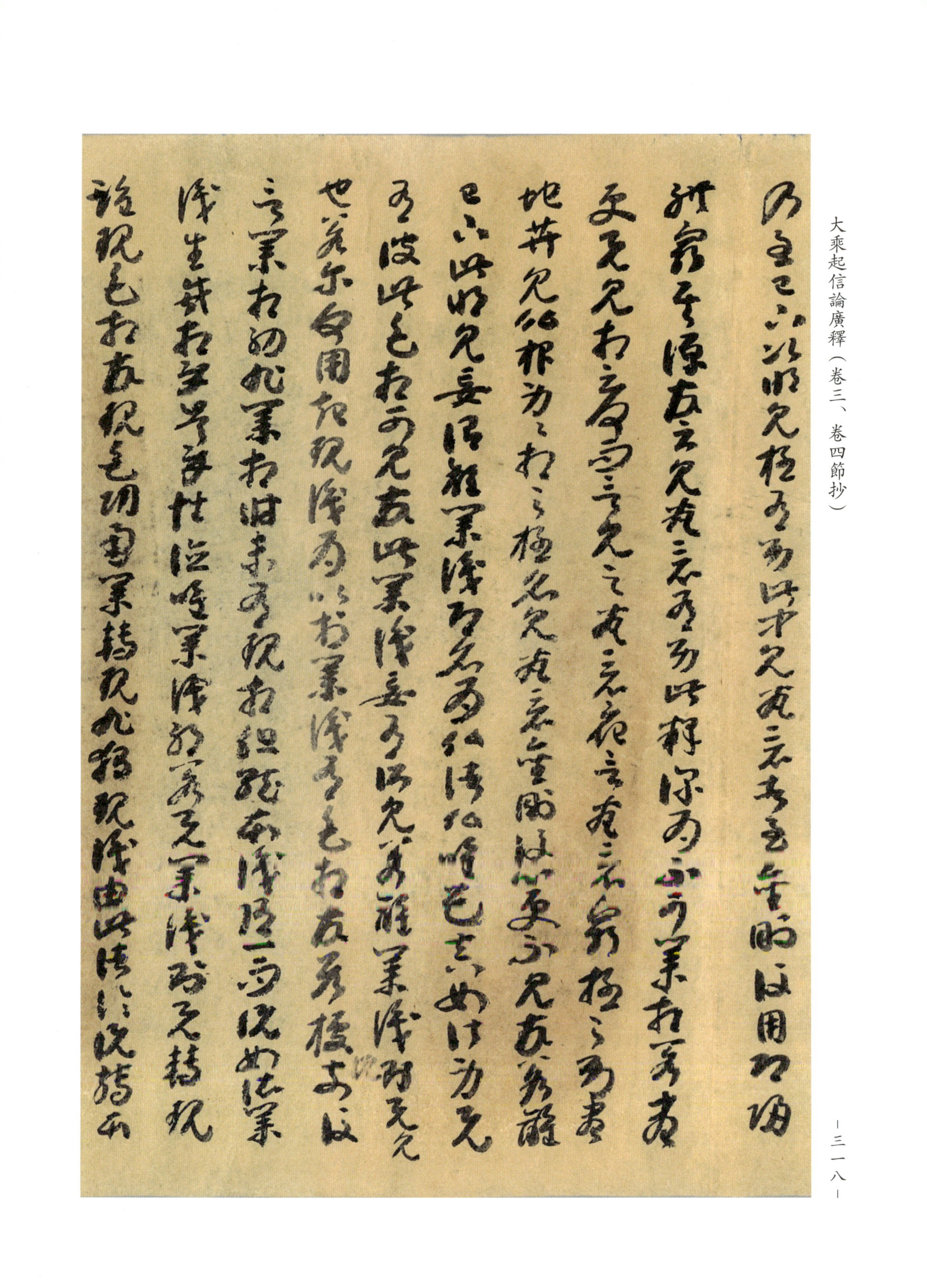

三八四 乃至已下次明見極。有義，此中見究竟者至金剛，後用即歸

三八五 體窮其源故云見究竟。有義，此釋深爲不可業相，若盡

三八六 更无見相，云何而言見之究竟？應言究竟窮極之義，盡

三八七 地菩薩見仏報身，身相之極名見究竟。金剛後心更不見故，若離

三八八 已下此明見妄，謂離業識即名爲仏。諸仏唯是真如，法身无

三八九 有彼，此色相可見故，此業識妄有所見。若離業識則无見

三九〇 也。若尔何用起現識爲，以於業識有色相故。答：攄説前後

三九一 言業相，初非業相時未有現相，但就本識隨一而説，如依業

三九二 識生滅相示，豈示性德唯業識耶？若无業識即无轉現，

三九三 隨現色相故現色功，通業轉現非獨現識，由此諸論説轉本

校注

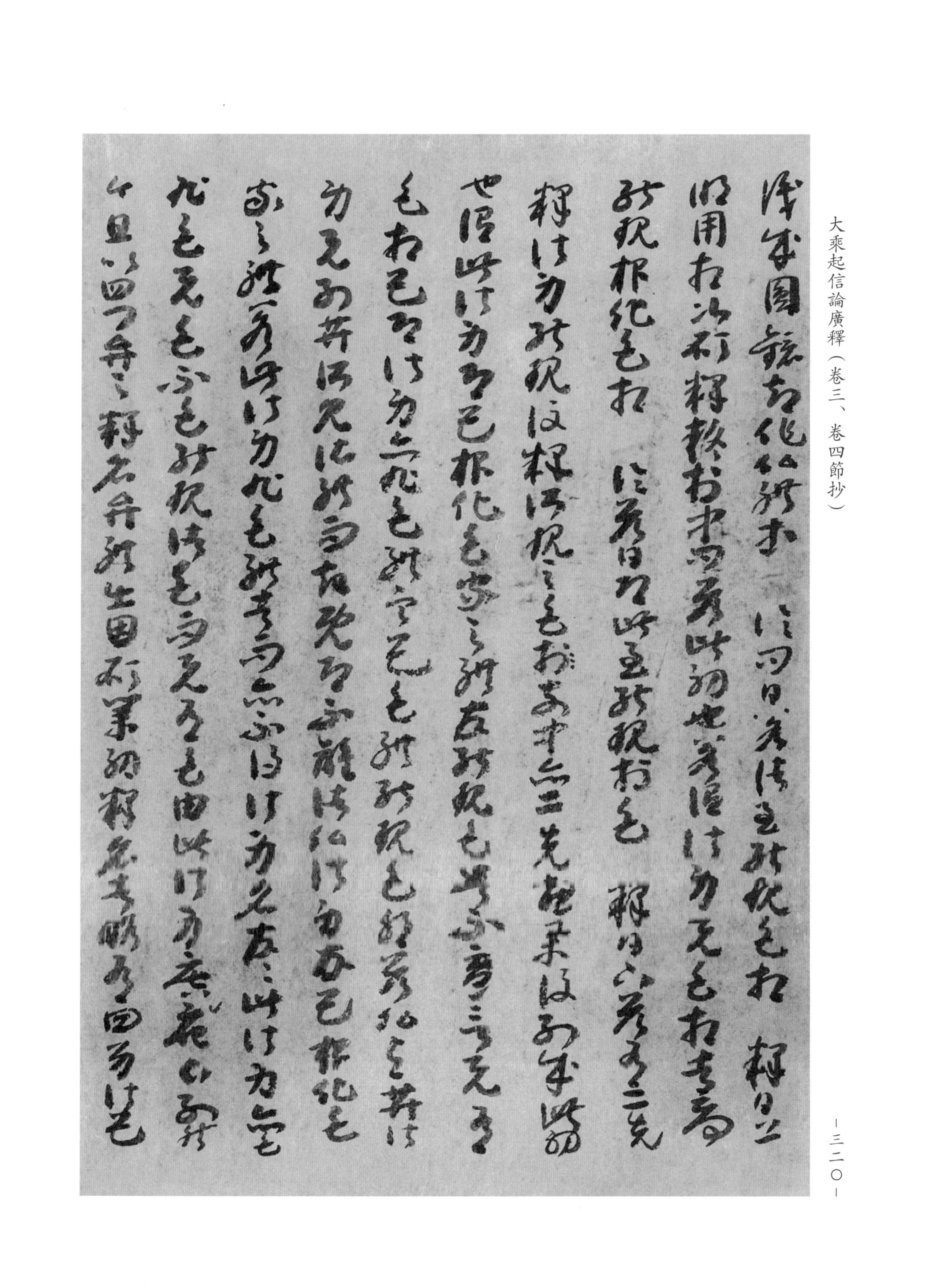

三九四 識成圓鏡智作仏體等。論：問曰若諸至能現色相。釋曰：上
三九五 明用相，次顯釋疑，於中問答，此初也。若謂法身无色相者，云何
三九六 能現報化色相？論：答曰即此至能現於色。釋曰：下答有二，先
三九七 釋法身能現，後釋所現之色[二]。前中亦二，先揔釈，後別成，此初
三九八 也。謂此法身即是報化色象之體，故能現色，豈不適言无有
三九九 色相，是即[三]法身亦非色體，空是色體能現色邪？若仏与菩薩法
四〇〇 身无別，菩薩所見依體而起，既即不離諸仏法身。故是報化色
四〇一 象之體，若此法身非色體者，而亦不得法身名故，故此法身亦色
四〇二 非色无色不色。能現諸色而无有色，由此法身應廣[三]分別，然
四〇三 今且以四門弁之，釋名、弁體、出因、顯業。初釋名者，略有四義。法是

校注

【一】其下原有「於」字，有刪除符。【二】「即」，甲本無。【三】「應廣」，原作「廣應」，有倒乙符。

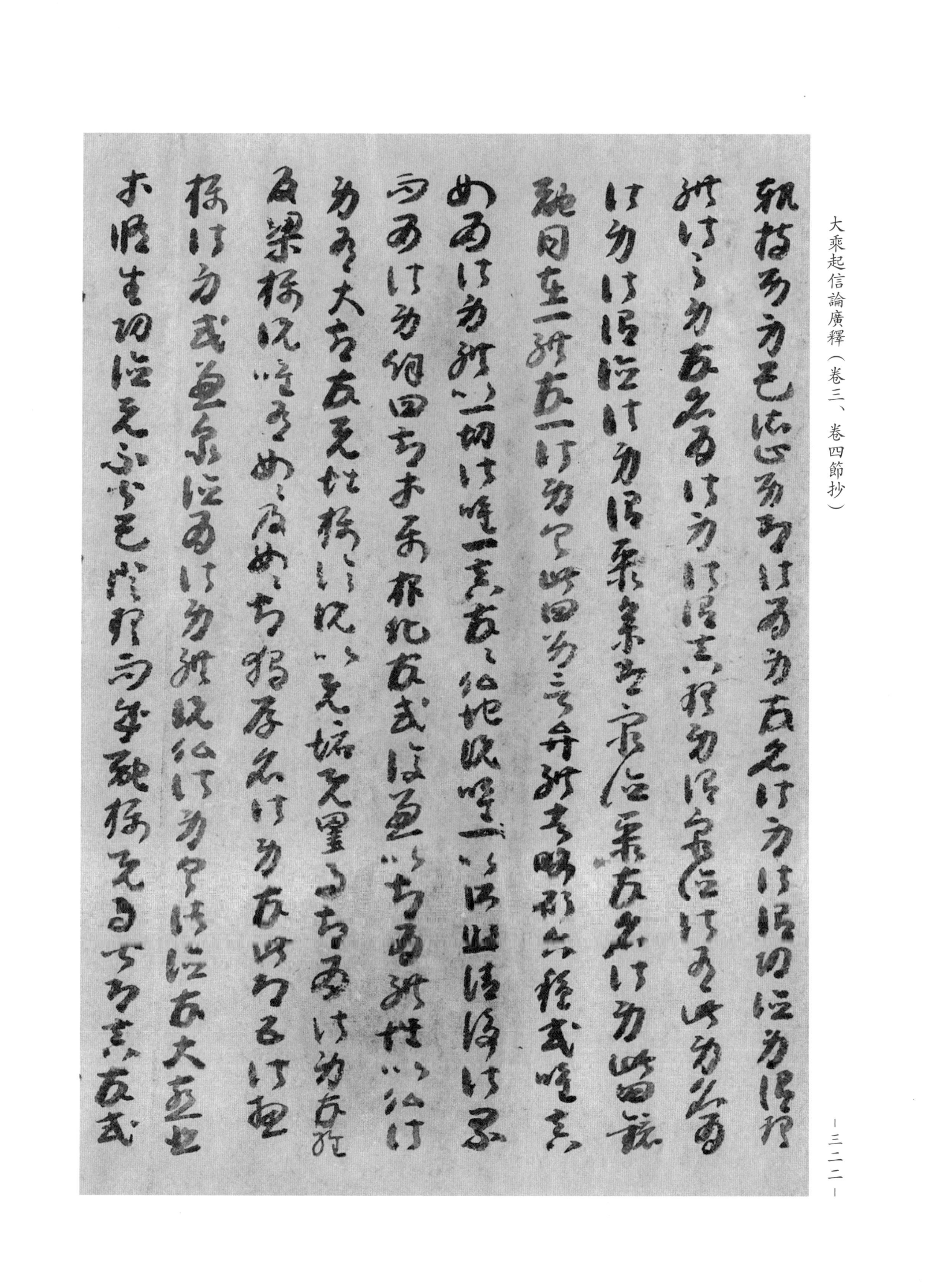

四〇四 軌持義，身是依止義，即法爲身故名法身。法謂理功德，身謂理

四〇五 體，法之身故名爲法身，法謂真理，身謂衆德。法有此身名爲

四〇六 法身，法謂德[二]法，身謂聚舉，即衆德聚故名法身。此四諦

四〇七 融同在一體故，一法身具此四義。言弁體者，略顯六種。或唯真

四〇八 如爲法身體，以一切法唯一真故。故仏地說唯[三]以所照清净法界

四〇九 而爲法身，解四智等屬報化故。或復兼以智爲體性，以仏法

四一〇 身有大智故。无性攝論說：以无垢无罣㝵智爲法身故。經

四一一 及梁攝說，唯有如如及如如智獨存名法身故，此即五法揔

四一二 攝[三]法身。或兼衆德爲法身體，說仏法身具諸德故，大慈悲

四一三 等脩生功德无不皆是證理而成，融攝无㝵皆即真故。或

校注

【一】「德」，甲本無。【二】其下原有「一」字，有刪除符。【三】「攝」，甲本作「屬」。

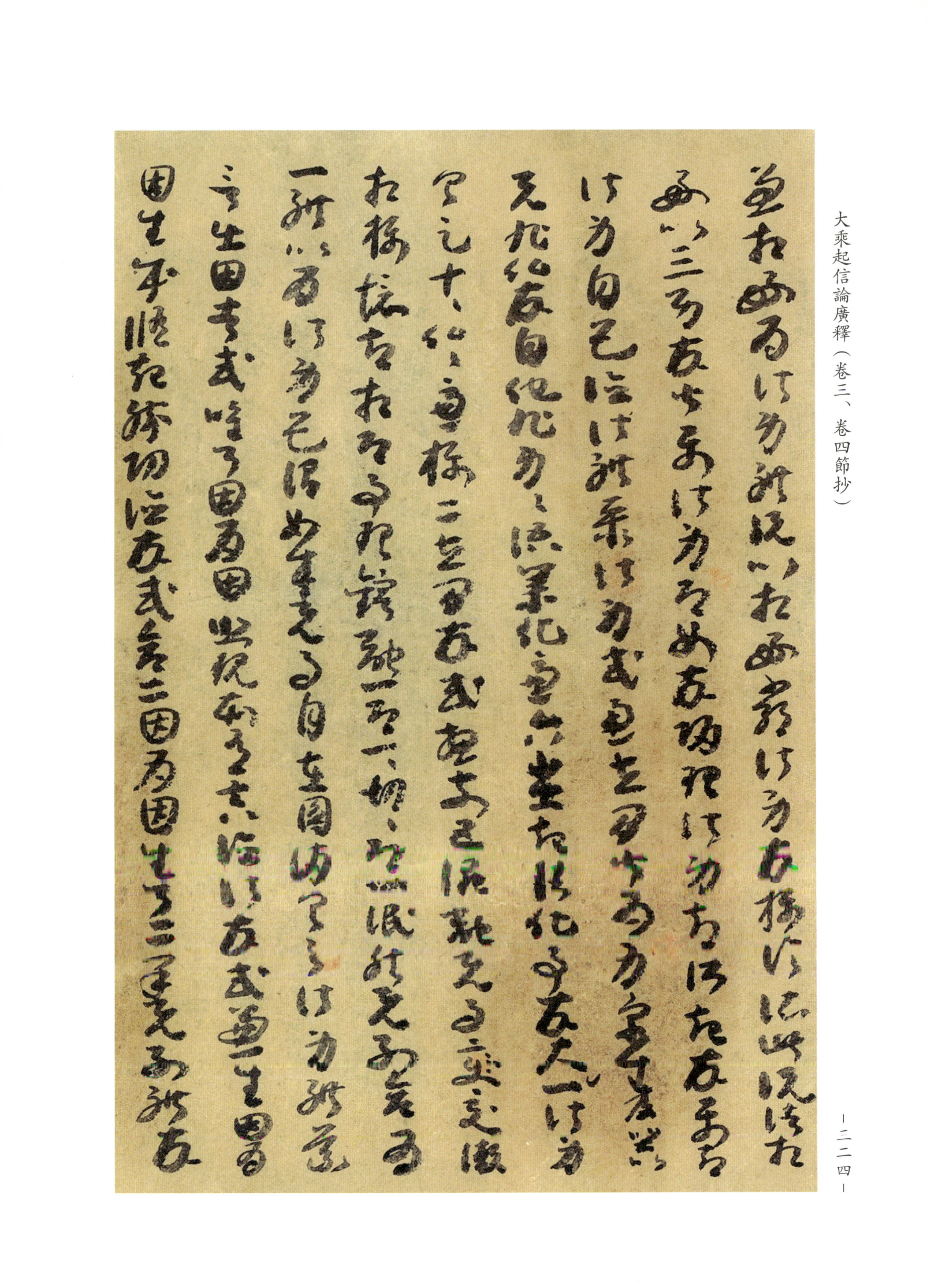

兼相好爲法身體，説以相好嚴法身故，攝論依此説。諸相好以三義，故皆屬法身即如[一]故歸理法身智所起故，屬智法身自是德法體聚法身，或通世間皆爲〔法〕[二]身，衆生及器无非仏故。自他非身，身語業化遍六尘起諸化事故，一大[三]法身具足十仏，十仏遍攝二世間故。或摠前五混融无㝵[四]交徹相攝，境智相即事理鎔融。一即一切，一切即一。泯然无別，合爲一體，以爲法身。是謂如來无㝵，自在圓滿具足[五]法身體義。言出因者，或唯了因爲因照現本有真德法故。或兼生因爲因，生成脩起勝功德故。或合二因爲因，生了二果无別體故。

校注

【一】「即如」，甲本作「相即也」。【二】「法」，原缺，據甲本補。【三】「一大」，原作「大一」，有倒乙符。【四】其下原有「變」字，有删除符。【五】「足」，原作「之」，據甲本改。

四二三 或揔兼果爲因，應機現用爲其果故。言業用者，亦有四義，
四二四 或自開覺，依理發生諸觀智故。或他開覺智起，報化諸
四二五 妙用故，或俱開覺，理智鎔融无別體故。或遍開覺，遍諸
四二六 尘[一]處起勝用故，既此法身，有如是名。具如是體，依如是因起
四二七 如是用，故能遍作无㝵自在一切境界。豈无色相而別見耶？
四二八 且依一相而作是説，前[二]遍諸教顯六體義，今約出纏體相二大
四二九 能起用大報化色相，故説法身名色體也。論：所謂從本至
四三〇 遍一切處。釋曰：此別成也。文中揔別有其三節，謂從本來色
四三一 心不二者。揔摽所現色不異心，謂從因本至果已[三]來據实[四]而言

校注

【一】「尘」，甲本作「坐」。【二】「前」，原作「别」，校改作「前」。【三】「已」，甲本作「以」。【四】「实」，甲本作「異」。

色心不二，既因中色以心爲體故。報化色不異真心，如水起波，波性即水，以色性即智等者，明色即心顯前不二。以彼報化色之本[一]性即是本覺心智性故，而彼報化色體是智，色相都盡但云智身。如波即濕波盡是水，故新論云：以色本性即[二]心自性說名智身，以智性即色等者，明心即色顯前不二，以本覺智真心自性即[三]是報化色之體故。說此心智名爲法身，報化色法依止體故。故新論云：以心本性即色自性說名法身，遍一切處有其二義，謂此智性即色體故，法身遍於一切色處，如水遍在一切波中。又謂，法身遍一切故，所現色相亦遍一切，如波隨水亦遍一切。故

校注

【一】其下原有「色」字，有刪除符。【二】「即」，甲本作「智」。【三】「即」，甲本作「名」。

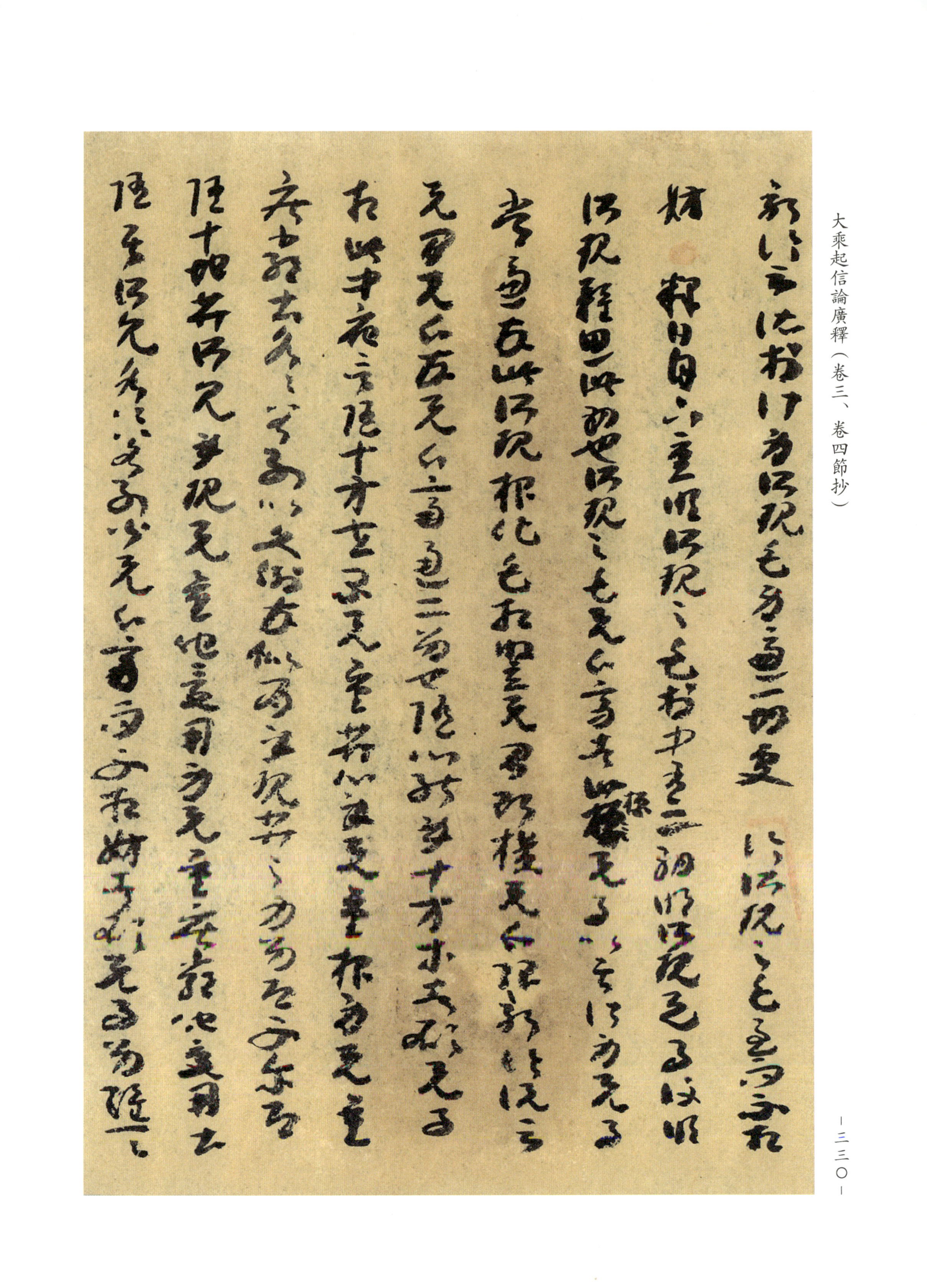

新論云：依於法身所現色身遍一切處。論：所現之色至而不相妨。釋曰：自下重明所現之色。於中有二，初明所現无㝵，後明所現難思，此初也。所現之色无分齊者，此標[一]无[二]㝵，以其法身无㝵常遍故，此所現報化色相竪无間斷，横无分根。新論説云[三]无間无分故无分齊，通二義也。隨[四]心能示十方等者，顯无㝵相，此中應言。隨十方世界无量菩薩心，示无量報身，无量莊嚴土，各各差別，以文倒故，似爲示現菩薩之身，義即不尒。即隨十地菩薩所見，示現无量他受用身，无量莊嚴他受用土。隨其所見各各差別，皆无分齊而不相妨者，顯无㝵義。隨一一

校注

【一】「標」，原作「據」，校改作「標」。【二】「標无」，甲本無。【三】「云」，甲本作「爲」。【四】「隨」，甲本作「謂」。

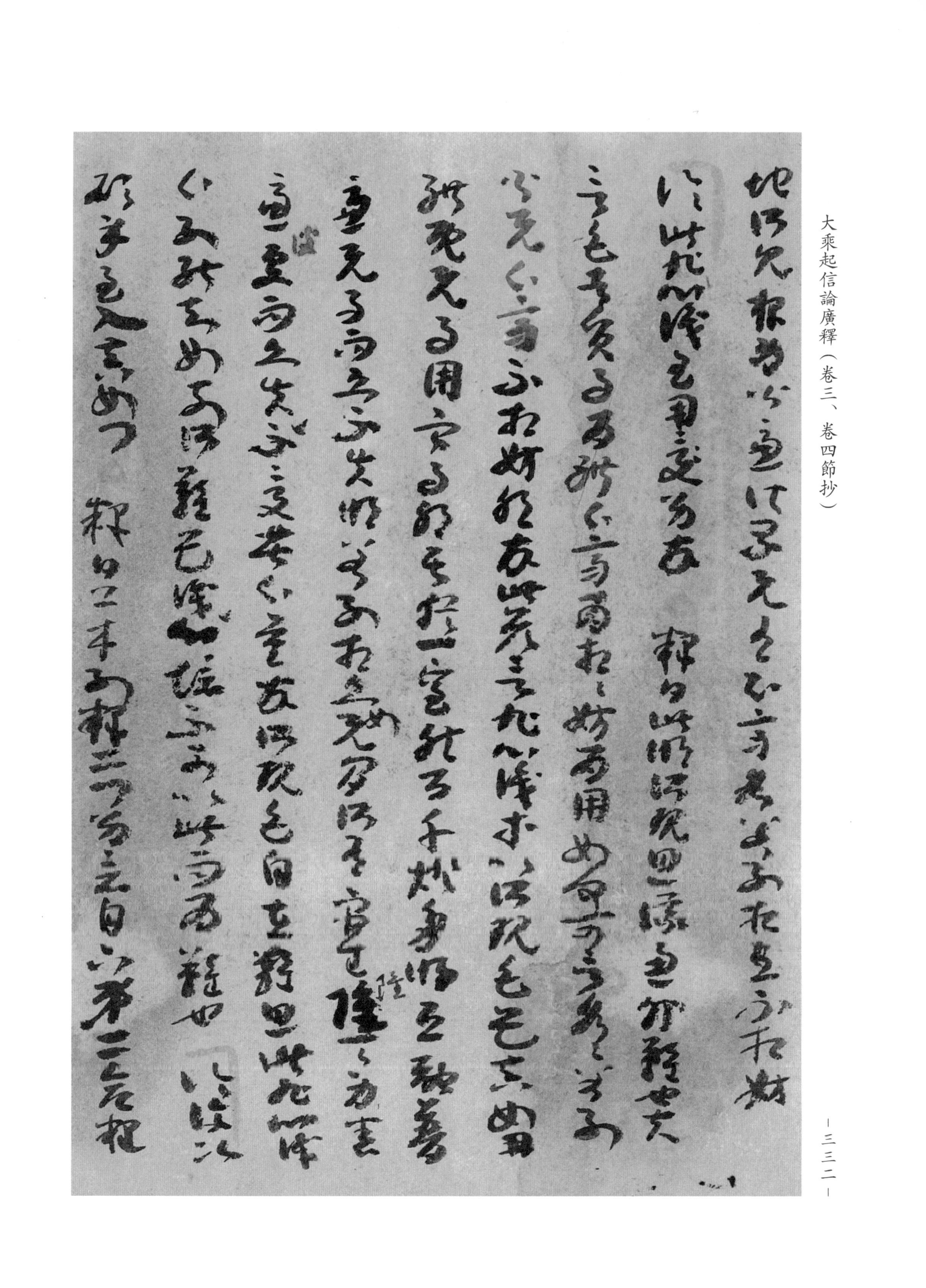

地所見，報身皆遍法界无有分齊，爲差別相即不相妨。論：此非心識至用[一]義故。釋曰：此明所現思義，遍餘難也。夫言色者，質㝵爲體，分齊爲相，相妨爲用。如何可言各各差別皆无分齊不相妨耶？故此答言非心識等，以所現色是真如用，體既无㝵，用寧㝵耶？其猶一室能爲[二]千燈，多明互融普[三]遍无㝵而亦不失明。差別相亦如无間所有衆生，雖[四]一一身悉遍彼處，而亦不失[五]受苦分重。故所現色自在難思，此非心識分別然[六]知，如前所難，是心識[七]境不可以此而爲難也。論：復次顯示至入[八]真如門。釋曰：上來別釋二門義竟，自下弟二合釋

校注

【一】其下原有「交」字，有刪除符。【二】「爲」，甲本作「礙」。【三】「普」，甲本作「著」。【四】「雖」，原作「佳」，校改作「雖」。

【五】「不失」，原作「失不」，有倒乙符。【六】「然」，甲本無。【七】「心識」，原作「識心」，有倒乙符。【八】「入」，甲本無。

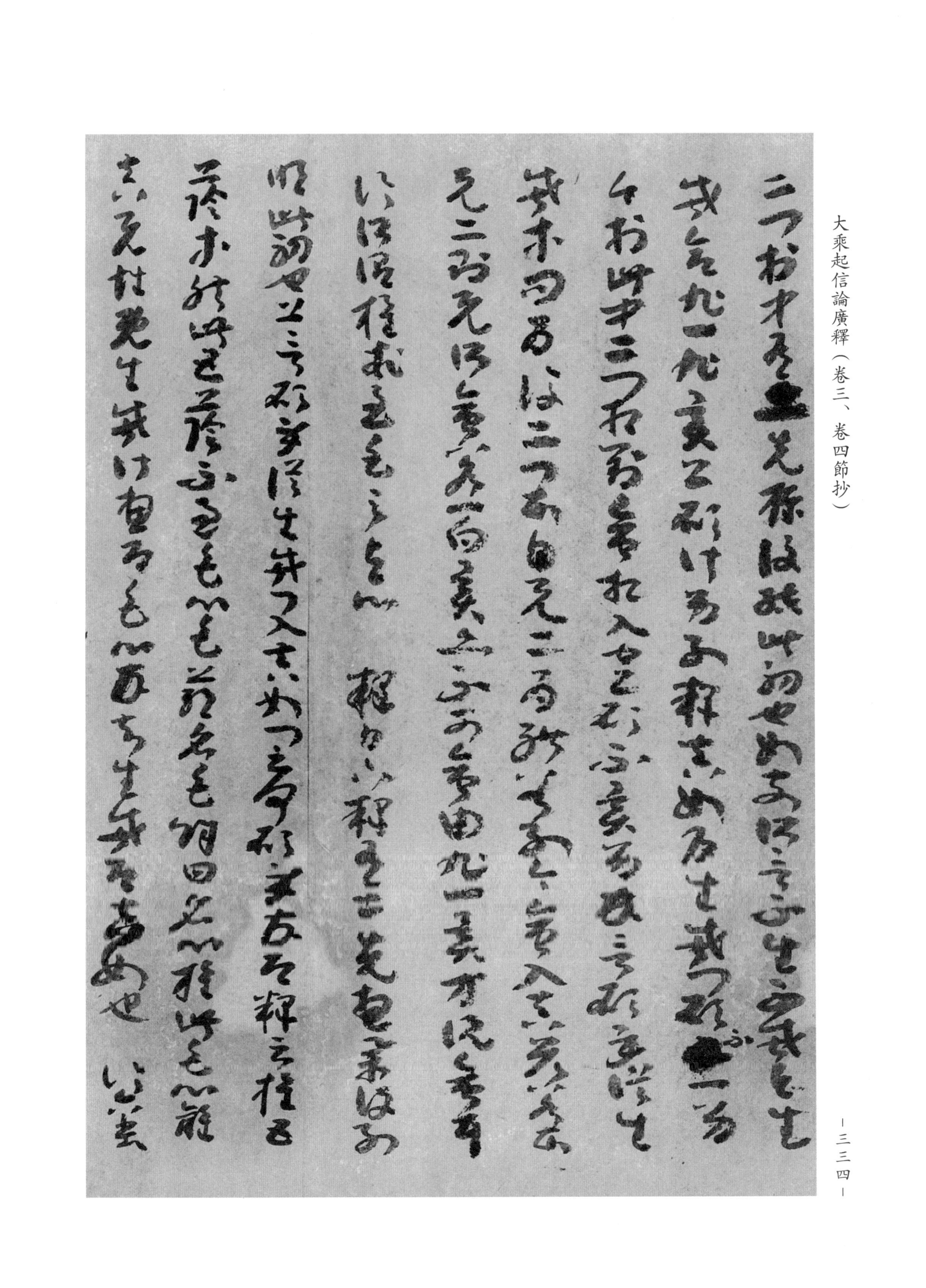

四五九 二門，於中有二[一]，先摽[二]，後結，此初也。如前所言，不生不滅与生
四六〇 滅合非一非異，上顯法義別釋。真如及生滅門顯不一義，
四六一 今於此中二門相對，會相入空顯不異義。故言顯示從生
四六二 滅等句，爲復二門。本自无二爲體差別令會入真，答：若本
四六三 无二則无所會，若一向異，亦不可會，由非一異方説會耳。
四六四 論：所謂推求至色之与心。釋曰：下釋有二，先揔􀀁，後別
四六五 明[三]，此初也。上言顯示從生滅門，入真如門云何顯示，故即釋云：推五
四六六 蘊等，然此五蘊[四]不過色心、色蘊、名色，餘四名心，推此色心，離
四六七 真[五]无性，既生滅法揔即色心，故知生滅即真如也。論：六尘

校注
【一】「二」，甲本作「三」。【二】其下甲本有「次釋」。【三】「明」，甲本作「名」。【四】「蘊」，甲本作「陰」。【五】「真」，甲本作「心」。

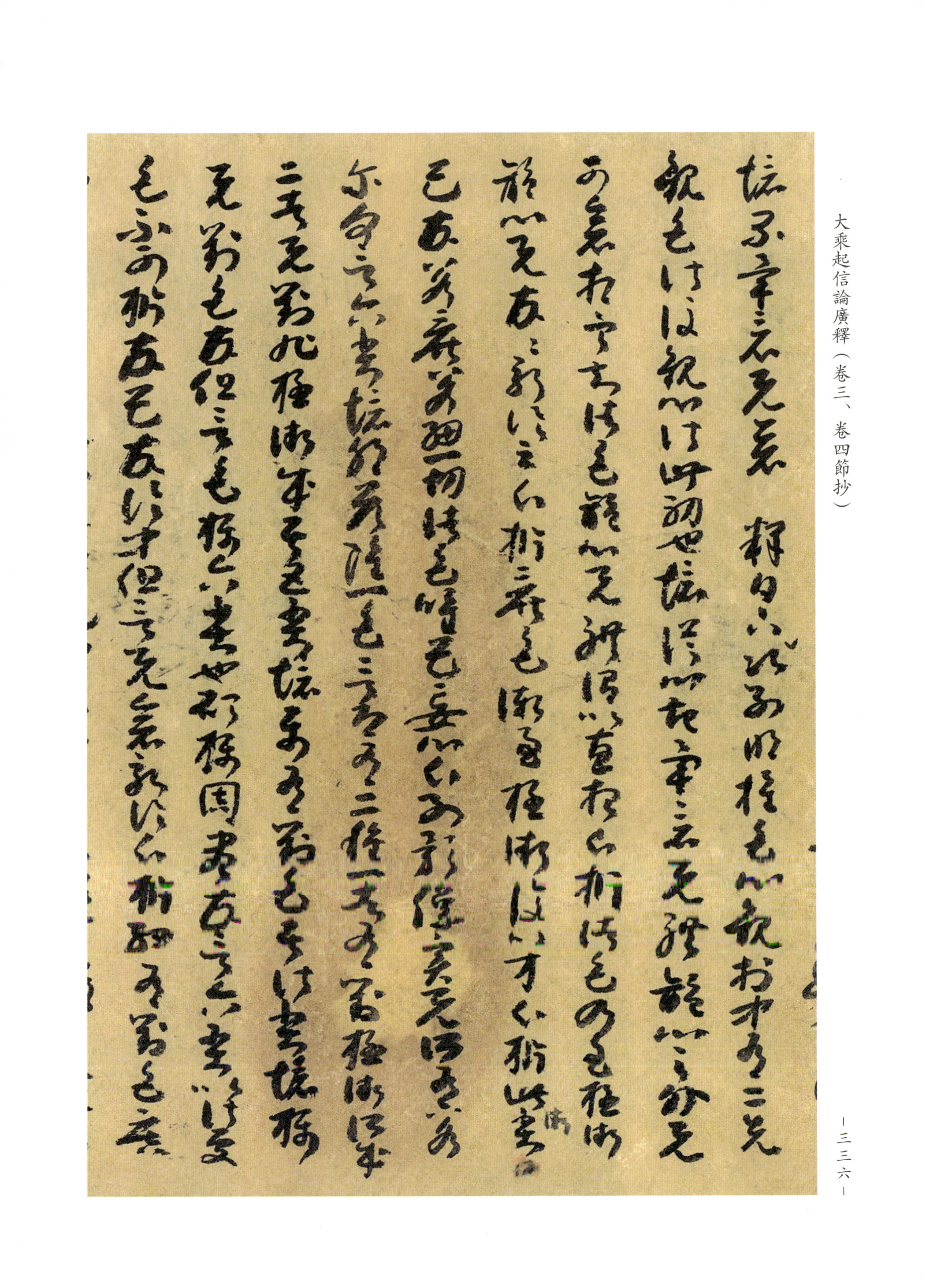

四六八 境界畢竟无念。釋曰：次下[一]別明推色心觀，於中有二，先

四六九 觀色法，後觀心法，此初也。境從心起畢竟无體，離心之外[二]无

四七〇 別念相。寧知諸色離心无體，謂以恵擇分析諸色，乃至極微

四七一 離心无故。故新論云：分析麁色微至極微，復以方分析此微尘。

四七二 是故若麁若細，一切諸色唯是妄心分別影像，实无所有。若

四七三 尔何言六尘境耶？答：雖一色言即有二種，一者有對極微所成，

四七四 二者无對非極微成。其五尘境屬有對色，其法尘境攝

四七五 无對色，故但言色攝六尘也。顯攝周盡故言六[三]尘，以法處

四七六 色[四]不可析故。是故論中但言无念，新論分析約[五]有對色，廣

校注

【一】「次下」，原作「下次」，有倒乙符。【二】「外」，甲本作「解」。【三】「六」，甲本無。【四】「色」，甲本無。【五】其下甲本有「色」字。

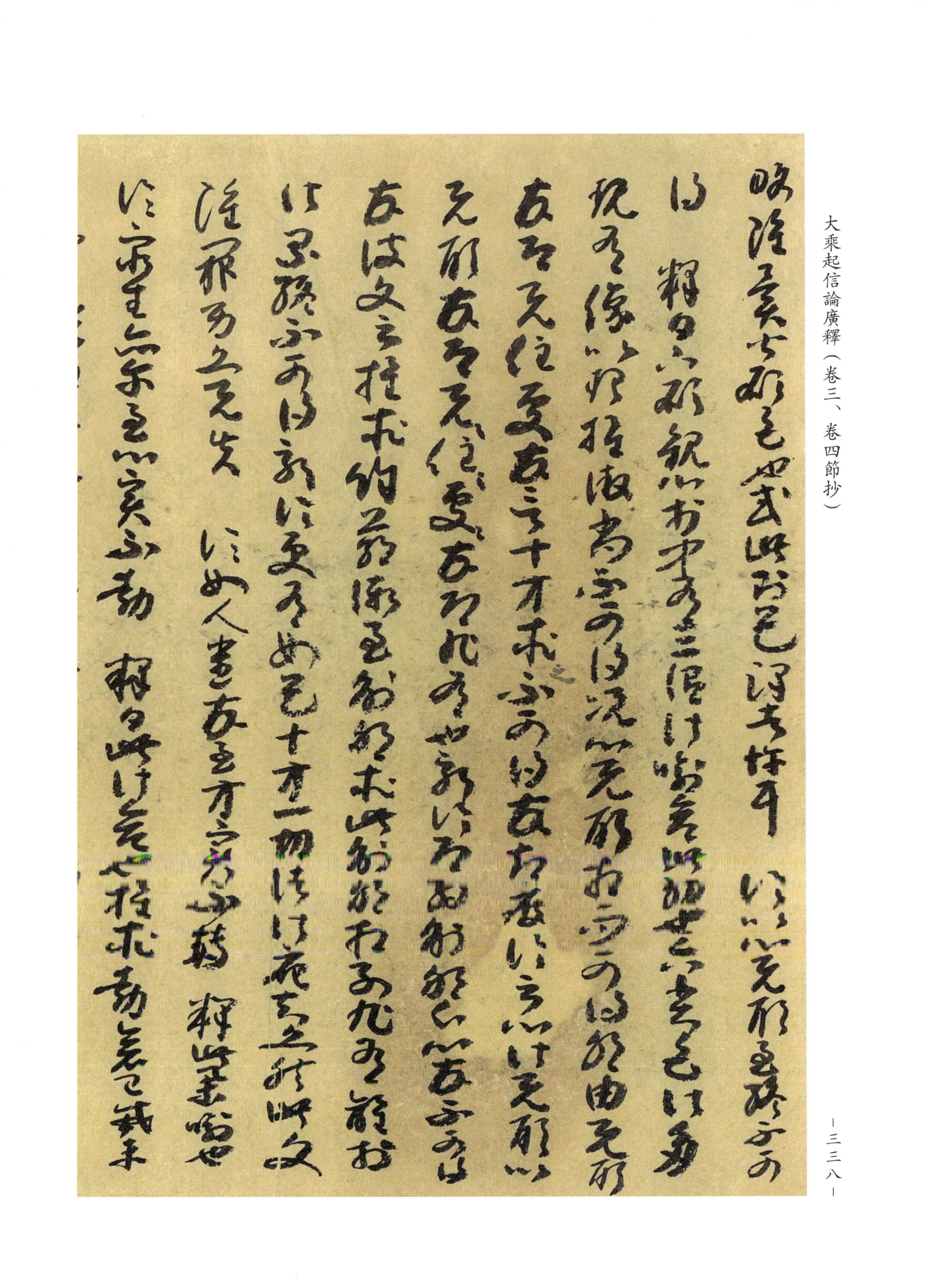

四七七 略雖異，皆顯色也，或此則是譯者忤耳。論：以心无形至終不可
四七八 得。釋曰：下顯觀心，於中有三，謂法喻合，此初也。六尘色法多
四七九 現有像，以理推微尚不可得，況心无形相而可得耶。由无形
四八〇 故，即无住處，故言十方求之[一]不可得。故《智度論[二]》云：心法无形，以
四八一 无形故即无住處，无住處故即非有也。新論即約刹那分心故不可[三]得，
四八二 故彼文云：推求解蘊微至刹那，求此刹那相别非有，離於
四八三 法界終不可得。新[四]論更有如是，十方一切諸法應知亦然，此文
四八四 雖缺義亦无失。論：如人迷故至方实不轉。釋[五]：此乑喻也。
四八五 論：衆生亦尔至心实不動。釋曰：此法合也，推求動念已滅，未

校注
【一】「之」，甲本無。【二】「論」，甲本無。【三】「可」，甲本無。【四】「新」，甲本作「斯」。【五】其下甲本有「日」字。

四八六 生中无所住，故无有起，則知心性实不動也。論：若能觀察至

四八七 真如門故。釋曰：此後揔結，即得隨順是顯信德，若能觀察

四八八 得方便，觀入真如者是顯證[一]德，若至初[二]地得正觀也。

四八九 論：對治邪執至則无邪執。釋曰：如是已明顯示正義對治

四九〇 邪執，於中有二，初就本揔摽，後别明除障[三]，此初也。有義，邪執即

四九一 是我見，謂依我見説爲邪執，不尔應言邪執有五，如何論言

四九二 我見五[四]邪執我常遍量同虚空，執如來藏義同我見故。依

四九三 我見説爲邪執，但説所依，非體所依故，離我見无可説也。有義，

四九四 邪執非即我見，謂依分别我見之上起於分别迷教邪執。不尔，

校注

【一】「證」，甲本作「信」。【二】其下原有「德」字，有删除符。【三】「除障」，原作「障除」，有倒乙符。【四】「五」，甲本無。

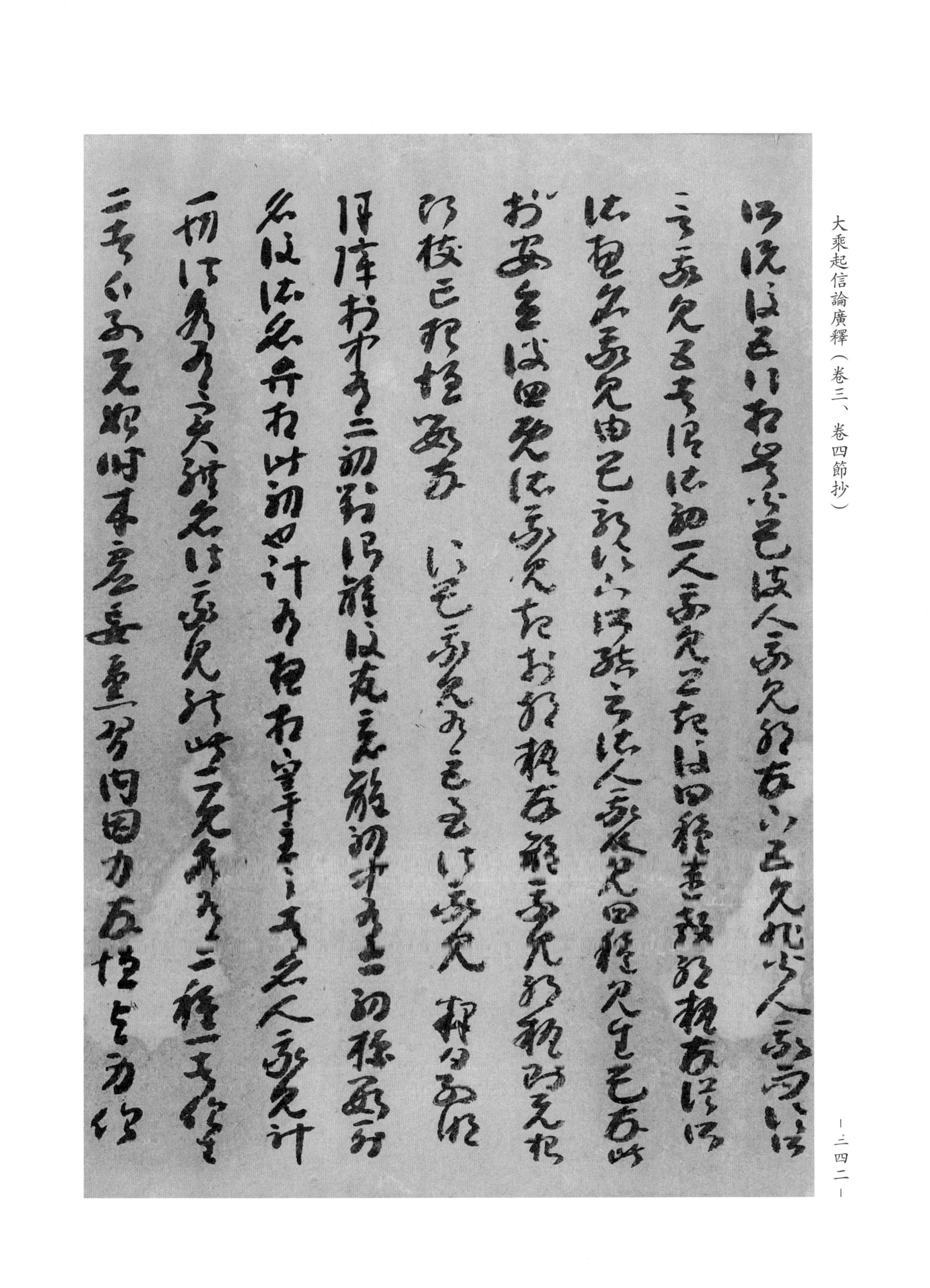

四九五 所説後五行相豈皆是彼人我見邪，故下五見非皆人我。而論所

四九六 言我見五者，謂依初一人我見上起後四種迷教邪執故，從所

四九七 依揔名我見。由是新論下所結云：依人我人見四種見生，是故於

四九八 此[一]安立彼四，既依我見起於邪執，故離我見邪執則无根

四九九 斷枝亡，理恒數[二]故。論：是我見有色至法我見。釋曰：別明

五〇〇 除障，於中有二，初對治離，後究竟離。初中有二，初摽數列

五〇一 名，後依名弁相，此初也。計[三]有揔相，宰主之者名人我見，計[四]

五〇二 一切法各有實體名法我見。然此二見各有二種，一者俱生，

五〇三 二者分別，无始時來虚妄熏習内因力故，恒与身俱

校注

【一】「於此」，原作「此於」，有倒乙符。【二】「數」，甲本作「形」。【三】「計」，甲本作「此」。【四】「計」，甲本作「此」。

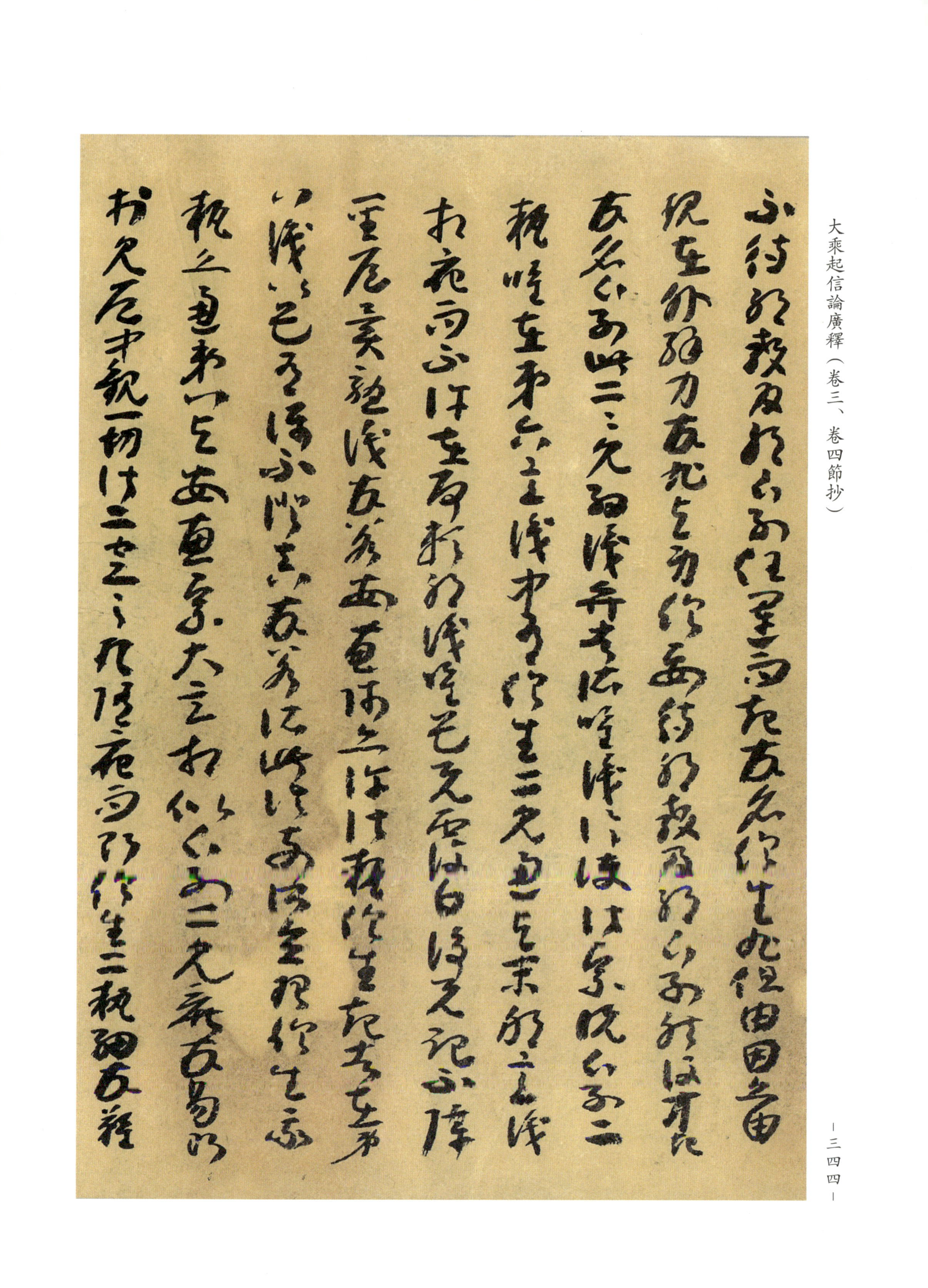

不待邪教及邪分別，任運[一]而起，故名俱生。非但由因，亦由現在外緣力故。非与身俱，妄[二]待邪教，及邪分別，然後方起，故名分別。此二二見約識弁者，依唯識論，彼法宗説分別二執，唯在弟六意識中。有俱生二見，遍与末那意識相應，而不許在阿賴耶識，唯是无覆自浄无記，不障聖道，異熟識故。若安恵師亦許法執，俱生起者，在弟八識，以是有漏不證真故。若依[三]此論前所立理俱生我執亦通弟八，与安恵宗大意相似。分別二見麁故易斷，於見道中觀一切法二空之理，隨應而斷俱生二執。細故難

校注

【一】「運」，甲本作「置」。【二】「妄」，甲本作「要」。【三】「依」，甲本無。

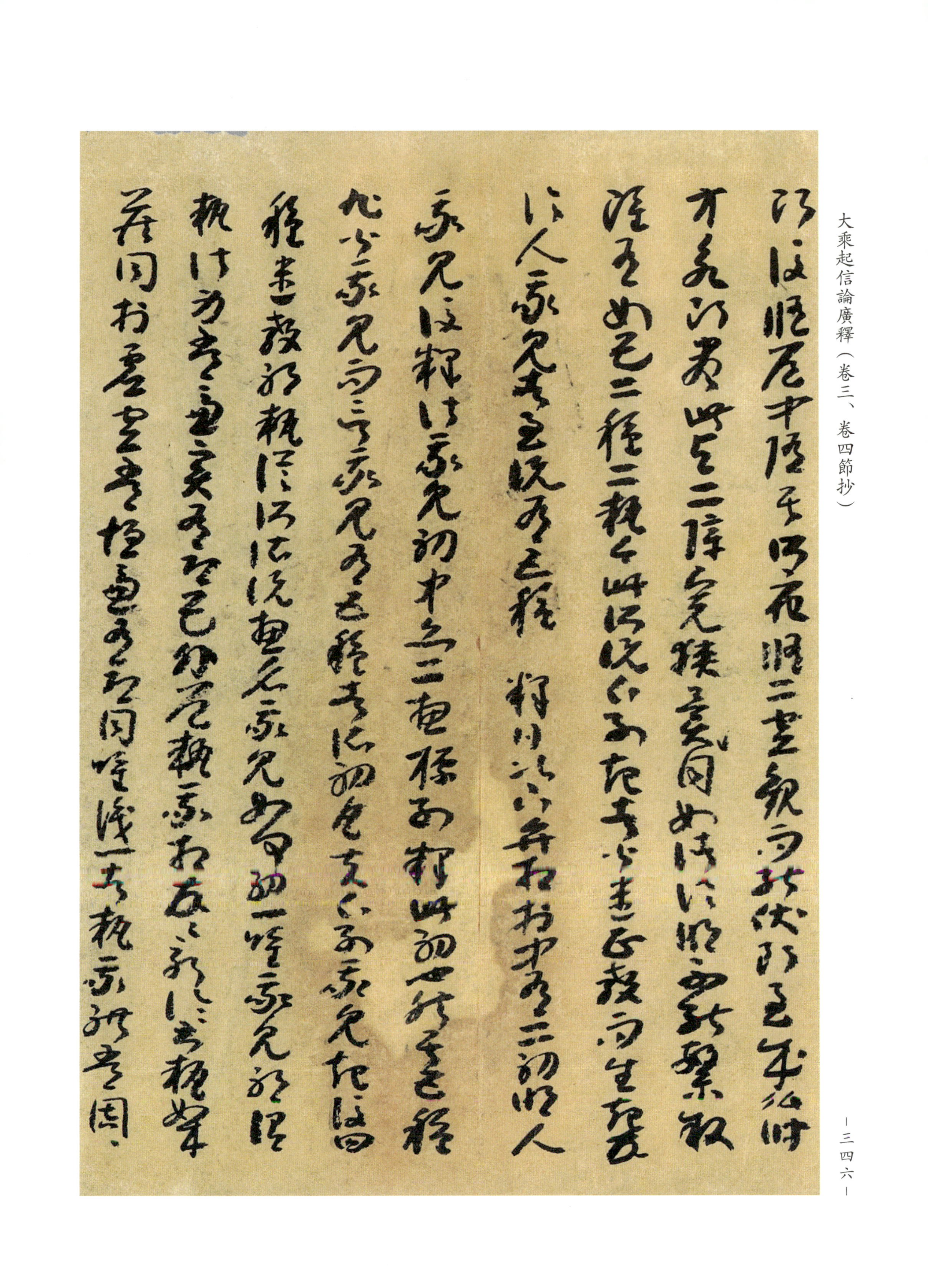

五一三 斷，後脩道中[一]隨其所應脩二空觀而能伏斷。至[二]成仏時

五一四 方永斷盡，此与二障寬狹同異[三]如諸論明，不能繁叙。

五一五 雖有如是二種二執，今此所說分別起者，皆迷正教而生起故。

五一六 論：人我見者至說有五種。釋曰：次下弁相，於中有二，初明人

五一七 我見，後釋法我見，初中亦二，揔摽，別釋，此初也。然其五種

五一八 非皆我見，而言我見有五種者，依初凡夫分別我見起後四

五一九 種迷教邪執，從所依說揔名我見。如何初一唯我見耶？謂

五二〇 執法身常遍实有，即是外道執我相故。故新論云：執如來

五二一 藏同於虛空，常恒遍有即同唯識一者，執我體常周

校注

【一】「中」，甲本下另有「中」字。【二】「至」，甲本作「已」。【三】「同異」，原作「異同」，有倒乙符。

遍量同虚空故。掌珍云：若説真如是一是常周遍法界[一]，
即是外道所執我故，此即心外而見於理生别[二]常見故，是我
執故，《深密經》同此。頌云：我於凡愚不開演，恐彼分别執爲
我，由是五見，初一我見，而是所依。後四能依，初一能起，後四所起，
初一依果起迷後通[三]因果起執，此仏法内學大乘人凡夫所起[四]。
是故下文皆私迷於大乘教[五]起，故依凡夫説五我見。
論：云何爲五至猶如虚空？釋曰：次下别釋，别釋五種，即分爲
五，一一文中皆有三義，初明起執之由，次正明執相，後顯其對
治，此初也。畢竟寂寞即新論言究竟寂滅无相之義，

校注

【一】「界」，朱筆行下補寫，顔色很淺。【二】「别」，甲本作「不」。【三】「後通」，甲本作「識遍」。【四】「起」，甲本無。【五】其下原有「理」字，有删除符。

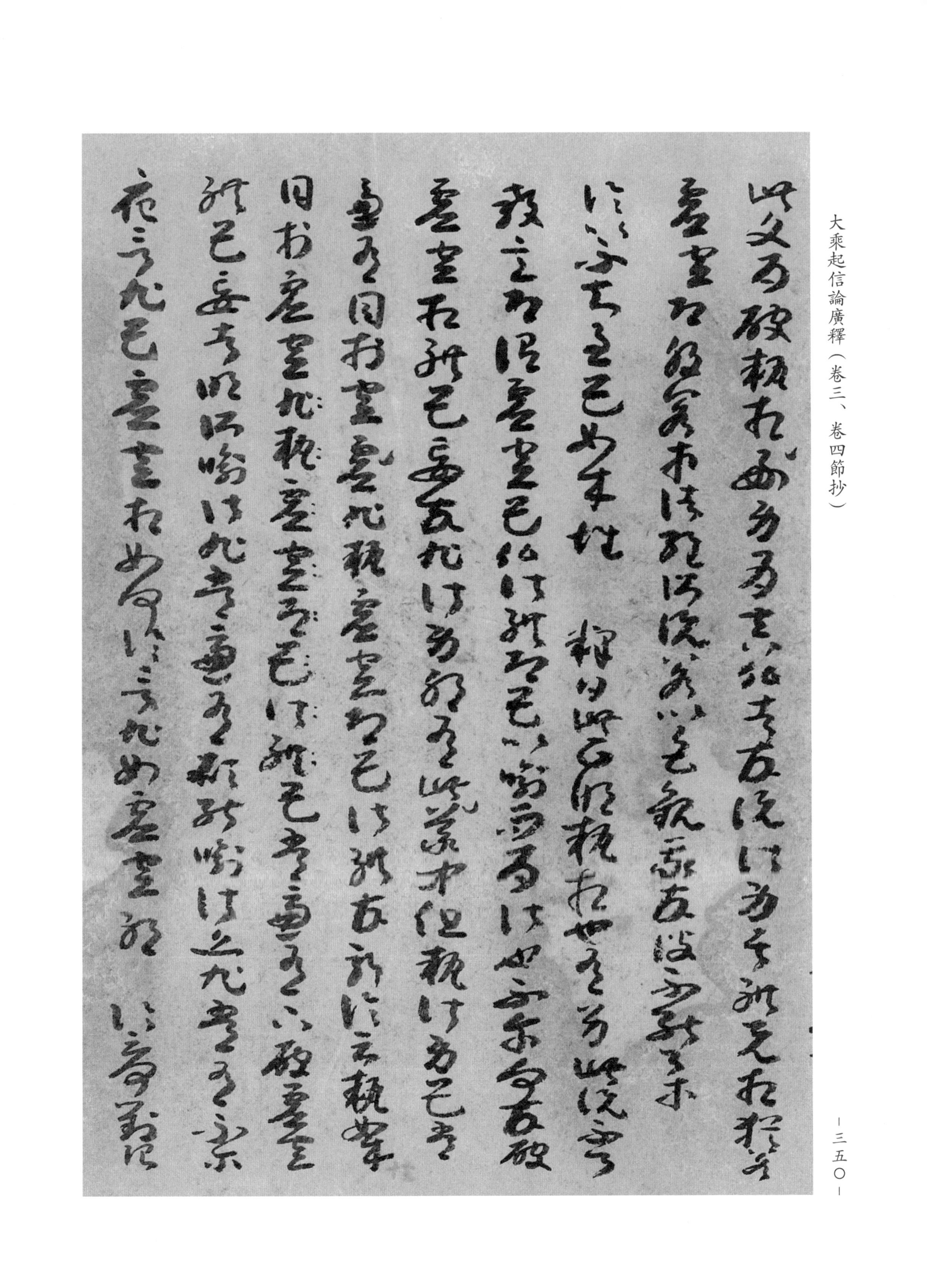

五三一 此文爲破執好相[一]身爲真仏者。故説法身其體无相猶若
五三二 虚空，即《般若》等諸經所説，若以色觀我故彼不能了等。
五三三 論：以不知至是如來性。釋曰：此正明執相也。有義，此説不了
五三四 教意，即謂虚空是仏法體，即是以喻而爲法也。不尔何故破
五三五 虚空相體是妄故非法身耶？有義，此[二]中但執法身是常
五三六 遍有同於虚空[三]，非執虚空即是法體。故新論云：執如來性
五三七 同於虚空[四]，是常遍有，下破虚空
五三八 體是妄者，明所喻法。非常遍有顯能喻法，亦非常有，不尔
五三九 應言非是虚空相，如何論言非如虚空耶？論：云何對治

校注
【一】「好相」，原作「相好」，有倒乙符。【二】「義此」，原作「此義」，有倒乙符。【三】「虚空」，原作「空虚」，有倒乙符。【四】其下原有「非執虚空即是法體」，有删除符。

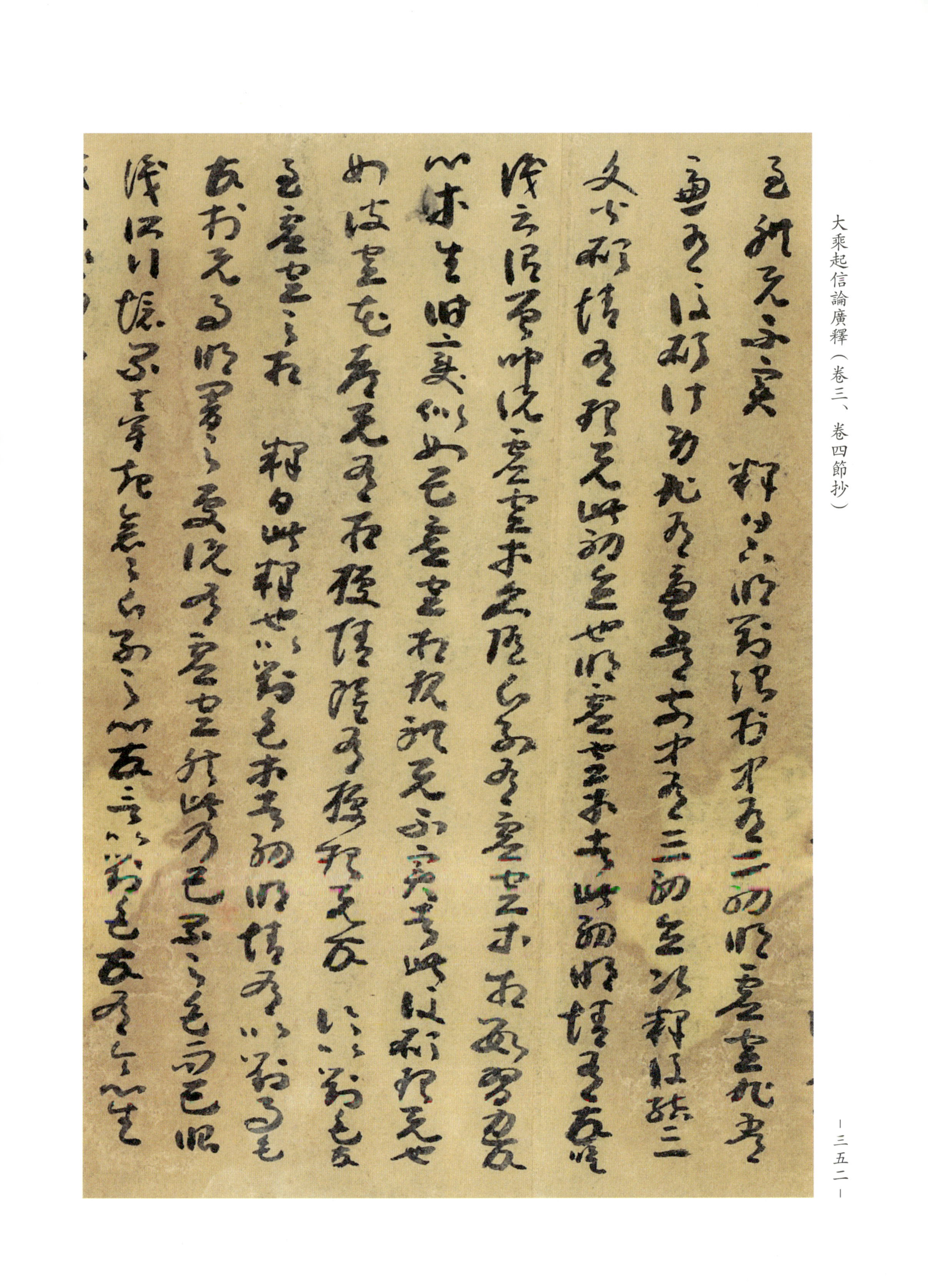

五四〇 至體无不实。釋曰：下明對治，於中有二，初明虛空非常

五四一 遍有，後顯法身非有遍常。前中有三，初立，次釋，後結，三

五四二 文皆顯情有理无，此初立也。明虛空等者，此初明情有，故唯

五四三 識云：謂曾聞說虛空等亦隨分別有虛空等相，數習力故。

五四四 心等生時，變似如是虛空相，現體无不实〔一〕者，此後顯理无也。

五四五 如彼空花都无有相，據情雖有據理无故。論：以對色故

五四六 至虛空之相。釋曰：此釋也，以對色等者，初明情有，以對㝵色

五四七 故。於无㝵明闇之處說有虛空，然此乃是性〔二〕界之色，而是眼

五四八 識所行境界，牽起念念分別之心，故言以對色故有。今心生

校注

【一】「实」，甲本作「變」。【二】「性」，朱筆字間補寫，顏色很淺。

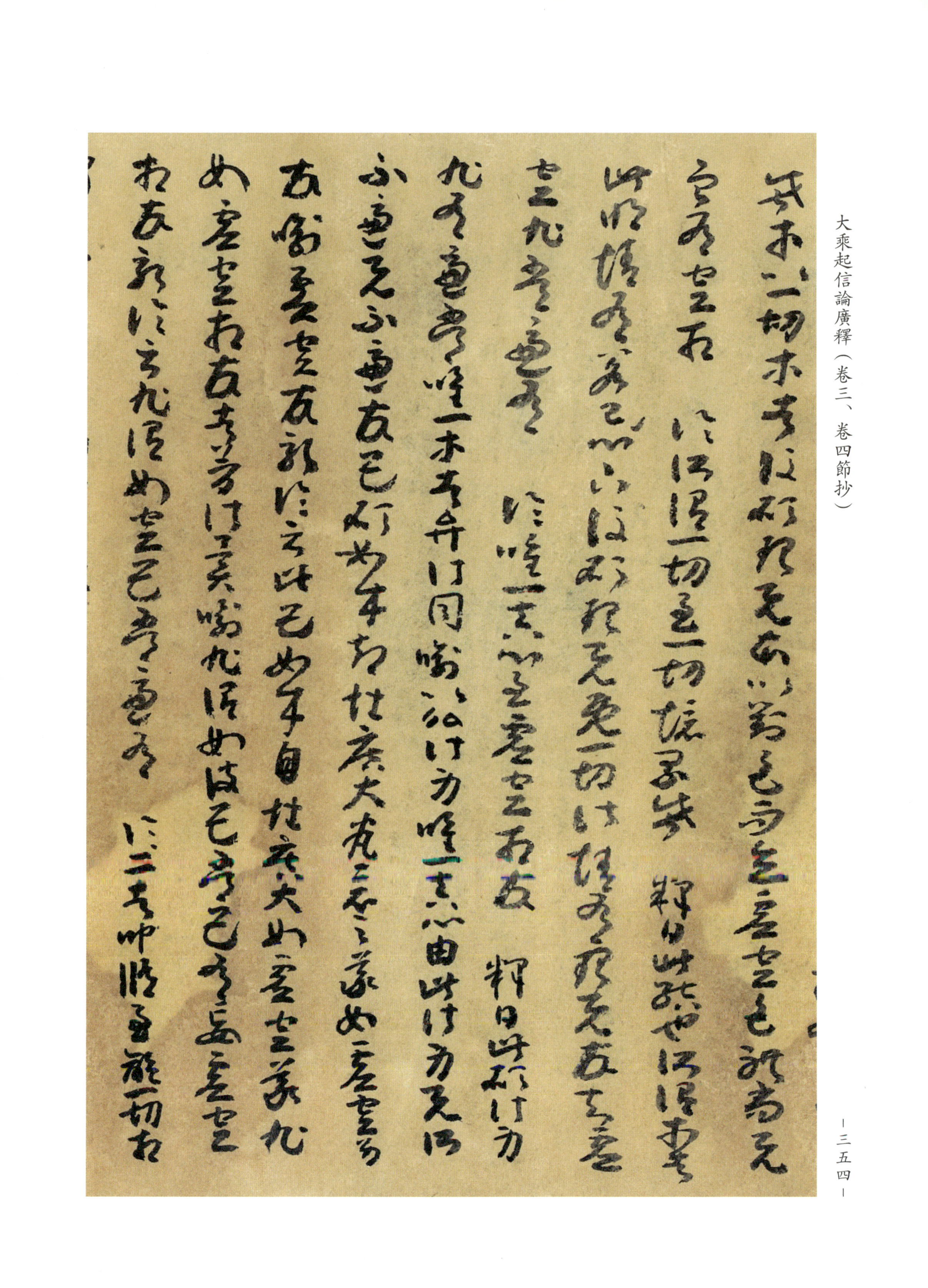

五四九 滅等以一切等者，後顯理无，本以對色而立虚空色，體當无，

五五〇 寧有空相。論：所謂一切至一切[一]境界滅。釋曰：此結也。所謂等者，

五五一 此明情有。若心已[二]下後顯理无，既一切法情有理无，故知虚

五五二 空非常遍有。論：唯一真心至虚空相故。釋曰：此顯法身

五五三 非有遍常唯一等者，弁法同喻，以仏法身唯一真心，由此法身无所

五五四 不遍，无不遍故，是顯如來智性廣大究竟之義，如虚空義

五五五 故喻虚空。故新論云：此是如來自性廣大如虚空義，非

五五六 如虚空相故者。簡法異喻，非謂如彼是常，是有妄虚空

五五七 相。故新論云：非謂如空是常遍有。論：二者聞脩至離一切相。

校注

【一】「一切」，甲本無。【二】「心已」，原作「已心」，有倒乙符。

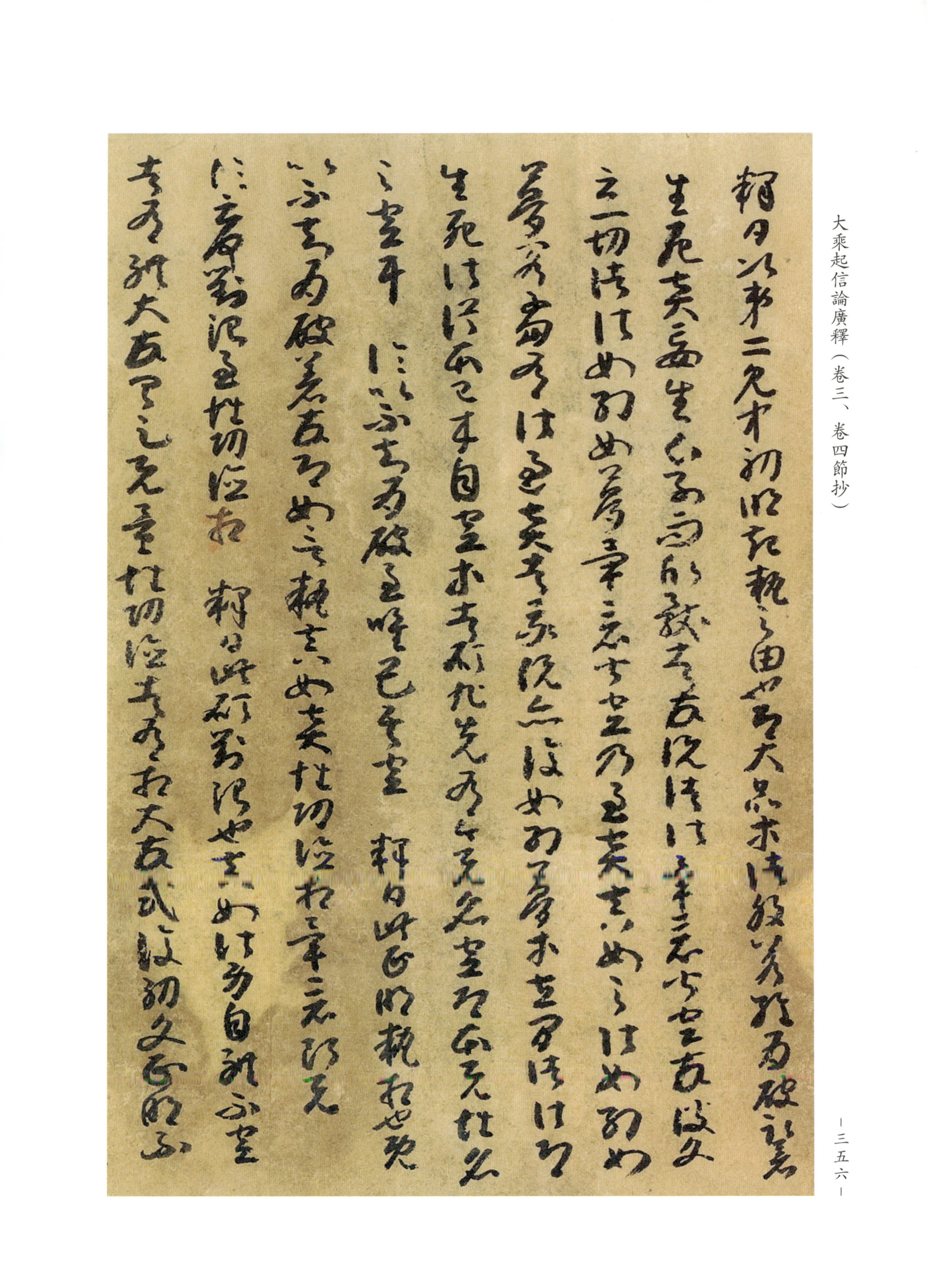

釋曰：次弟二[一]見中，初明起執之由也。即《大品》等諸般若經，爲破取著生死涅槃妄生分別而欣猒者，故説諸法畢竟皆空，故彼文云：一切諸法如幻如夢，畢竟皆空，乃至涅槃真如之法，如幻如夢，若當有法過涅槃者，我説亦復如幻[二]夢等[三]。世間諸法即生死法，從本已來自空等者[四]，顯非先有今无名空，即本无性名之空耳。論：以不知爲破至唯是其空。釋曰：此正明執相也。既以不知爲破著故，即如言執真如涅槃性功德相，畢竟斷无。論：云何對治至性功德相？釋曰：此顯對治也。真如法身自體不空者有[五]體大故[六]。具足无量性功德者有相大故，或復初文正明不

校注

【一】其下甲本有「我」字。【二】其下甲本有「如」字。【三】「等」，甲本無。【四】「者」，甲本無。【五】「有」，甲本作「即」。【六】「故」，甲本無。

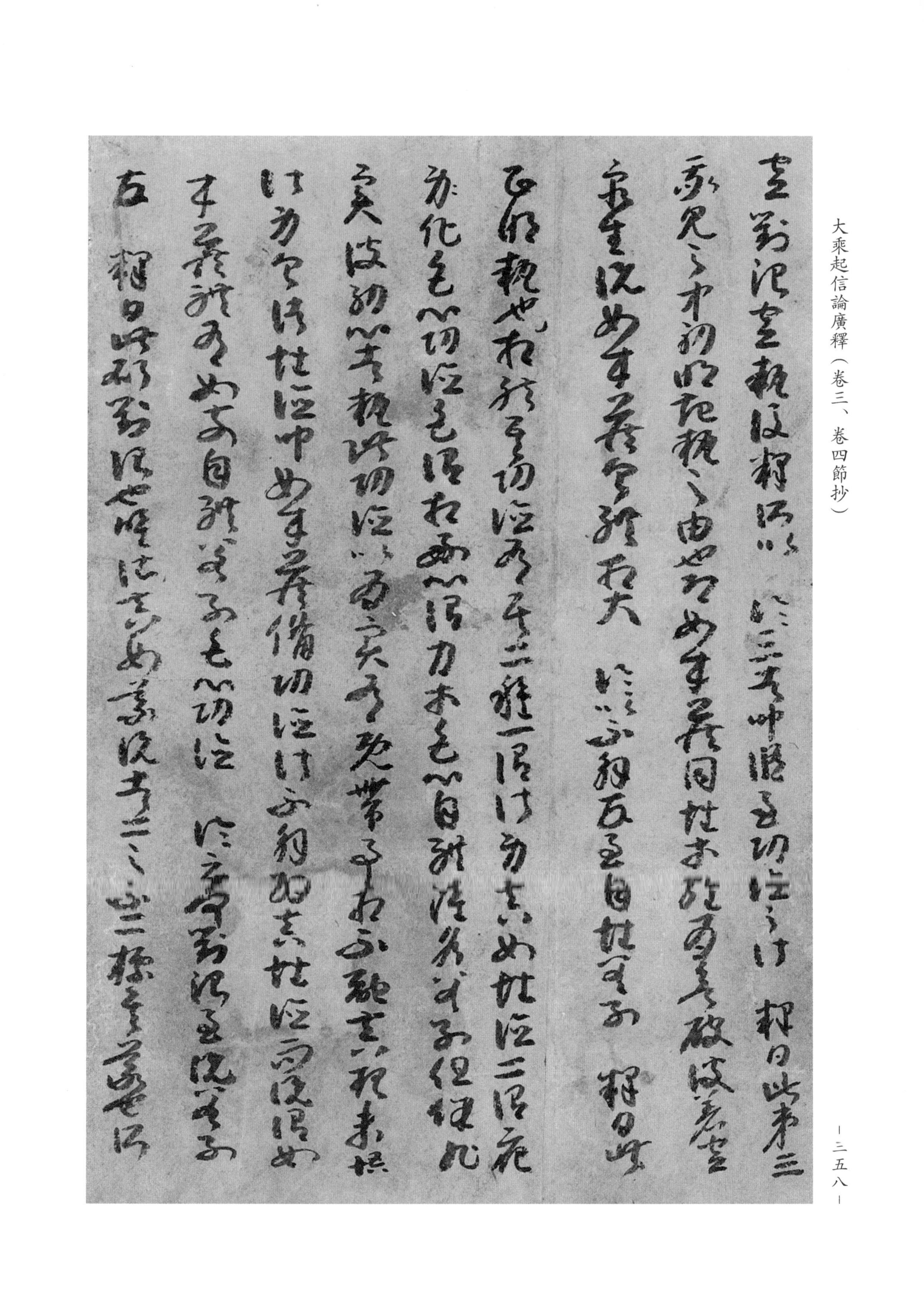

五六七 空[一]對治空執，後釋所以。論：三者聞脩至功德之法。釋曰：此弟三
五六八 我見之中初明起執之由也，即如來藏同性等，經爲欲破彼著空
五六九 衆生，説如來藏具體相大。論：以不解故至自性差別。釋曰：此
五七〇 正明執相也[二]，然其功德有其二種，一謂法身真如性德，二謂應
五七一 化[三]色心[四]功德。色謂相好，心謂力等，色心自體，雖各差別，但假非
五七二 实。彼初心者，執此功德以爲实有，既滯[五]事相不融真理，未悟
五七三 法[六]身具諸性德，聞如來藏備功德法。不解約真性德而説，謂如
五七四 來藏體有如前自體差别色心功德。論：云何對治至説差别
五七五 故。釋曰：此顯對治也，唯依真如義説者，二之不二標其義也。所

校注

【一】「空」，甲本無。【二】「相也」，原作「也相」，有倒乙符。【三】其上原有「身」字，有删除符。【四】「心」，甲本作「也」。
【五】「滯」，原作「帶」，據甲本改。【六】「法」，甲本無。

五七六 言體俻功德法者，唯依真如義説而有，非謂有前色心之法。因生
五七七 死[一]染義等者，不二之二釋其義也，但對生滅差別染義示現説
五七八 其差別功德，非謂性德有其差別。論：四者聞俻至不離真如。
五七九 釋曰：此弟四我見之中初明起執之由也，此即《楞伽》《勝鬘》等經爲
五八〇 欲破彼執生死法及涅槃法，離真有體者故，説真如隨緣之義。
五八一 生死染法依藏有者，顯如來藏作緣生義，一切諸法不離真者，
五八二 顯緣生法无別體義。論：以不解故至生死等法。釋曰：此正明執
五八三 相也。以迷教意不解真如隨緣義，故便作是執。若如來藏體
五八四 无染者，云何能生一切染法，又何能爲世間染依，故知體具世間

校注

【一】「死」，甲本作「滅」。

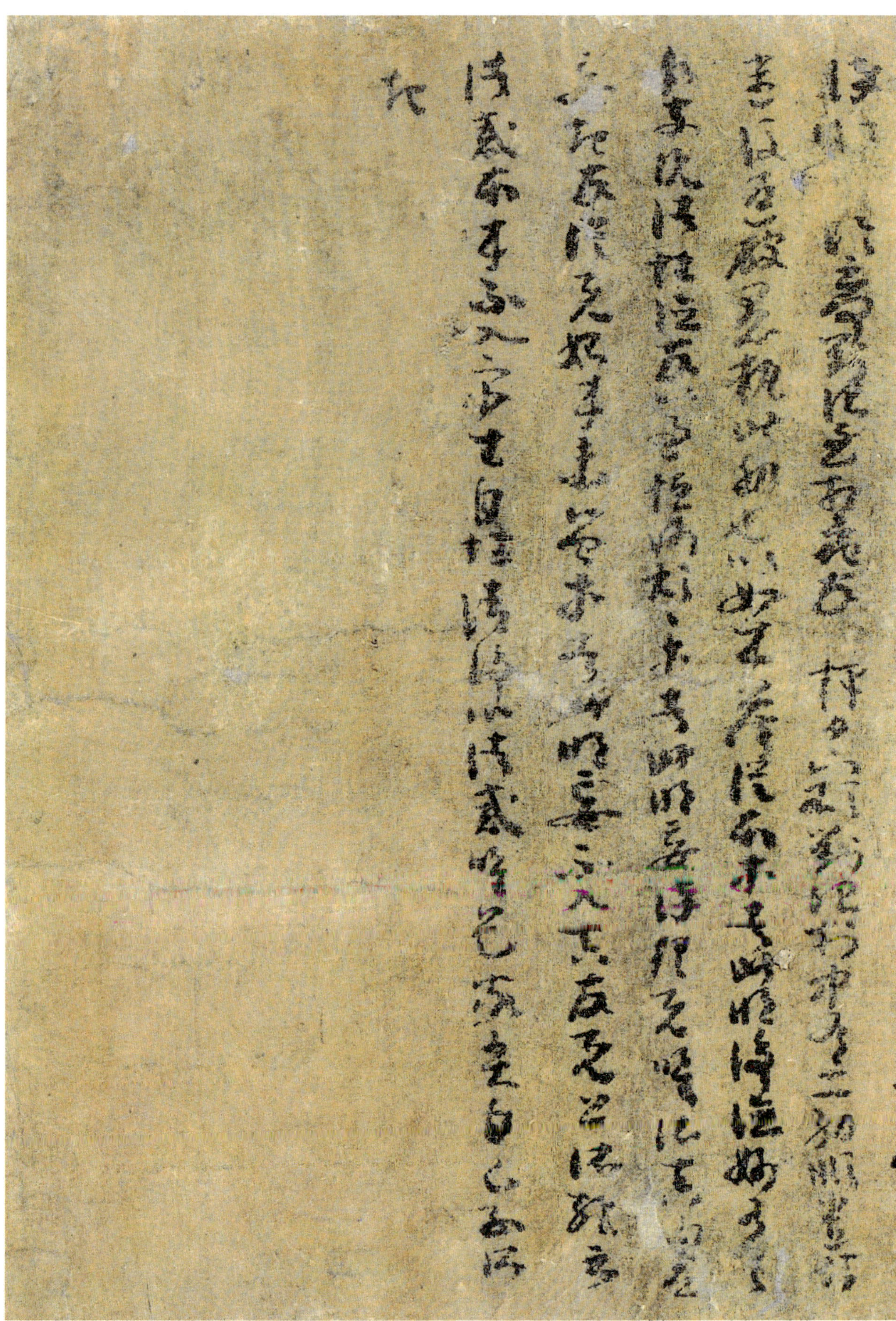

五八五 染法。論：云何對治至相應故。釋曰：下顯對治，於中有二，初明迷遣[一]

五八六 迷[二]，後返破愚執，此初也。以如來藏從本等者，此明淨德妙有，今

五八七 如前說諸性德故。以邊恒沙煩惱等者，此明妄染理无，唯依真如虛

五八八 妄起故。從无始來未曾等者，此明妄不入真，故《无上依經》云：

五八九 諸惑本來不入衆生自性清淨心[三]，諸惑唯是客尘自分別所

五九〇 起。

校注

【一】「遣」，原字模糊，據甲本録。【二】其下甲本有「情」字。【三】其下甲本有「諸惑本來不入衆生自性清淨心」，當係重出。

敦煌草書寫本《大乘起信論廣釋》卷三、卷四概述

《大乘起信論廣釋》是對佛教經典《大乘起信論》的闡釋著述。爲唐代河西高僧曇曠撰述，共有五卷，卷一、卷二已亡佚，現存卷三、四、五，賴敦煌文獻得以保存。在現今所見敦煌文獻中，《大乘起信論廣釋》有：斯〇二七二、斯二三六七、斯二五一二背二、斯二五五四背、斯二七二一背、斯四五一二、斯六八八六、伯二四一二背，北七二五二、北七二五三，羽六〇四、中村〇八〇，共十二個卷號。其中，斯二三六七[一]、斯二五五四背[二]、北七二五二[三]，三個卷號，均係卷三。斯二三六七，草書寫本，首尾全，有烏絲欄。斯二五五四背、北七二五二兩件寫本殘缺。斯二七二一背[四]、斯六八八六[五]、伯二四一二背[六]，三個卷號，均係卷四。伯二四一二背，草書寫本，首全，内容殘缺，但寫本尾部留有空白，似乎爲未寫完的版本。斯二七二一背，草書寫本，首殘尾全。斯六八八六，楷書，首尾殘。本書校釋的《大乘起信論廣釋》卷三，底本斯二三六七，共計用紙五十四張，一千一百二十六行，約二萬五千字；卷四，底本伯二四一二背，共計用紙二十八張，文字五百八十行，共計約一萬五千字。

〔一〕方廣錩、〔英〕吴思芳主編《英國國家圖書館藏敦煌遺書》第三十九册，廣西師範大學出版社，二〇一四，第一八二至二四一頁。

〔二〕方廣錩、〔英〕吴思芳主編《英國國家圖書館藏敦煌遺書》第四十四册，廣西師範大學出版社，二〇一七，第二五二至三〇〇頁。

〔三〕黄永武主編《敦煌寶藏》第一百〇五册，新文豐出版公司，一九八六，第一二二頁。

〔四〕方廣錩、〔英〕吴思芳主編《英國國家圖書館藏敦煌遺書》第四十九册，廣西師範大學出版社，二〇一七，第一至四八頁。

〔五〕黄永武主編《敦煌寶藏》第五十三册，第一〇九至一一二頁。

〔六〕上海古籍出版社、法國國家圖書館編《法藏敦煌西域文獻》第十三卷，上海古籍出版社，二〇〇〇，第二六四至二七六頁。

一、《大乘起信論》

《大乘起信論》，顧名思義，就是要使人們對大乘佛法生起信仰之心。而對大乘佛法起信仰之心的目的，則是通過修習大乘之行，最終達到成佛的境界。[一]因此，《大乘起信論》在佛教史上有着重要的地位。

（一）《大乘起信論》譯本

關於佛典之傳譯，有新舊之稱。劉漢以來至隋所譯被稱爲舊譯，李唐而下所譯被稱爲新譯。[二]《大乘起信論》一書相傳爲印度馬鳴菩薩所造，現各藏經中存有梁代真諦和唐代實叉難陀（Cikshananda）分別譯的兩種不同版本。一是梁元帝承聖三年（五五四）九月，印度僧拘那羅陀（Gunarata）即真諦三藏的譯述，由智愷筆録，被稱爲舊譯。一是唐則天武后聖曆三年（七〇〇）十月，印度僧實叉難陀譯述，由複禮筆録，被稱爲新譯。[三]成書於七三〇年的《開元釋教録》著録了《大乘起信論》新譯本，根據對曇

[一] 高振農譯注《大乘起信論譯注》，中華書局，二〇一二，第一頁。

[二] 黄懺華：《佛學概論》，廣陵書社，二〇〇九，第一九頁。

[三] [日] 湯次了榮著，豐子愷譯《大乘起信論新釋》，浙江人民美術出版社，二〇一五，第五頁。

曠學習經歷及著述的考察，唐譯本《大乘起信論》在八世紀中葉之前的長安地區已經流行。

（二）《大乘起信論》的地位及影響

關於《大乘起信論》的作者及其真僞存在争論，至今未休。〔一〕但《大乘起信論》的價值與地位逐漸成爲學界共識：「《大乘起信論》在中國佛學史，乃至中國哲學史上的地位是不容忽視的。」〔二〕「該論所代表的思想，在佛教思想中有它的獨特價值，值得我們深入研究。」〔三〕梁啓超先生對《大乘起信論》的價值有過精闢的論述：「《大乘起信論》是印度佛教文化和中國佛教文化相結合的産物，是中國佛教發展到最高階段的表現。」〔四〕《大乘起信論》所提出的「一心、二門、三大、四信、五行」的思想，對中國佛教的宗派理論建構産生了重要影響，對天台宗、華嚴宗、禪宗的影響尤爲顯著，特别是對華嚴宗和禪宗，它們在創立和發展過程中都受到《大乘起

〔一〕參見黄夏《大乘起信論研究百年之路》，《普門學報》二〇〇一年第六期，第二三三至二六八頁；韓廷傑注釋，潘栢世校閱《新譯大乘起信論》，三民書局，二〇一六，第一至三頁。

〔二〕龔雋：《大乘起信論與佛學中國化》，文津出版社，一九九五，第一頁。

〔三〕釋印順：《大乘起信論講記》，中華書局，二〇一〇，第一一頁。

〔四〕梁啓超：《大乘起信論考證》，山西人民出版社，二〇一四，第八三頁；（梁）真諦譯，高振農校釋《大乘起信論校釋·序言》，中華書局，二〇一六，第一六頁。

信論》的影響。[一]其中「心真如門」即「本覺」的思想對禪宗有較大影響，五祖弘忍《最上乘論》提出的「一乘爲宗」、「一乘即一心」，北宗神秀「五方便法門」的第一門「離念門」，所提「離念」，即爲《大乘起信論》中的「心真如門」即本覺的思想。《大乘起信論》使用「始覺」、「本覺」、「不覺」之語詞來詳述「覺」與「不覺」的關係，是一種新思想。尤其「本覺」一詞，是印度文獻中找不到的獨特用語，之後在日本佛教也成爲重要的用語。[三]由於《大乘起信論》的影響，歷代高僧競相著述，代表著作有「起信論三疏」：法藏《大乘起信論義記》三卷、慧遠《大乘起信論義疏》四卷、元曉《起信論疏》二卷。

二、河西高僧曇曠及相關著述

河西高僧曇曠，在傳世史料中均未見相關記載。幸運的是，敦煌文獻的出土，使河西高僧曇曠的相關情

〔一〕韓廷傑注釋，潘栢世校閱《新譯大乘起信論》，第一二頁。（梁）真諦譯，高振農校釋《大乘起信論校釋·序言》，第一四頁；張文良：《宗密的大乘起信論觀：以宗密的判教説爲中心》，載張風雷、〔日〕竹村牧男、〔韓〕金成哲主編《大乘起信論與東亞佛教》，宗教文化出版社，二〇一六，第一至二〇頁。

〔二〕〔日〕青木隆：《大乘起信論的出現》，收入〔日〕沖本克己、菅野博史編輯，釋果鏡譯《興盛開展的佛教：中國Ⅱ隋唐》，法鼓文化，二〇一六，第九九頁。

况重爲人知，相關的敦煌文獻出土後，針對曇曠及其著述的研究首先受到學者的關注〔一〕，曇曠的相關著作亦被收入《大正藏》第八十五册中。隨着藏於各地的敦煌文獻不斷公布，曇曠的相關著述不斷面世，這些寫卷不但反映了曇曠的著述而且書法非常精美，爲我們進一步認識唐代僧人注解佛教經典的狀況以及當時佛教傳播的形式提供了珍貴材料。

（一）河西高僧曇曠生平

敦煌文獻伯二〇七七《大乘百法明門論開宗義決序》可視爲曇曠的自傳：

余以冥昧，濫承傳習。初在本鄉，切《唯識》《俱舍》。後遊京鎬，專《起信》《金剛》。雖不造幽微，而粗知鹵畝。及旋歸河右，方事弘揚，當傥薄之時，屬艱虞之代，慕道者急急於衣食。學者後參承小論小經，尚起懸崖之想，大章大疏，皆懷絶尔之心，懵三寳於終身，愚四諦於卒壽。余慷兹

〔一〕矢吹慶輝『鳴沙餘韻　解説篇』，臨川書店，一九八〇；芳村修基「河西僧曇曠の傳歷」『印度學佛教學研究』第七卷第一号，一九五八；上山大俊「曇曠と敦煌の佛教學」『東方學報』第三十五册，一九六四，第一四一至二一四頁，收入氏著『敦煌佛教の研究』，法藏館，一九九〇，第一七至八三頁；山口瑞鳳「上山大峻著：曇曠と敦煌の佛教學」『東洋學報』第四十七卷第四號，一九六五，第一一二至一二二頁；〔法〕戴密微：《敦煌學近作》，敦煌文物研究所編《敦煌譯叢》第一輯，甘肅人民出版社，一九八五，第二三至五〇頁；平井有慶「曇曠の「大乘起信論」講述」『豊山学報』第二十一号，一九七六。

虛度，慨彼長迷，或補前修之闕文，足成廣釋，或削古德之繁猥，裁就略章。始在朔方，撰《金剛旨贊》，次於涼城，造《起信銷文》，後於敦煌，撰《入道次第開決》，撰《百法論開宗義記》。所恐此疏，旨夐文幽，學者難究，遂更傍求衆義，開決疏文，使失（夫）學徒，當成事業。其時巨唐大歷九年歲次子六月一日[一]

通過對敦煌文獻的考察，綜合前賢研究[二]，曇曠是生活在唐八世紀的僧人，據伯二一四一序言沙門澄漪述曇曠爲「建康沙門」；正文標題「大乘起信論略述卷上」九字下署「建康沙門曇曠撰」。美國愛沃華大學宗教學院教授巴宙在《大乘二十二問之研究》（A Study of the Twenty-two Dialogues on Mahāyāna Buddhism）中提到「建康」應該是《新唐書·地理志》「甘州張掖郡」條中的「建康軍」：「西北百九十里，祁連山北，

［一］録文參見《大正藏》第八十五册，第一〇六八頁上；上山大俊『敦煌佛教の研究』，第二〇頁；張雪松《河西曇曠及其〈大乘起信論〉研究（上）》，《中國佛學》二〇一五年（總第三十八期），第一二頁。圖版參見上海古籍出版社、法國國家圖書館編《法藏敦煌西域文獻》第四卷，上海古籍出版社，一九九五，第二一九頁。

［二］屈直敏：《敦煌高僧》，民族出版社，二〇〇四，第九四至九五頁；杜斗城等：《河西佛教史》，中國社會科學出版社，二〇〇九，第三四六頁；張雪松：《河西曇曠及其〈大乘起信論〉研究（上）》，《中國佛學》二〇一五年（總第三十八期），第一〇至一八頁。

有建康軍。證聖元年王孝傑以甘肅二州相距回遠，置軍。」[一]黄征教授在《敦煌草書寫卷〈大乘起信論略述卷上〉考訂》中認爲曇曠爲江蘇南京人[二]，是南方的大德名僧[三]。而曇曠生年、本名亦不可考，大約生於公元八世紀初。由敦煌寫卷内容可證實曇曠早年出家後在本鄉先學大乘習唯識學，以《唯識論》爲主，並研習《俱舍論》，入長安西明寺主修《大乘起信論》和《金剛般若經》，學習經歷從最初的唯識學擴展到般若學和大乘藏體系。敦煌文獻斯一四三八背《吐蕃時期某漢人高官書儀》記載了吐蕃占領敦煌初期沙州漢人都督索允寫給贊普的請求跟隨曇曠出家書狀：

狀請出家……年在襁褓，不食薰羶，及乎佩儁（觿），每誦經論，持齋持戒，積有歲年……近日相公不以庸鄙，令介沙州，將登耳順之年，漸及懸車之日，老夫耄矣，誠无供於國用，佛法興流，庶禆益於聖祚。使事曇和尚廿年……身單獨，舉目无依，今請捨官出家，伏〔惟〕相公无障聖道，則小人與身報賀，万死酬恩，解脱之因，伏望衷察。捨官出家，並施宅充寺，資財、駝馬、田園等充爲常住……伏

〔一〕轉引自張雪松《河西曇曠及其〈大乘起信論〉研究（上）》，《中國佛學》二〇一五年（總第三十八期），第一四〇頁。

〔二〕黄征：《敦煌草書寫卷〈大乘起信論略述卷上〉考訂》，《南京師範大學文學院學報》二〇〇三年第二期，第一四九頁；張雪松：《河西曇曠及其〈大乘起信論〉研究（上）》，《中國佛學》二〇一五年（總第三十八期），第一四一頁。

〔三〕黄征：《敦煌草書寫卷〈大乘起信論略述卷上〉考訂》，第一四九頁。

乞聖慈，允臣所請。謹因奉狀聞。〔一〕

請求出家的表文説明此時索允跟隨曇和尚已有二十年，「曇和尚」即曇曠，〔二〕關於敦煌陷蕃的時間，陳國燦先生主張在七八六年，這一説法能够和有關文書記載相吻合，已爲多數研究者所接受，並且有的學者還進一步提出證據，〔三〕參照敦煌古鐘「索允鐘」，敦煌遺書的吐蕃統治時期願文中也多次出現「都督索公」之語，判定索允在敦煌獻蕃之後被任命爲沙州都督一職，又據斯二四三六《大乘起信論略述卷上》最末題記「寶應貳載玖月初於沙州龍興寺寫訖」〔四〕，推斷曇曠最晚到達敦煌的時間爲七六三年，甚至更早。唐朝安史之

〔一〕 方廣錩、〔英〕吴思芳主編《英國國家圖書館藏敦煌遺書》第二十二册，廣西師範大學出版社，二〇一三，第二二二至二二三頁。録文參見唐耕耦、陸宏基編《敦煌社會經濟文獻真蹟釋録》第五輯，全國圖書館文獻縮微複製中心，一九九〇，第三一五至三一六頁；張雪松《河西曇曠及其〈大乘起信論〉研究（上）》，《中國佛學》二〇一五年（總第三十八期），第一三至一四頁。

〔二〕 張雪松：《河西曇曠及其〈大乘起信論〉研究（上）》，《中國佛學》二〇一五年（總第三十八期），第一四頁。

〔三〕 陸離：《敦煌寫本S.一四三八背書儀殘卷與吐蕃占領沙州的幾個問題》，《中國史研究》二〇一〇年第一期，第八五至八六頁；陳國燦：《唐朝吐蕃陷落沙州城的時間問題》，《敦煌學輯刊》一九八五年第一期；鄧文寬：《三篇敦煌邈真贊研究——兼論吐蕃統治末期敦煌的僧官》，《出土文獻研究》第四輯，中華書局，一九九八，第八五至八六頁。

〔四〕 方廣錩、〔英〕吴思芳主編《英國國家圖書館藏敦煌遺書》第四十一册，廣西師範大學出版社，二〇一七，第七〇頁。

亂時間爲七五五—七六三年，不難推測曇曠前往敦煌與安史之亂有關。曇曠選擇在這一時間中斷在長安西明寺的學習，遊歷河西到達敦煌，在龍興寺修持、傳道，對大乘佛教在敦煌的推廣做出了貢獻。曇曠也受到當時敦煌社會僧俗的敬仰。

（二）曇曠的主要著述

曇曠撰寫佛學著作與當時社會背景有密切聯繫，也是大乘佛教興起的一種需要。曇曠撰寫佛學著作，是敦煌佛學義學的一個高潮，形成這種局面的政治條件是安史之亂後的政治動蕩和吐蕃管轄沙州後對佛教的提倡。[一] 曇曠離開長安輾轉朔方、凉州、甘州，最終到達敦煌的時間，與七五五年至七六三年安史之亂的時間相合，因此，曇曠輾轉各地可能與安史之亂有直接關係。曇曠在輾轉過程中撰寫了大量著述。前引敦煌文獻伯二〇七七之外，還有一件敦煌文獻伯二一四一號，沙門澄漪述《大乘起信論略述序》云：

有建康沙門曇曠者，幼而好學，長而成德，妙閑製述，善能清詞。先造《廣釋》，後學賴焉！包含事理，綱羅邪正。无執而不改，有疑而不皆遣。恐初心者仰崇崖而起退，望渤澥而迷神，迺復撮其旨歸，爲之《略述》。可謂尋其源而知其流，折其擀而得其枝。至如開發題端，該談教藏；傍採異説，委

[一] 姜伯勤：《唐五代敦煌寺户制度》（增訂版），中國人民大學出版社，二〇一一，第二七一頁。

闢義門；引經證成，會《論》宗趣；法喻周舉，問答析疑，略而不明，具如《廣釋》。好博聞者，尋而究之，且欲指陳，綰攝綱要。澄漪不才，喜承餘論，揚擢（榷）深旨，以示方來。冀法鏡高懸，真風不墜耳！〔一〕

根據前引敦煌文獻伯二〇七七曇曠《大乘百法明門論開宗義決序》及沙門澄漪《大乘起信論略述序》綜合考察，曇曠著述形成的情况大致如下：先到達朔方（今寧夏靈武）停留，撰寫《金剛般若經旨贊》二卷，接着西行，到達凉州（今甘肅武威），撰寫《大乘起信論廣釋》五卷，於甘州將《大乘起信論廣釋》五卷「撮其旨歸」，凝練爲《大乘起信論略述》二卷。最遲於寶應二年（七六三，實際已是代宗廣德元年）九月到達敦煌，斯二四三六《大乘起信論略述卷上》題記「寶應貳載玖月初於沙洲龍興寺寫訖」即爲例證。抵達敦煌後，撰寫《大乘入道次第開決》一卷、《大乘百法明門論開宗義記》一卷、《大乘百法明門論開宗義決》一卷、《瑜伽師地論疏議》等佛經注疏，用以「傍求衆義，開決疏文」，這些文獻都是在唐大曆九年（七七四）

〔一〕上海古籍出版社、法國國家圖書編《法藏敦煌西域文獻》第六卷，第三四一頁。參校《大正藏》第八十五册，第一〇八九頁上；上山大俊『敦煌佛教の研究』，第一七至八三頁；黄征《敦煌草書寫卷〈大乘起信論略述卷上〉考訂》，《南京師範大學文學院學報》二〇〇三年第二期，第一四九頁。

之前就已經完成了，推動了大乘佛學在敦煌的流傳。吐蕃占領敦煌後，對於頓、漸之争頗感困惑，因慕曇曠之名，贊普欲邀曇曠入藏，曇曠以老病辭，贊普遂將其疑惑整理爲二十二問，遣使求解於曇曠，曇曠遂撰寫《大乘二十二問》以答〔一〕。曇曠的著述在溝通漢、藏，向吐蕃傳播漢傳佛教方面具有重要的歷史意義。

三、《大乘起信論廣釋》的文獻價值及主要思想

曇曠對《大乘起信論》的注疏，主要反映當時僧人對《大乘起信論》的理解，展現了曇曠的佛教思想，代表當時佛教思想的發展水平和傳播情況，這些文獻所體現的思想與時代特色，是研究禪宗與法相、華嚴等唐代佛教宗派交涉史、漢地佛教與藏地佛教交流史的重要材料。

（一）卷本的文獻價值

第一，珍貴的唐五代時期寫本。曇曠的相關著述寫本均爲唐五代時期的寫本，這批文獻形成的時間在唐代宗廣德元年（七六三）九月曇曠到達敦煌之後，至宋咸平五年（一〇〇二）敦煌藏經洞封閉之前。這些草書寫經均爲曇曠對佛教經典的注疏、解釋，大多爲孤本，也無傳世資料作爲印證，具有極高的文獻價值。作

〔一〕楊富學、李吉和輯校《敦煌漢文吐蕃史料輯校》（第一輯），甘肅人民出版社，一九九九，第二四頁。

爲敦煌草書寫本，此類寫卷書法精美，而且大多經過校勘，可發揮重要的勘誤校正作用。就草書本而言，至今尚無專門的整理和研究成果。以《大乘起信論廣釋卷三》斯二三六七本的整理和校勘爲例，與《大正藏》本互校，發現有二百九十多處可以訂正的内容，可見草書寫經在文獻學方面的價值。在寫本中保存的大量朱筆批注痕迹、在文本末有朱書「光遍勘」，説明該寫本是經過校勘的。通過對寫本中朱筆符號的關注，我們進一步深化了對唐代寫本的認識。從中我們可以進一步瞭解唐代僧人對佛經注疏的形態，包括注疏的書寫形式、流傳形態、傳播情况等。

就卷四而言，伯二一四一背草書寫本，内容殘缺，但寫本首尾書寫整齊，尾部留有空白，似乎爲選抄本。這可能有兩種情况：一是講述《大乘起信論廣釋卷四》節選而作的摘抄本，一是僧人在聽經時的速記摘抄本。而這一點正是本卷的特色所在。因爲一般保存下來的敦煌寫卷中，要麽首尾完整，要麽首尾俱缺，要麽首殘尾全，要麽首全尾缺，這些基本都是由保存情况而致。但在原抄寫（書寫）中特意對内容掐頭去尾，而又保存完整的寫卷極爲罕見。

第二，證實了唐譯本《大乘起信論》的出現年代。中村〇八〇號《大乘起信論廣釋卷五》，尾題「大曆八年六月十七日，齊奉道寫」[一]，這是《大乘起信論廣釋》十二件寫本中，唯一有年號的寫本。大曆八年即

[一] 磯部彰編『台東區立書道博物館　中村不折舊藏禹域墨書集成・卷中』東京：二玄社，二〇〇五，第七三頁。

公元七七三年。據此可證明，在此之前，《大乘起信論廣釋》五卷均已完成並傳抄。就現存的卷三、卷四、卷五文獻綜合考察，其中明確提到唐譯本近二百次，其中稱「新論」就達一百四十四處之多，「新本」十次，「新、舊論」四次，「二論」五次，「兩論」一次，此外提及「譯」字十五處。足以證明曇曠在七七三年以前看到了唐譯本《大乘起信論》，證實了成書於七三〇年的《開元釋教録》著録唐譯本《大乘起信論》是可信的，而並非呂澂先生所言是後世僞托，《大乘起信論》唐譯本遲至九世紀初宗密時代才廣爲人知。〔一〕

第三，是認識唐代講經制度的重要文獻。唐代高僧講經主要分爲兩類，即僧講和俗講，主持講經儀式的均爲有威望學識的高僧大德，唐宗密述《大方廣圓覺修多羅了義經略疏》卷下之二載：「造塔造寺，供佛供僧，持咒持經，僧講俗講。」〔二〕可見唐代講經的盛行。敦煌文獻中存在的大量講經文即爲當時講經流行的明證。僧講是在僧人安居月期間不集俗人的傳法講，宣揚佛教教義，僧講是以經注爲本，演説經義。講説經義的講稿和記録，僧講使用的底本多帶有「釋」、「疏」、「開決」等比較專業的詞語，其論疏内容爲解釋經文，但側重義理闡釋，較爲晦澀難懂。〔三〕《大乘起信論廣釋》是對佛教經典《大乘起信論》

〔一〕 呂澂：《大乘起信論考證》，《呂澂佛學論著選集》卷一，齊魯書社，一九九一，第三一四頁；張雪松：《河西曇曠及其〈大乘起信論〉研究（上）》，《中國佛學》二〇一五年（總第三十八期），第一〇至一一頁。

〔二〕 《大正藏》第三十九册，第五六八頁。

〔三〕 林世田、楊學勇、劉波：《敦煌佛典的流通與改造》，甘肅教育出版社，二〇一三，第四一五頁。

的闡釋著作，其著述的目的在於進一步宣揚佛法，曇曠在著述五卷本《大乘起信論廣釋》後，還將其凝練爲《大乘起信論略述》上下二卷，可見曇曠對其之用心，反映了曇曠對該經的具體認識，是研究佛教中國化的重要資料。如前所述，伯二四一二背可能是講經或聽經中的重要内容摘抄本，是對講經制度的直接反映。

（二）卷本所體現的主要思想

曇曠自述其早年開始研究唯識學，到長安後專門研學《金剛般若經》和《大乘起信論》，所學從唯識學擴展到般若學及如來藏系統。[一]當看到大乘佛學在敦煌的傳播剛剛起步，萬事艱難，爲使大乘佛教得到迅速傳播，他便傍求衆義，對深奥難懂的大乘經典進行注疏校釋，使其變得淺顯易懂。曇曠在《大乘起信論廣釋》中大量徵引唐譯本，但是注疏對象仍然選擇梁譯本。在解釋完一段梁譯文句後，曇曠往往徵引唐譯本，加以比較。[二]《大乘起信論廣釋》中主要徵引《攝大乘論》、《楞伽經》、《金光明經》、《華嚴經》、《仁王經》、《對法論》、《唯識論》第十卷，通過「一心二門」的心性學架構而層層展開染浄互熏的流轉與還滅運動，法、報、應三身佛説，以及止觀修習等大乘教義，明顯表現出，既融攝了南北朝以來中土所傳大乘佛教的中觀、

〔一〕張雪松：《河西曇曠及其〈大乘起信論〉研究（上）》，《中國佛學》二〇一五年（總第三十八期），第一七一頁。

〔二〕張雪松：《河西曇曠及其〈大乘起信論〉研究（下）》，《中國佛學》二〇一六年（總第三十九期），第一六〇—一七一頁。

瑜伽、如來藏等各家之説，又創造性地吸收、消化了中國傳統哲學的思維成果，並有意識地超越各家的争論和各種文化的異同，加以融會貫通，曲成無遺。〔一〕

四、敦煌草書本《大乘起信論廣釋》的書寫特徵及其書法史意義

敦煌草書寫卷均爲高僧對佛教經典的注疏、解釋，多爲孤本，這些珍貴的真迹作品，再現了當時用筆、用墨的特點，是研究敦煌地域書風、草書書法、書法史的重要材料。從另外一個角度也反映了唐代寫經形式的豐富，又反映出唐代社會書法的繁榮與發展。

（一）寫本的主要書寫特徵

两卷草書，用筆凝重，古意盎然，字不相連，然氣韻貫通，秀麗端穩，清新疏朗。法度嚴謹，古樸之中見靈動，厚重之中見飄逸。深得智永真草《千字文》筆意，呈現出率性、流暢而又法度嚴謹的總體特徵。寫本中用朱筆標注的句讀、段落區分、訂正之符號，增添了寫本的藝術美感。敦煌草書《大乘起信論廣釋》寫卷，具有後述顯著特徵。

〔一〕 龔雋：《大乘起信論與佛學中國化》，第二一一頁。

第一，寫卷通篇，率性流暢，體現了「草貴流而暢，章務檢而便」[一]的書寫特徵。這一類的寫卷極有可能是僧人在聽講經過程中的「隨聽隨寫」。如斯六六〇四《四分戒本疏卷第一》朱筆題記：「亥年十月廿三日起首，於報國寺李教授闍梨説此疏，隨聽隨記，十一月二日。」[二]伯二〇七九《浄名經關中釋抄卷上》題記：「壬辰年正月一日，河西管内都僧政京城進論朝天賜紫大德曹和尚就開元寺爲城隍禳灾。僧講《維摩經》，當寺弟子僧智惠並隨聽寫此上批，至二月廿三日寫訖。」[三]從題記中可知，「隨聽寫」是當時敦煌僧人所需具備的一種能力，即快速書寫的能力。在中國傳統的書體中，草書除具有較高的藝術性，還有「用以赴急」的實用價值，梁庾肩吾《書品》云：「草勢起於漢時，解散隸法，用以赴急。本因草創之義，故曰草書。」[四]

第二，書寫率性而不失法度。唐代草書家，一派以孫過庭、賀知章爲首，繼承二王的行草書風。斯二三六七寫卷很明顯繼承了「二王」書風，寫卷通篇，氣韻生動率性，又遵循嚴謹的法度，融法於無形。唐孫過

〔一〕（唐）孫過庭：《書譜》，陳碩評注，浙江人民出版社，二〇一二，第三一頁。
〔二〕黄永武主編《敦煌寶藏》第四十九册，第二四七頁。
〔三〕上海古籍出版社、法國國家圖書館編《法藏敦煌西域文獻》第四卷，第二六二頁。
〔四〕（梁）庾肩吾：《書品》，《歷代書法論文選》，華東師範大學古籍整理研究室選編校點，上海書畫出版社，二〇一四，第八六頁。

庭《書譜》云：「若毫釐不察，則胡、越殊風者焉。」〔一〕在寫卷中，「緣」與「餘」、「即」與「斷」等寫法極易混淆。寫本中的修改符號，即有一些是對這些寫法混淆的修正。

第三，書體近似章草，有渾熟灑脱之妙。通卷章草體占多數，醇正古拙，使轉極妙，有晉人尺牘之風。章草書有隸意而字不相連者謂「章草」，不帶隸意而字不相連者謂「今草」。〔二〕章草的特徵，除了不失隸法，二字之間絶不相連，因此又稱「獨草」。〔三〕「自唐以前，多是獨草，不過兩字屬連。」〔四〕《大乘起信論廣釋》各卷的書寫，以單字爲主，有「衆生」等一些兩字連寫的情况。有典型的章草獨字的特徵，但已經無隸意，又具有唐人「今草」上下承接、連綿一氣的特色。可見，該寫卷融合「章草」與「今草」的寫法，具有典型的敦煌地域書風。其藝術特徵介於「章草」與「今草」之間，體現出「通篇氣勢連貫，行筆流暢，有的字還具有章草的特點，有的地方也露出魏體用筆的特徵」。〔五〕

〔一〕（唐）孫過庭：《書譜》，陳碩評注，第二七頁。
〔二〕朱仁夫：《中國古代書法史》，北京大學出版社，一九九二，第二八八頁。
〔三〕葉喆民：《中國書法史論》，河北美術出版社，二〇一三，第四五頁。
〔四〕（唐）孫過庭：《書譜》，陳碩評注，第一一八頁。
〔五〕趙聲良：《隋代敦煌寫本的書法藝術》，《敦煌研究》一九九五年第四期，第一三五頁。

第四，寫卷中有「俗字」、「合文」[一]書寫出現，以及朱筆標注。寫卷中敦煌俗字合文的寫法，以「菩薩」、「涅槃」最爲典型。寫卷中使用省代號和重文號，增添了文字書寫的靈動性。卷三寫本兩段之間空一至二格，每段首字「論」字右上側均以朱筆「⌐」形標識，表示另起一段，「釋」字上方有「△」形標識。這些朱筆批注，不僅具有實用性，還增添了寫卷的藝術美感。

（二）寫本的書法史意義

真迹於書法研究具有重要意義。中村不折先生曾做過精闢的闡述：「真迹，其當時用筆的痕迹仍歷歷在目，生機勃勃，它的價值是十分值得尊重的。對於書法，研究真迹的確是最好最理想的方法。然而，古墨迹來之不易。」[二]敦煌藏經洞出土的敦煌文獻，據目前所知，從後凉麟嘉五年（三九三）王相高所寫《維摩詰經》到宋咸平五年（一〇〇二）敦煌王曹宗壽編造帙子題記，前後跨四世紀至十一世紀，從十六國時期至宋初六百多年。[三]在敦煌文獻中，佛教經典一般以楷書書寫，這一類書法被譽爲「寫經體」，受到了廣泛關注。

[一] 合文，指把兩個字或幾個字合寫在一起，代表語言的兩個或兩個以上音節的複音字，文字學家稱之爲合文。參見張涌泉《敦煌寫本文獻學》，甘肅教育出版社，二〇一一，第一九八至一九九頁。

[二] [日]中村不折著，李德範譯《禹域出土墨寶書法源流考》，中華書局，二〇〇三，第一頁。

[三] 郝春文：《敦煌遺書》，灕江出版社，二〇一六，第四至五頁。

而作爲以草書書寫的佛教注疏類文獻，却長期未能得到應有的關注。這些珍貴的寫本，不僅具有歷史文獻價值，作爲古代書寫者的真迹，寫本中還呈現出用筆、用墨、章法布局、書體演變這些重要信息。因此，進一步關注敦煌草書寫本，對我們瞭解古代書法演變的歷史、敦煌地域書風的形態大有裨益。

「求草之古法，敦煌遺書乃巨大寶庫也。」[一]綜合考察，敦煌文獻中的寫經草書，均以經典書法作爲範本，有着明顯的師承淵源。在中國書法史上，張芝被譽爲「草聖」，王羲之有着「書聖」的地位。有唐一代書法，是在濃厚的崇王思想下開始的，李世民以帝王之尊，親爲《晉書·王羲之傳》作贊辭，備極推崇，其影響中國書法之甚，未有過此者，由是，右軍書遂成中國書法正宗。[二]唐代孫過庭《書譜》云：「夫自古善書者，漢魏有鍾張之絶，晉末稱二王之妙。王羲之云『頃尋諸名書，鍾張信爲絶倫，其餘不足觀』，可謂鍾張云没，而羲獻繼之。」[三]孫過庭在《書譜》開篇即梳理了歷代書法大家，呈現了唐代書法傳承的脉絡。敦煌文獻中智永《千字文》、王羲之《十七貼》《蘭亭序》臨本的發現，表明當時敦煌地區的草書主要師法王羲之及智永真草《千字文》，可見當時對「二王」一系書風的崇奉。《大乘起信論廣釋》草書寫本受智永《千字文》的書

［一］蘇士澍主編，中國古代書畫鑑定組編《中國法書全集·第五卷，隋唐五代卷·三》，文物出版社，二〇〇九，第三頁。

［二］姜澄清：《中國書法思想史》，河南美術出版社，一九九四，第一四一頁。

［三］（唐）孫過庭：《書譜》，陳碩評注，第一頁。

風影響最爲明顯。智永爲王羲之的七世孫，他的書法造詣極高，精於草書與楷書，書法深得王羲之意趣，故唐人習智永書法一時成爲風尚，後世釋門書法多從智永出，其衣鉢相傳，延習而被稱爲「鐵門限家法」[一]，真草《千字文》爲智永傳世代表作，在中國書法史上有着重要影響。宋米芾《海嶽名言》評曰：「智永臨集千文，秀潤圓勁，八面具備。」[二]據載，智永曾書真草《千字文》八百本，散布江東諸寺，一時間流布甚廣，成爲寺院僧人和民間寫經生臨習的範本。敦煌文獻伯三五六一號，蔣善進臨本真草《千字文》題記：「貞觀十五年七月臨出此本，蔣善進記。」[三]正文共三十四行，一百七十字。從運筆、結體等方面來看，字體端莊規範、純熟流暢，圓勁秀潤、功力深厚，牽絲連帶平穩自然，氣韻酷似智永真草《千字文》之原貌，爲初唐精品。[四]敦煌保存的唐代草書寫本，既有唐代書法的總體特徵，亦具有區域性的特點，這是敦煌草書寫本的書法史意義之所在。

總之，《大乘起信論廣釋》作爲珍貴的唐五代時期寫本，一方面證實了唐譯本《大乘起信論》的出現年代，另一方面呈現出唐代講經制度的一個側面，也反映了唐代寫經形式的豐富。敦煌唐代草書寫經繼承了南

［一］朱關田：《中國書法史・隋唐五代卷》，江蘇教育出版社，二〇〇九，第一四頁。

［二］（宋）米芾：《海嶽名言》，沈樂平《行草藝術通講》，浙江工商大學出版社，二〇一九，第二四八頁。

［三］上海古籍出版社、法國國家圖書館編《法藏敦煌西域文獻》第二十五卷，第三一九頁。

［四］馬國俊主編《敦煌書法藝術研究》，文物出版社，二〇一七，第二三二頁。

北朝寫經古樸的藝術風格，折射出這一時期敦煌書法演變的地域書風特點，同時期内容承載着高僧對經典的注疏。因此，對於唐代敦煌草書的研究，應以歷史文獻和古籍整理爲主，綜合運用文字學、宗教學、歷史學、書法學等研究方法。敦煌草書文獻開始進行深入、系統的研究，這是一項長期而有意義的工作，對於其進一步的研究有待來哲。

圖書在版編目(CIP)數據

大乘起信論廣釋. 卷三、卷四節抄：全二册 / 段鵬編著. --北京：社會科學文獻出版社，2021. 12
（敦煌草書寫本識粹 / 馬德，吕義主編）
ISBN 978-7-5201-8951-4

Ⅰ. ①大… Ⅱ. ①段… Ⅲ. ①大乘－佛經－研究 Ⅳ. ①B942.1

中國版本圖書館CIP數據核字（2021）第178662號

· 敦煌草書寫本識粹 ·
大乘起信論廣釋（卷三、卷四節抄，全二册）

主　　編 / 馬　德　吕　義
編　　著 / 段　鵬

出 版 人 / 王利民
責任編輯 / 胡百濤
責任印製 / 王京美

出　　版 / 社會科學文獻出版社 · 人文分社（010）59367215
地址：北京市北三環中路甲29號院華龍大厦　郵編：100029
網址：www.ssap.com.cn
发　　行 / 市場營銷中心（010）59367081　59367083
印　　裝 / 北京盛通印刷股份有限公司

規　　格 / 開　本：889mm×1194mm　1/16
印　張：27.5　字　數：230千字　幅　數：180幅
版　　次 / 2021年12月第1版　2021年12月第1次印刷
書　　號 / ISBN 978-7-5201-8951-4
定　　價 / 498.00圓（全二册）

本書如有印裝質量問題，請與讀者服務中心（010-59367028）聯繫